SISTEMAS DE INFORMAÇÕES GERENCIAIS

Estratégicas • Táticas • Operacionais

O GEN | Grupo Editorial Nacional – maior plataforma editorial brasileira no segmento científico, técnico e profissional – publica conteúdos nas áreas de ciências sociais aplicadas, exatas, humanas, jurídicas e da saúde, além de prover serviços direcionados à educação continuada e à preparação para concursos.

As editoras que integram o GEN, das mais respeitadas no mercado editorial, construíram catálogos inigualáveis, com obras decisivas para a formação acadêmica e o aperfeiçoamento de várias gerações de profissionais e estudantes, tendo se tornado sinônimo de qualidade e seriedade.

A missão do GEN e dos núcleos de conteúdo que o compõem é prover a melhor informação científica e distribuí-la de maneira flexível e conveniente, a preços justos, gerando benefícios e servindo a autores, docentes, livreiros, funcionários, colaboradores e acionistas.

Nosso comportamento ético incondicional e nossa responsabilidade social e ambiental são reforçados pela natureza educacional de nossa atividade e dão sustentabilidade ao crescimento contínuo e à rentabilidade do grupo.

Djalma de Pinho **Rebouças** Oliveira

SISTEMAS DE INFORMAÇÕES GERENCIAIS

Estratégicas • Táticas • Operacionais

17ª edição

gen | atlas

O autor e a editora empenharam-se para citar adequadamente e dar o devido crédito a todos os detentores dos direitos autorais de qualquer material utilizado neste livro, dispondo-se a possíveis acertos caso, inadvertidamente, a identificação de algum deles tenha sido omitida.

Não é responsabilidade da editora nem do autor a ocorrência de eventuais perdas ou danos a pessoas ou bens que tenham origem no uso desta publicação.

Apesar dos melhores esforços do autor, do editor e dos revisores, é inevitável que surjam erros no texto. Assim, são bem-vindas as comunicações de usuários sobre correções ou sugestões referentes ao conteúdo ou ao nível pedagógico que auxiliem o aprimoramento de edições futuras. Os comentários dos leitores podem ser encaminhados à **Editora Atlas Ltda**. pelo e-mail faleconosco@grupogen.com.br.

Direitos exclusivos para a língua portuguesa
Copyright © 2018 by
Editora Atlas Ltda.
Uma editora integrante do GEN | Grupo Editorial Nacional

Reservados todos os direitos. É proibida a duplicação ou reprodução deste volume, no todo ou em parte, sob quaisquer formas ou por quaisquer meios (eletrônico, mecânico, gravação, fotocópia, distribuição na internet ou outros), sem permissão expressa da editora.

Rua Conselheiro Nébias, 1384
Campos Elísios, São Paulo, SP – CEP 01203-904
Tels.: 21-3543-0770/11-5080-0770
faleconosco@grupogen.com.br
www.grupogen.com.br

Designer de capa: Danilo Oliveira
Ilustrações: João Zero
Editoração Eletrônica: Formato Editora e Serviços

CIP-BRASIL. CATALOGAÇÃO NA PUBLICAÇÃO
SINDICATO NACIONAL DOS EDITORES DE LIVROS, RJ

O46s

Oliveira, Djalma de Pinho Rebouças de

Sistemas de informações gerenciais : estratégias, táticas, operacionais / Djalma de Pinho Rebouças de Oliveira. – 17. ed. – São Paulo : Atlas, 2018.

Inclui bibliografia
ISBN 978-85-97-01470-9

1. Administração de empresas. I. Título.

17-46616

CDD: 658.4012
CDU: 005.51

À
HELOÍSA

*"O que faz com que os homens formem
um grande povo é a lembrança das grandes coisas
que fizeram juntos e a vontade de realizar outras."*

Renan

Material Suplementar

Este livro conta com o seguinte material suplementar:

- *Slides* para apresentação (restrito a docentes).

O acesso ao material suplementar é gratuito. Basta que o leitor se cadastre em nosso *site* (www.grupogen.com.br), faça seu *login* e clique em GEN-IO, no menu superior do lado direito.

É rápido e fácil. Caso tenha dificuldade de acesso, entre em contato conosco (sac@grupogen.com.br).

GEN-IO (GEN | Informação Online) é o repositório de materiais suplementares e de serviços relacionados com livros publicados pelo GEN | Grupo Editorial Nacional, maior conglomerado brasileiro de editoras do ramo científico-técnico-profissional, composto por Guanabara Koogan, Santos, Roca, AC Farmacêutica, Forense, Método, Atlas, LTC, E.P.U. e Forense Universitária. Os materiais suplementares ficam disponíveis para acesso durante a vigência das edições atuais dos livros a que eles correspondem.

Sumário

"Os homens obtêm êxito não por aquilo que sabem;
mas pelo que se lembram e põem de fato em uso."
Myles Gaythwaite

Prefácio, xiii

Estrutura e diferencial do livro, xvii

Capítulo 1 – Conceitos básicos e aplicações, 1
   1.1 Sistema, 6
   1.2 Informação, 22
   1.3 Gerencial, 25
   1.4 Sistema de Informações Gerenciais – SIG, 26
        1.4.1 Benefícios dos sistemas de informações gerenciais para as empresas, 32
   1.5 Interação com outras técnicas de análise decisória, 38
   1.6 Abordagens estratégica, tática e operacional, 40
   1.7 Esquema básico de delineamento do SIG, 44
   Resumo, 70
   Questões para debate, 71
   Caso: Estruturação do SIG na Agribusiness Indústria e Comércio S.A., 71

Capítulo 2 – Metodologia de desenvolvimento e implementação do SIG, 73
   2.1 Fases do desenvolvimento e da implementação do SIG, 74
        2.1.1 Fase da conceituação do SIG, 87
        2.1.2 Fase do levantamento e da análise do SIG, 93
        2.1.3 Fase da estruturação do SIG, 109
        2.1.4 Fase da implementação e avaliação do SIG, 117
   Resumo, 124
   Questões para debate, 125
   Caso: Desenvolvimento e implementação do SIG no Pronto-Socorro Novo Mundo, 125

Capítulo 3 – Componentes, condicionantes, níveis de influência e níveis de abrangência do SIG, 128
   3.1 Modelo básico, 130
        3.1.1 Níveis de abrangência do SIG, 134

3.1.2 Níveis de influência do SIG, 136

3.1.3 Condicionantes do SIG, 137

3.1.4 Componentes do SIG, 142

    3.1.4.1 Alguns aspectos das decisões, 144

Resumo, 156

Questões para debate, 157

Caso: Administração corporativa na empresa Brocafo, 157

Capítulo 4 – Estruturação do SIG, 160

4.1 Administração por objetivos, 161

4.2 Estruturação do plano diretor de sistemas de informações, 164

    4.2.1 Comitê de informações, 165

    4.2.2 Formulários de levantamento e análise, 168

4.3 Estruturação de reuniões de trabalho, 171

4.4 Estruturação dos relatórios gerenciais, 185

4.5 Processo de negociação no desenvolvimento do SIG, 186

Resumo, 192

Questões para debate, 193

Caso: Reuniões de Diretoria na M & M Comércio e Representações Ltda., 193

Capítulo 5 – Implementação e avaliação do SIG, 196

5.1 Itens do controle e avaliação do SIG, 197

5.2 Abordagens de avaliação do SIG, 203

5.3 Como administrar possíveis resistências, 209

Resumo, 235

Questões para debate, 236

Caso: Uma reunião tumultuada, 237

Capítulo 6 – Características básicas do administrador do SIG, 238

6.1 Características do executivo administrador do SIG, 239

Resumo, 262

Questões para debate, 262

Caso: Socorro! Os executivos de minha empresa não querem decidir nada, 262

Capítulo 7 – Sugestões para melhor trabalhar o SIG, 265

7.1 Sugestões para o momento anterior ao desenvolvimento do SIG, 266

7.2 Sugestões para o momento do desenvolvimento do SIG, 276

7.3 Sugestões para o momento de implementação e avaliação do SIG, 280

Resumo, 281

Questões para debate, 282

Caso: Postura dos executivos na análise e na decisão da montagem de um restaurante na XYZ Indústria e Comércio Ltda., 282

Glossário, 285

Bibliografia, 293

Relação geral de figuras

Figura 1.1   Componentes do sistema, 8
Figura 1.2   Ambiente do sistema empresarial, 9
Figura 1.3   Níveis do sistema, 10
Figura 1.4   Estrutura de processos e SIG, 21
Figura 1.5   Empresa e os sistemas de informações, 27
Figura 1.6   Interação da informação com o processo decisório, 28
Figura 1.7   Criatividade e realização do executivo no SIG, 31
Figura 1.8   Crescimento da necessidade de informações, 36
Figura 1.9   Valor das informações, 37
Figura 1.10   Áreas funcionais básicas da empresa, 49
Figura 1.11   Atividades da área funcional de administração de marketing, 51
Figura 1.12   Atividades da área funcional de administração da produção, 52
Figura 1.13   Atividades da área funcional de administração financeira, 54
Figura 1.14   Atividades da área funcional de administração de materiais, 56
Figura 1.15   Atividades da área funcional de administração de recursos humanos, 58
Figura 1.16   Atividades da área funcional de administração de serviços, 60
Figura 1.17   Atividades da área funcional de gestão empresarial, 61
Figura 1.18   Tratamento integrado de informações, 64
Figura 1.19   Interação da qualidade e produtividade para a competitividade, 66
Figura 1.20   Desenvolvimento da empresa, 66
Figura 1.21   Principais interligações do "mundo dos ganhos", 68
Figura 2.1   Eficácia empresarial e processo decisório, 86
Figura 2.2   Decomposição estrutural do SIG, 111
Figura 2.3   Tripé da qualidade da informação, 112
Figura 2.4   Quadrante das qualidades das informações, 113
Figura 2.5   Sustentação da qualidade do SIG, 115
Figura 2.6   Avaliação da atuação da equipe do SIG, 122
Figura 3.1   Modelo geral do SIG, 130
Figura 3.2   Exemplo simplificado de entradas e saídas do SIG, 132
Figura 3.3   Níveis de abrangência do SIG, 135
Figura 3.4   Níveis de influência do SIG, 136
Figura 3.5   Níveis de concordância e confiança entre as empresas, 140
Figura 3.6   Componentes do SIG, 143

Figura 3.7 Itens do sistema de comunicação, 152
Figura 3.8 Diluição dos dados na empresa, 153
Figura 3.9 Ciclo de informações, 154
Figura 4.1 Rede escalar de objetivos, 163
Figura 4.2 Seleção de projetos do PDSI, 165
Figura 4.3 Identificação das necessidades de sistemas de informações, 168
Figura 4.4 Projeto de desenvolvimento de sistema, 170
Figura 4.5 Pauta de reunião de trabalho, 172
Figura 4.6 Reunião de trabalho – Assuntos para decisão, 173
Figura 4.7 Reunião de trabalho – Avaliação dos resultados apresentados, 174
Figura 4.8 Relatório gerencial (modelo geral), 186
Figura 5.1 Interação do SIG com indicadores de desempenho, 209
Figura 5.2 Empresa como sistema sociotécnico aberto, 216
Figura 5.3 Subsistemas de uma empresa através de suas unidades organizacionais, 217
Figura 5.4 Principais subsistemas e suas dimensões, 218
Figura 5.5 *Iceberg* organizacional, 219
Figura 6.1 Rede de comunicação do executivo, 258
Figura 7.1 Estrutura geral da interligação das informações com o mercado, 272

Relação geral de quadros

Quadro 1.1 Decomposição de sistema (exemplo), 15
Quadro 2.1 Fontes e aplicações de dados e informações, 80
Quadro 3.1 Desbalanceamento decisório, 152
Quadro 5.1 Medidas para avaliação do SIG, 212
Quadro 5.2 Exemplos de doenças e sintomas empresariais, 221
Quadro 5.3 Diferentes visões da equipe de trabalho, 233
Quadro 7.1 Atividades corporativas e operacionais, 275

Prefácio

"Conhecimento, sem visão e força moral, gera tecnocratas.
Força moral, sem visão e conhecimento, gera ideólogos.
Visão, sem força moral e conhecimento, gera demagogos."
Warren Bennis

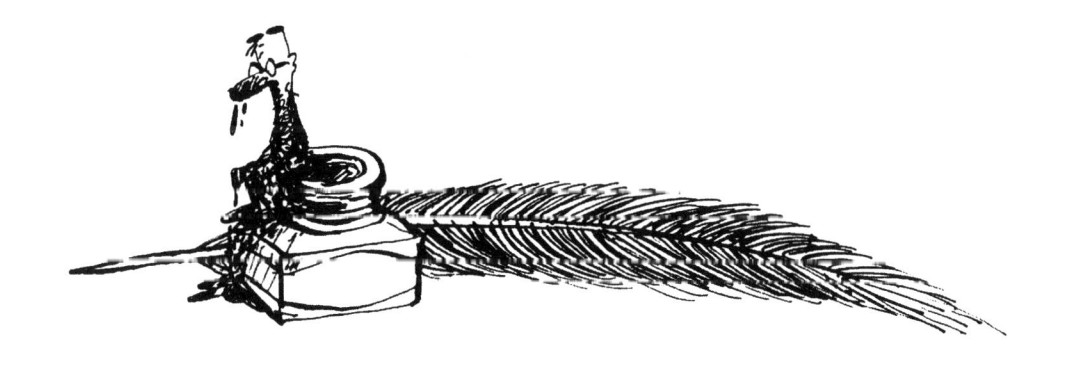

Em minhas atividades como consultor de empresas em planejamento estratégico, estrutura organizacional e sistema de informações gerenciais, tenho observado que este último assunto, assim como os dois primeiros, não apresenta, na maior parte das vezes, uma forma estruturada e otimizada de desenvolvimento e implementação, tendo em vista facilitar o processo decisório dos executivos das empresas. Para contribuir para o desenvolvimento desses vários assuntos administrativos, tive a oportunidade de escrever alguns livros, conforme evidenciado na *orelha* da contracapa deste livro.

O sistema de informações gerenciais nas empresas é um assunto pouco explorado pela literatura, principalmente na língua portuguesa. Portanto, espera-se que o *espaço* a ser ocupado por este livro seja bastante interessante. Ocorrendo essa situação, o autor terá consolidado sua parcela de contribuição para a melhoria dos sistemas de informações gerenciais e, por consequência, para a otimização do processo decisório nas empresas.

Sistema de informações gerenciais é um instrumento administrativo que contribui efetivamente para a otimização das comunicações e do processo decisório nas empresas. E, deve-se lembrar que a qualidade das comunicações e do processo decisório são, de acordo com várias pesquisas efetuadas, dois problemas sérios para a eficiência, eficácia e efetividade das empresas.

No atual contexto da economia global, em que o mundo começa a perder fronteiras do ponto de vista macroeconômico, o executivo catalisador do sistema de informações gerenciais – SIG – deve entender a nova lógica do mercado mundial.

De maneira geral, essa nova realidade é representada por amplas e efetivas interações de informações entre diversos países, setores de atuação e empresas.

A empresa que estiver atenta a esse processo, seguramente, consolidará uma vantagem competitiva interessante.

O mundo moderno não pode, em hipótese alguma, ser considerado estático. Inúmeras forças impõem novas concepções à sociedade e às empresas, sendo a rapidez no ritmo das mudanças a mais importante delas. Os avanços tecnológicos atuais estão obrigando empresas, negócios, produtos e serviços a mudanças e a adaptações em velocidade sem precedentes. Estratégias empresariais que parecem interessantes um dia revelam-se obsoletas no dia seguinte. Informática, tecnologia com *laser* e robôs estão permitindo às empresas passar quase instantaneamente da fase de concepção de produto à fabricação e à distribuição, trazendo uma flexibilidade absolutamente nova na forma de as empresas competirem.

Por outro lado, as regras, metodologias e técnicas de administração atualmente em uso foram, na maior parte das vezes, desenvolvidas e estão organizadas para mercados e tecnologias estáveis ou que se alteram em processos graduais e lentos.

O ritmo acelerado das mudanças está impactando até os segmentos empresariais mais conservadores ou que nunca necessitaram de suporte tecnológico.

Nessa nova realidade, a tecnologia da informação começa a alterar a natureza da administração e afeta, de maneira contundente, o direcionamento e o ritmo das mudanças nas empresas.

O mundo passa muito rapidamente de uma era de produção em massa para uma nova era de produtos e serviços desenvolvidos para as necessidades do mercado. Nesse novo contexto, a diversificação não será mais cara que a padronização; e o cliente não será apenas um número em pesquisas de mercado, mas um indivíduo com vontades e necessidades específicas. Ao mesmo tempo, as empresas se globalizam enquanto reduzem seus tamanhos; a hierarquia funcional cede lugar às interações em redes entre pessoas, equipes e empresas; a produção em escala transforma-se em capacidade flexível com orientação para o cliente; as relações econômicas passam de aquisições e incorporações para alianças estratégicas.

Todas estas tendências – ritmo acelerado das mudanças, aumento na diversificação, incremento da complexidade – criam novos desafios em quaisquer campos da atividade de negócios, seja em planejamento, produção, marketing, distribuição etc.

Este livro procura enfocar os sistemas de informações gerenciais nesse contexto, bem como mantém adequado equilíbrio entre a teoria e a prática, ou seja, procurei uma situação interessante entre as minhas atuações como professor e como consultor de empresas.

Naturalmente, esse equilíbrio enfoca o lado positivo desse processo. Mas não se pode esquecer a abordagem *pejorativa* do processo teoria *versus* prática. Nesse enfoque, poder-se-ia afirmar que prevalece a teoria quando se sabe tudo e nada funciona; prevalece a prática quando tudo funciona e ninguém sabe por quê; e há teoria com prática quando nada funciona e ninguém sabe por quê.

Neste livro procura-se apresentar "por que" e "como" o SIG funciona para otimizar o processo decisório dos executivos nas empresas.

Com referência à importância do SIG é necessário lembrar uma citação de Sun Tzu em seu livro *A arte da guerra*, no qual afirma que, "se você conhece o inimigo e conhece a si mesmo, não precisa temer o resultado de cem batalhas. Se você se conhece, mas não conhece o inimigo, para cada vitória ganha sofrerá também uma derrota. Se você não conhece nem o inimigo nem a si mesmo, perderá todas as batalhas...".

Deve-se, também, lembrar de Arno Penzias, Prêmio Nobel de Física, que afirmou que "noventa por cento da humanidade passa o dia trocando papéis e fazendo informações fluir, sendo surpreendente como isso pode gerar empregos, riqueza e bem-estar".

Djalma de Pinho Rebouças de Oliveira

Estrutura e Diferencial do Livro

> "Classificar prioridades e formular programas é fácil. Difícil é balancear interesses e monitorar expectativas."
> *Jacques Rueff*

É muito importante esta parte do livro para que você identifique *o que passou pela cabeça do autor* ao escrever a obra.

Este livro é constituído de sete capítulos.

O Capítulo 1 aborda os conceitos básicos que são tratados neste livro, a saber: sistema, informação e gerencial. A partir do tratamento isolado de cada um destes aspectos, o autor consolida o conceito de sistema de informações gerenciais. Este capítulo também considera as abordagens estratégicas, táticas e operacionais dos sistemas de informações gerenciais – SIG –, bem como o esquema básico de delineamento do SIG nas empresas.

O Capítulo 2 trata de uma metodologia de desenvolvimento e implementação dos sistemas de informações gerenciais nas empresas. Para tanto, são apresentadas as várias fases que podem ser seguidas nesse processo, evidenciando-se que as questões mais importantes são detalhadas em capítulos subsequentes.

O Capítulo 3 considera os componentes, os condicionantes, os níveis de influência e os níveis de abrangência de um sistema de informações gerenciais; ou seja, aborda os vários aspectos que o executivo tem que considerar no desenvolvimento de todo e qualquer sistema de informações gerenciais (SIG).

O Capítulo 4 cuida da estruturação do SIG e do seu tratamento operacional nas empresas. Portanto, são evidenciados aspectos básicos do desenvolvimento do SIG nas empresas, tais como os relatórios gerenciais, as reuniões de trabalho e as questões negociais.

O Capítulo 5 aborda os aspectos básicos da implementação e avaliação do SIG; ou seja, a abordagem da efetiva operacionalização do SIG.

O Capítulo 6 trata das características básicas do administrador do SIG, ou seja, daqueles executivos que estão envolvidos, de maneira direta ou indireta, em todo o processo de conceituação, desenvolvimento, implementação e avaliação do SIG.

E, finalmente, o Capítulo 7 aborda algumas sugestões que os executivos das empresas devem considerar nos vários momentos do desenvolvimento e implementação do SIG. Essas sugestões correspondem ao resultado da vivência do autor em serviços de consultoria em várias empresas.

Ao final de cada capítulo são apresentados casos – se é que podem ser chamados de tal – com a única finalidade de propiciar condições para você ter um material resumido para um debate mais amplo sobre os assuntos abordados. E, para facilitar esse processo criativo, os casos são apresentados de forma bastante resumida, mas propiciando para você realizar a sua complementação com as situações e informações que julgar necessárias e/ou válidas para a maior qualidade nos debates.

O livro termina com um glossário dos principais termos utilizados, bem como as referências bibliográficas que serviram de sustentação para alguns conceitos e considerações apresentados ao longo dos vários capítulos da obra.

Neste momento, pode ser evidenciado o principal diferencial deste livro, que é levar o leitor a um processo sustentado e evolutivo:

- de entendimento da importância e da amplitude de aplicação do SIG com forte direcionamento para os resultados e a vantagem competitiva da empresa e o desenvolvimento de seus negócios;
- de conhecimento de uma metodologia estruturada para desenvolver e implementar o SIG;
- de pleno entendimento das particularidades e possíveis precauções para cada uma das fases e etapas da referida metodologia;
- de conhecimento das capacitações ideais que você deve ter para trabalhar, com qualidade, o SIG nas empresas; e
- consequentemente, sustentado processo de fazer adaptações na referida metodologia para respeitar a realidade atual e a situação futura desejada da empresa considerada. Para tanto, são apresentadas as diversas interligações com os outros instrumentos administrativos da empresa.

Capítulo 1

Conceitos básicos e aplicações

"Não se preocupe com o fato de todos não concordarem com você. Se conseguir que um terço caminhe com você, já pode considerar-se um vencedor."

Peter Drucker

Neste capítulo são apresentados os principais aspectos conceituais inerentes ao assunto abordado no livro.

Para facilitar o seu tratamento conceitual, a expressão *sistema de informações gerenciais* é definida somente após a apresentação da abordagem conceitual relativa a cada uma de suas partes, a saber: sistema, informações e gerenciais.

A partir da apresentação desses três conceitos – ao longo das seções 1.1, 1.2 e 1.3 –, é possível abordar, por conclusão, o conceito inerente a sistemas de informações gerenciais.

Esta conceituação é de elevada importância para os executivos das empresas, pois toda empresa tem informações que proporcionam a sustentação para as suas decisões. Entretanto, apenas algumas têm um sistema estruturado de informações gerenciais que possibilita otimizar o seu processo decisório; e, as empresas que estão nesse estágio evolutivo, seguramente, possuem importante vantagem competitiva.

Para contribuir com esse processo de otimização, o autor deste livro, com base em experiência profissional consolidada em serviços de consultoria em várias empresas, bem como em sustentação acadêmica e autoria de livros e artigos e também a partir de debates diversos com profissionais da área, apresenta uma proposta de situação otimizada para que o executivo desenvolva e implemente um sistema de informações gerenciais em sua empresa.

Naturalmente, a situação apresentada não é a única que o executivo deve considerar; e nem poderia ser. Entretanto, pode representar o *ponto de partida* para que o executivo comece a estruturação de seu processo decisório.

Salienta-se que, ao longo deste livro, a expressão *sistema de informações gerenciais* é resumida na sigla SIG. Essa sigla está consagrada nas empresas, o que apresenta a vantagem de propiciar um tratamento mais íntimo ao assunto.

Entretanto, parece que essa situação é irreal, pois, na verdade, os executivos das empresas não têm elevada intimidade com o sistema de informações gerenciais (SIG); e esse distanciamento tem provocado vários problemas para o processo decisório e, consequentemente, para os resultados das empresas.

Espera-se que o conteúdo deste livro contribua, de forma efetiva, para reduzir esse aspecto negativo em significativa quantidade de empresas no Brasil.

Quando do desenvolvimento de um SIG, o executivo deve considerar a sua quantidade e qualidade. Pode-se afirmar que os executivos das empresas vivem em um mundo de informações.

Ackoff (1967, p. 114) observou que, embora os executivos necessitem crescentemente de informações relevantes, as quais são o foco básico dos sistemas de informações gerenciais, eles são, ao mesmo tempo, vítimas de uma abundância de informações irrelevantes.

Adicionando-se a esse, provavelmente, frequente quadro de excesso de informações irrelevantes – e escassez de informações relevantes – o conceito apresentado por Westwood (1975, p. 138) de que o mercado é experimentado e percebido primariamente por meio de informações, pode-se concluir que muitos executivos têm visão distorcida da realidade e, por consequência, planejam e executam sem as desejáveis e possíveis eficiência, eficácia e efetividade.

Ao final da década de 1960, Smith (1968, p. 2) já alertava para um irônico dilema dos executivos, que corresponde ao grande volume de informações geradas pelo sistema macroeconômico e pelas empresas às consequentes insuficiência e inadequação das informações necessárias para a correta tomada de decisões.

Nesse contexto, os executivos das empresas costumam apresentar algumas reclamações, como:

- há muita informação de mercado inadequada e poucas adequadas;
- as informações ficam tão dispersas dentro da empresa que exigem grande esforço para localizá-las, integrá-las e analisá-las;
- as informações importantes, às vezes, são retidas com exclusividade por outros executivos, sendo que esses, muitas vezes, não têm nada a ver com o assunto;
- as informações importantes, geralmente, chegam tarde; e
- as informações, muitas vezes, não são confiáveis.

Atualmente, como decorrência do desenvolvimento da informática, a geração de informações deixou de ser, de forma geral, um problema significativo.

O grande problema é a definição das informações que devem ser geradas e, principalmente, a forma de integrá-las e de utilizá-las. Esse é o principal objetivo deste livro e, portanto, essa integração para a posterior adequada utilização pode ser considerada uma efetiva contribuição aos executivos das empresas.

> **Para você comentar:** Fazer comentários iniciais de como você é no estabelecimento e na utilização de informações, seja no contexto profissional ou pessoal. E, independentemente de seus comentários, explicar como pretende se aprimorar a respeito.

É necessário, também, evidenciar que o moderno estágio de atuação das empresas inovadoras e vencedoras apresenta algumas características gerais, a saber:

- as suas mudanças são decorrentes do bom-senso, do consenso e das lideranças;
- os interesses e as expectativas pessoais e grupais se complementam de forma interativa, gradativa e acumulativa, consolidando, muitas vezes, um processo evolutivo interessante para as empresas e as pessoas;
- existe respeito pela ética individual e das equipes de trabalho;
- o processo de participação é efetivo, os objetivos são compartilhados e as ações são disseminadas;
- as experimentações, a criatividade e as inovações são incentivadas;
- existe equilibrada ênfase no "aprender a aprender" e no "aprender a ensinar", ou seja, as pessoas se mostram mais humildes e inteligentes no processo de aprimorar os seus conhecimentos;
- existe preocupação com o desempenho e a capacitação dos profissionais da empresa;
- a racionalidade é somada à intuição na busca do entendimento do todo e de cada uma de suas partes, de forma interativa;
- a ênfase dos processos administrativos recai nos valores humanos, pois são os profissionais das empresas que acumulam os conhecimentos necessários para otimizar o processo decisório das referidas empresas;
- a empresa é visualizada como uma entidade em que suas partes se interligam e se influenciam, consolidando o interessante modelo da administração integrada;
- a autoridade e o poder são baseados na competência e no relacionamento pessoal;
- a recompensa é pelos resultados apresentados;
- existe crença e expectativa em se construir o inédito e afetar o cenário futuro, ou seja, as pessoas acreditam em si e nos outros;

- o foco básico é o indivíduo, embora a economia se globalize cada vez mais, ou seja, cada profissional da empresa deve apresentar a mais ampla capacitação e habilidade para trabalhar com diferentes culturas dos países e regiões onde estão os diversos fatores externos de influência das empresas (fornecedores, clientes, governos, comunidades etc.);
- os funcionários estão, a cada dia, mais conscientes de seus direitos e do seu valor;
- existe preocupação com a preservação ambiental e a responsabilidade social;
- os consumidores são cada vez mais exigentes e conhecedores de seus direitos;
- a segmentação de mercado torna-se, a cada dia, mais elaborada e detalhada;
- os fornecedores tornam-se parceiros;
- o número de concorrentes vem aumentando e as suas vantagens competitivas se sofisticando;
- a competição por talentos é crescente;
- a qualidade dos produtos e serviços torna-se cada vez mais globalizada;
- a qualidade de vida torna-se o grande objetivo pessoal;
- a evolução tecnológica intensifica-se e acelera-se;
- as relações de *ganha-ganha* fortalecem-se, principalmente, quando os dois lados da negociação têm pessoas inteligentes; e
- a informação ocupa uma situação globalizada, interagindo diferentes culturas e modelos de administração, provocando situações de ampla influência nos resultados dos processos decisórios das empresas.

Esse amplo conjunto de novas verdades consolida o cenário em que, cada vez mais, as informações, a sua estruturação e o processo decisório se efetivam como um sistema administrativo da mais elevada importância para as empresas.

Para seu posicionamento: posicione-se a respeito de cada uma dessas 26 características gerais de atuação das empresas e das pessoas.

Este livro também demonstra que o adequado SIG em muito contribui para a otimizada flexibilidade empresarial, que é de suma importância para o sucesso das empresas.

Ao final da leitura deste capítulo, você poderá responder a algumas perguntas, tais como:

- Qual o conceito de "sistema" e a sua aplicação nas empresas?
- Qual o conceito de "informação" e a sua aplicação nas empresas?
- Qual o conceito de "gerencial" e a sua aplicação nas empresas?
- Qual o conceito de "sistema de informações gerenciais" e a sua aplicação nas empresas?
- Como consolidar as abordagens estratégica, tática e operacional no SIG?
- Qual o esquema básico ideal de delineamento do SIG nas empresas?

1.1 Sistema

A teoria de sistemas tem sofrido evoluções ao longo do tempo e, de maneira geral, pode-se considerar que o moderno enfoque de sistemas procura desenvolver:

- uma técnica para lidar com a amplitude e a complexidade das empresas;
- uma visão interativa do todo, a qual não permite a análise em separado das partes, em virtude das intricadas relações das partes entre si e com o todo, as quais não podem ser tratadas fora do contexto do todo; e
- o estudo das relações entre os elementos componentes em preferência ao estudo dos elementos em si, destacando-se o processo e as possibilidades de transação e de transição, especificados em função dos seus arranjos estruturais e da sua dinâmica.

Nesse contexto, sistema pode ser definido como a seguir:

> **Sistema** é um conjunto de partes interagentes e interdependentes que, conjuntamente, formam um todo unitário com determinado objetivo e efetuam determinada função.

Os sistemas apresentam alguns componentes, a saber:

- os objetivos, que se referem tanto aos objetivos dos usuários do sistema quanto aos do próprio sistema. O objetivo é a própria razão de existência do sistema, ou seja, é a finalidade para a qual o sistema foi criado;

- as entradas do sistema, cuja função caracteriza as forças que fornecem ao sistema os materiais, as energias e as informações – que é o item básico abordado neste livro – para a operação ou o processo, o qual gera determinadas saídas do sistema que devem estar em sintonia com os objetivos anteriormente estabelecidos;

- o processo de transformação do sistema, que é definido como a função que possibilita a transformação de um insumo (entrada) em um produto, serviço ou resultado (saída). Esse processador é a maneira pela qual os elementos componentes do sistema interagem no sentido de produzir as saídas desejadas;

- as saídas do sistema, que correspondem aos resultados do processo de transformação. As saídas podem ser definidas como as finalidades para as quais se uniram objetivos, atributos e relações do sistema. As saídas devem ser, portanto, coerentes com os objetivos do sistema, e, tendo em vista o processo de controle e avaliação, devem ser quantificáveis, de acordo com critérios e parâmetros previamente fixados;

- os controles e as avaliações do sistema, principalmente para verificar se as saídas estão coerentes com os objetivos estabelecidos. Para realizar o controle e a avaliação de maneira adequada, é necessária uma medida do desempenho do sistema, chamada padrão; e

- a retroalimentação, ou realimentação, ou *feedback* do sistema, que pode ser considerada como a reintrodução de uma saída sob a forma de informação. A realimentação é um processo de comunicação que reage a cada entrada de informação incorporando o resultado da ação-resposta desencadeada por meio de nova informação, a qual afetará seu comportamento subsequente, e assim sucessivamente. Essa realimentação é um instrumento de regulação retroativa ou de controle, em que as informações realimentadas são resultados das divergências verificadas entre as respostas de um sistema e os parâmetros previamente estabelecidos. Portanto, a finalidade do controle é reduzir as discrepâncias ao mínimo, bem como propiciar uma situação em que esse sistema se torne autorregulador.

Os componentes de um sistema podem ser visualizados na Figura 1.1:

```
                              OBJETIVOS
                              
   ENTRADAS    PROCESSO DE    SAÍDAS
   ─────────▶  TRANSFORMAÇÃO  ─────────▶
                                        CONTROLE E
                                        AVALIAÇÃO
              RETROALIMENTAÇÃO
```

Figura 1.1 Componentes do sistema.

O sistema também pode ser considerado como o núcleo central ou o foco de estudo dentro de um processo administrativo.

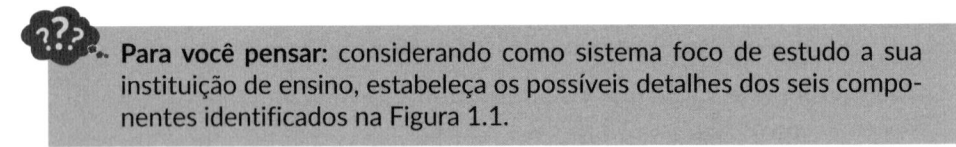

> **Para você pensar:** considerando como sistema foco de estudo a sua instituição de ensino, estabeleça os possíveis detalhes dos seis componentes identificados na Figura 1.1.

Existem os limites do sistema, dentro dos quais se analisa como o ambiente influi ou é influenciado pelo sistema considerado.

> **Ambiente do sistema** é o conjunto de elementos que não pertencem ao sistema, mas qualquer alteração no sistema pode mudar ou alterar os seus elementos e qualquer alteração nos seus elementos pode mudar ou alterar o sistema.

A segunda situação (atuação dos elementos do ambiente provocando alterações no sistema) é mais fácil de ocorrer do que a primeira situação (atuação do sistema alterando os elementos do ambiente).

O ambiente de um sistema, representado por uma empresa, pode ser visualizado na Figura 1.2:

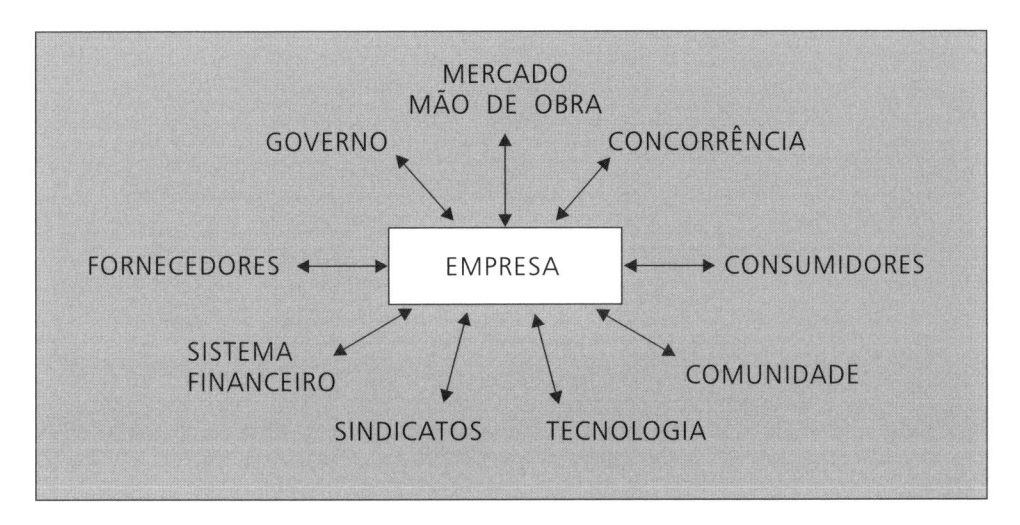

```
              MERCADO
              MÃO DE OBRA
    GOVERNO              CONCORRÊNCIA

FORNECEDORES    EMPRESA    CONSUMIDORES

  SISTEMA
  FINANCEIRO                COMUNIDADE
           SINDICATOS  TECNOLOGIA
```

Figura 1.2 Ambiente do sistema empresarial.

A Figura 1.2 apresenta o ambiente do sistema "empresa". Portanto, o foco de estudo é a empresa como um todo.

Naturalmente, pode-se considerar o ambiente para qualquer amplitude de sistema, como sistema orçamentário, de recursos humanos, financeiro, de tecnologia etc. Nesse caso, podem estar no ambiente do sistema considerado tanto variáveis dentro da própria empresa, como variáveis que estão fora da referida empresa.

O ambiente é também chamado de meio ambiente, meio externo, meio ou entorno.

O executivo deve considerar, no mínimo, três níveis na hierarquia de sistemas, que podem ser visualizados na Figura 1.3:

- sistema: é o que se está estudando ou considerando;
- subsistemas: são as partes identificadas de forma estruturada, que integram o sistema, e
- supersistema ou ecossistema: é o todo, sendo que o sistema é um subsistema – ou parte – dele.

Esta questão dos níveis de sistemas é de importância na análise decisória dos executivos das empresas, pois possibilita se dar foco ao problema em análise.

```
┌─────────────────────────────────────────────┐
│                                             │
│   ┌─────────────────────────────────────┐   │
│   │           ECOSSISTEMA               │   │
│   │   ┌─────────────────────────────┐   │   │
│   │   │         SISTEMA             │   │   │
│   │   │  ┌───────────┬───────────┐  │   │   │
│   │   │  │SUBSISTEMA │SUBSISTEMA │  │   │   │
│   │   │  └───────────┴───────────┘  │   │   │
│   │   └─────────────────────────────┘   │   │
│   └─────────────────────────────────────┘   │
│                                             │
└─────────────────────────────────────────────┘
```

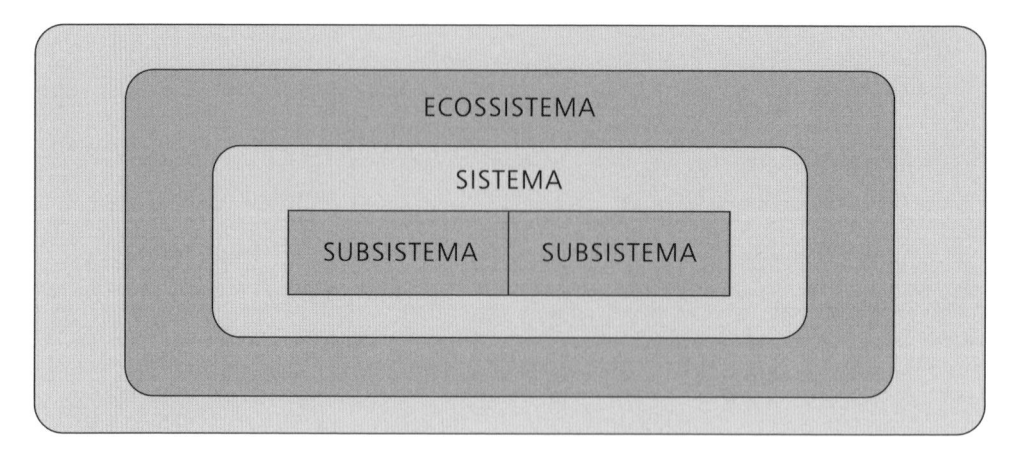

Figura 1.3 Níveis do sistema.

Existem dois conceitos (Von Bertalanffy, 1972, p. 194) que facilitam o entendimento do sistema considerado e sua integração com o ambiente:

- equifinalidade, segundo a qual um mesmo estado final pode ser alcançado, partindo de diferentes condições iniciais e por maneiras diferentes, ou seja, você pode alcançar um mesmo objetivo independentemente da sua realidade atual e das estratégias que vai aplicar, podendo ser mais importante o seu esforço e criatividade; e
- entropia negativa, que mostra o empenho dos sistemas para se organizarem para a sobrevivência, através de maior ordenação.

O processo entrópico decorre de uma lei universal da natureza, na qual todas as formas de organização se movem para a desorganização e a morte. Entretanto, os sistemas abertos podem gerar entropia negativa, por intermédio da maximização da energia importada, o que é obtido via maximização da eficiência com que o sistema processa essa energia.

Quando do estudo do processo entrópico, normalmente se considera esse processo em sua forma negativa. Mas a entropia também pode estar em sua forma positiva, ou seja, na afirmação da desorganização e do desgaste.

> **Para você pensar:** em sua vida, você seguramente está em processo entrópico positivo, pelo seu envelhecimento natural, mas também em processo entrópico negativo, pelo incremento de seus conhecimentos e relacionamentos.

O executivo catalisador do SIG sabe que a realidade das empresas é extremamente dinâmica, alterando-se a cada instante, por intermédio de modificações ocorridas nos seus níveis de abrangência e influência, e nos elementos condicionantes e componentes (ver Capítulo 3). Desse modo, as constantes microalterações podem determinar, ao longo do tempo, total desorganização dos sistemas, levando-os a promover elevada entropia positiva e seu consequente desaparecimento, desde que os mesmos não sejam ajustados à nova realidade existente.

As microalterações são muito piores do que as macroalterações, pois, enquanto essas alertam os executivos para os clamorosos desajustes existentes entre os sistemas e a realidade que os mesmos tratam, aquelas só são percebidas após certo período de tempo, durante o qual as pequenas alterações podem ter gerado grande dose de ineficiência e entropia positiva. Assim, o sistema de informações gerenciais, junto com o planejamento estratégico são instrumentos de fundamental importância, pois visam antecipar-se às alterações da realidade, por intermédio do planejamento da mudança como resultado da evolução dos sistemas empresariais.

A equifinalidade e a entropia negativa podem facilitar o entendimento de uma das características dos sistemas abertos, ou seja, a tendência à diferenciação, em que configurações globais são substituídas por funções mais especializadas, hierarquizadas e altamente diferenciadas (Katz & Kahn, 1973, p. 41).

O conceito de adaptação é definido por Ackoff (1974, p. 12) como a resposta a uma mudança – estímulo – que reduz de fato, ou potencialmente, a eficiência do comportamento de um sistema; e uma resposta pode ser interna (dentro do sistema) ou externa (no seu ambiente). Portanto, o referido autor admite que possa haver mudanças no próprio sistema, refletindo-se no ambiente ou no próprio sistema. Assim, adaptação é a habilidade do sistema para se modificar, ou modificar o seu ambiente, quando algum deles sofreu uma mudança. Resultariam, então, quatro tipos de adaptação, para os quais os executivos devem estar atentos (adaptado de Fleury, 1974, p. 21):

- adaptação ambiente *versus* ambiente: ocorre quando um sistema reage a uma mudança ambiental, modificando o ambiente;
- adaptação ambiente *versus* sistema: ocorre quando um sistema se modifica para reagir a uma mudança ambiental;
- adaptação sistema *versus* ambiente: ocorre quando um sistema reage a uma mudança interna, modificando o ambiente; e

- adaptação sistema *versus* sistema: ocorre quando um sistema reage a uma mudança interna, modificando a si mesmo.

O comportamento intencional dos envolvidos também afeta o comportamento de adaptação dos sistemas, pois pode visar a certas finalidades, entre as quais podem estar a manutenção dos valores de determinadas variáveis do sistema, ou o encaminhamento a objetivos almejados. Esse comportamento pode estar baseado na preservação da ética e da forma de atuação do sistema, na natureza das transformações ou na tendência para sistemas mais complexos e diferenciados.

A preservação da forma de atuação do sistema estabelece que o ciclo de eventos de um sistema pode conduzi-lo a um estado firme ou a um processo entrópico. A eficiência com que o sistema trabalha pode conduzir a uma relação saídas *versus* entradas cada vez maior ou menor, resultante se a entropia é negativa ou positiva.

O estado firme caracteriza a consistência da relação saídas *versus* entradas, isto é, caracteriza a constância no intercâmbio de energia com o ambiente do sistema. Conquanto a tendência de um estado firme, em sua forma mais simples, seja homeostática, ou seja, apresente equilíbrio, o principio básico é o da preservação da ética do sistema, com intenção de fazer com que o mesmo continue a ser coerente com os objetivos a serem alcançados e, nesse caso, o SIG se consolida com melhor qualidade.

Entretanto, é desejável que tanto o estado homeostático como a preservação da ética do sistema sejam levados a efeito de forma dinâmica, isto é, de modo que haja contínuos ganhos de eficiência do processador de transformação do sistema, que podem ser expressos pela relação saídas *versus* entradas.

Pela natureza das transformações, o processador de um sistema, que é o conjunto de elementos inter-relacionados e interagentes que transformam as entradas em saídas, pode apresentar-se de forma bastante clara ou substancialmente obscura.

Apesar de o processador ser entendido como uma forma particular de processar as transformações das entradas, as quais podem ser facilmente identificadas e compreendidas, mesmo de outra forma de difíceis identificação e entendimento, mediante a ocorrência de certas entradas, podem-se prever as saídas por intermédio de uma correlação entre ambas (entradas e saídas).

Portanto, pelas previsões, existe a possibilidade de se estabelecer a trajetória dos sistemas e subsistemas ao longo do tempo. Pode-se, ainda, por meio de adequada utilização de instrumentos de planejamento, organização, direção e avaliação, determinar a trajetória desejada do sistema de informações gerenciais na empresa considerada.

E, um aspecto que muito auxilia na alavancagem desse processo é o nível de qualidade das informações, que é o insumo básico considerado neste livro.

A tendência para sistemas mais complexos e diferenciados estabelece que os sistemas são particularmente dinâmicos, variando, entretanto, a velocidade e as maneiras pelas quais os mesmos vão tornando-se complexos e diferenciados ao longo do tempo. O avanço tecnológico, o crescimento dos mercados, o incremento da concorrência, o aumento da complexidade e da efervescência dos aspectos econômicos, políticos e sociais levam os sistemas mais simples a se transformarem em complexos, caracterizando-se, em consequência, por um volume maior de entropia positiva e desagregação, e exigindo técnicas mais avançadas para evitar o seu envelhecimento e morte.

E essa é uma realidade que está acontecendo no mundo atual. Esse processo de mudança global se intensificará ao longo das próximas décadas, afetando fortemente as empresas (sistemas).

A homeostase, que é obtida por meio de realimentação ou *feedback* do sistema, procura manter os valores de variáveis dentro de uma faixa estabelecida, mesmo na ocorrência de estímulos, para que ultrapassem os limites desejados. É o caso de uma empresa estabelecer alguns mecanismos para que os custos dos produtos e serviços se mantenham sempre dentro de determinados níveis.

Um sistema pode sair de uma homeostase para outra homeostase bastante diferente. Esse processo denomina-se heterostase, o qual pode explicar para os sistemas empresariais os processos de crescimento, diversificação, entropia negativa e outros. Nesse caso, como novos níveis de equilíbrio são estabelecidos, consequentemente o sistema passará a ter novos objetivos.

Existe o conceito de estado quase estacionário, pelo qual a permanente adaptação dos sistemas nem sempre os traz de volta ao seu nível primitivo. Isso se deve ao fato de que sistemas vivos buscam importar mais do que o estritamente necessário para que permaneçam no estado estacionário, esforçando-se para garantir sua sobrevivência por meio de acúmulo de uma reserva de segurança. Esse conceito é importante para se entender a validade do processo contínuo da estrutura organizacional, das normas e procedimentos e dos sistemas de informações gerenciais em cada uma de suas revisões, bem como do processo evolutivo das empresas no seu ambiente.

Outro aspecto importante é o da informação, que está correlacionado à redução de incerteza do ambiente do sistema. O intercâmbio em um sistema aberto com o seu ambiente se processa através de matérias, de energias e de informações. O fluxo desses componentes – matérias, energias e informações – entre dois sistemas processa-se através de seus canais de comunicação, que correspondem às interfaces dos sistemas. O conceito de informação será bastante trabalhado ao longo dos vários capítulos deste livro.

Existe, ainda, o conceito de sistema como ciclos de eventos, pois, em geral, os sistemas administrativos possuem caráter cíclico, isto é, o produto ou serviço exportado para o ambiente supre as fontes de energia para a repetição das atividades do ciclo. Assim, o método básico para a identificação da estrutura dos sistemas é o de seguir a corrente da energia dos eventos, a partir da entrada de energia, e continuar ao longo do processo de transformação – processador – até o ponto de fechamento do ciclo.

Quando se considera a empresa como um sistema, pode-se visualizá-la como composta de vários subsistemas:

- o de coordenação das atividades, para que os resultados sejam alcançados;
- o decisório sobre as informações existentes, para que as ações sejam desencadeadas visando aos resultados a serem alcançados; e
- o de realização das atividades operacionais, que irá afetar a empresa no seu dia a dia.

Esses subsistemas aparecem de forma hierarquizada e Bernardes (1986, p. 57) estabelece os critérios que devem ser seguidos para uma adequada hierarquização de sistemas nas empresas:

- cada tipo de sistema deve ser precisamente conceituado a partir de suas características, para que não ocorram dúvidas a respeito do que trata cada um deles;
- as peculiaridades de cada nível devem ser claramente descritas;
- a sequência ordenada dos níveis deve ser estabelecida; e
- a primazia do nível superior e a influência dos inferiores devem ser explicitadas.

Do ponto de vista dos trabalhos de desenvolvimento do SIG, pode-se conceituar mais um critério, a saber:

- as interações dos vários níveis, de forma horizontal, vertical e diagonal, devem ser explicitadas para que sirvam de sustentação para se consolidar a administração total e integrada.

O conhecimento desses vários princípios pode auxiliar o executivo no levantamento, na análise, no desenvolvimento e na implementação dos sistemas administrativos nas empresas e, consequentemente, no desenvolvimento dos sistemas de informações gerenciais, o que proporciona a otimização do processo decisório.

O executivo catalisador do SIG pode efetuar o tratamento dos vários sistemas e subsistemas considerados de diferentes maneiras.

A maneira ideal de tratamento é a apresentada na seção 1.7. Entretanto, como exemplificação, um conjunto de sistemas em uma empresa pode ter uma decomposição em subsistemas, conforme apresentado no Quadro 1.1:

Quadro 1.1 Decomposição de sistema (exemplo).

I   Administrativo e financeiro
I.1   Crédito e cobrança
I.1.1   Crédito
I.1.1.1   Análise e controle de crédito
I.1.2   Cobrança
I.1.2.1   Notas de débito
I.1.2.2   Cobranças pelo jurídico
I.1.2.3   Comissões
I.2   Finanças
I.2.1   Controles
I.2.2   Tesouraria
I.2.2.1   Programação financeira
I.2.2.2   Bancos
I.2.2.3   Caixa
I.2.3   Contas a pagar
I.2.4   Técnico-financeira
I.2.4.1   Administração de contratos
I.2.4.2   Seguros
I.2.5   Financeiro-exportação
I.2.5.1   Câmbio

Quadro 1.1 (Continuação).

- I.3 Suprimentos
  - I.3.1 Compras
    - I.3.1.1 Controle dos documentos fiscais
  - I.3.2 Almoxarifado
- I.4 Serviços administrativos
  - I.4.1 Gráfica
  - I.4.2 Arquivo e microfilmagem
  - I.4.3 Comunicações
  - I.4.4 Controle de veículos
  - I.4.5 Manutenção de equipamentos administrativos
- II Marketing
  - II.1 Comercial
    - II.1.1 Promoção técnica
      - II.1.1.1 Desenvolvimento e promoção de novos produtos
      - II.1.1.2 Atendimento a clientes
    - II.1.2 Planejamento e controle de marketing
      - II.1.2.1 Planejamento
      - II.1.2.2 Pesquisa
      - II.1.2.3 Relatórios e estatísticas
    - II.1.3 Administração de pedidos e preços
      - II.1.3.1 Cadastro de produtos (tabela de preços)
    - II.1.4 Programação de entregas
      - II.1.4.1 Programação de estoque e liberação
  - II.2 Vendas nacionais
  - II.3 Vendas internacionais
    - II.3.1.1 Liberação de produtos
    - II.3.1.2 Afretamento
    - II.3.1.3 Importação
    - II.3.1.4 Documentação
- III Recursos humanos
  - III.1 Administração de pessoal
    - III.1.1 Recrutamento e seleção
    - III.1.2 Pessoal
      - III.1.2.1 Cadastro
      - III.1.2.2 Pagamentos
      - III.1.2.3 Folha de pagamento
      - III.1.2.4 Atualizações cadastrais

Quadro 1.1 (Continuação).

```
                III.1.2.5  Faixas salariais
                III.1.2.6  Controle de férias
                III.1.2.7  Apontadoria de mão de obra
        III.1.3  Administração salarial
                III.1.3.1  Cargos e salários
                III.1.3.2  Controles e pesquisas
    III.2  Higiene e segurança social
        III.2.1  Higiene e segurança
                III.2.1.1  Limpeza
                III.2.1.2  Segurança patrimonial
                III.2.1.3  Segurança industrial
        III.2.2  Serviço médico e social
    III.3  Desenvolvimento de pessoal e relações trabalhistas
        III.3.1  Treinamento
        III.3.2  Processos trabalhistas
        III.3.3  Relações sindicais
IV  Controladoria
    IV.1  Contabilidade fiscal
        IV.1.1  Contabilidade patrimonial
                IV.1.1.1  Cadastramento de centros de custos
                IV.1.1.2  Ativo imobilizado
                IV.1.1.3  Controle contábil
                IV.1.1.4  Controle físico
                IV.1.1.5  Faturamento
        IV.1.2  Análise e relatórios
    IV.2  Contabilidade gerencial
        IV.2.1  Custos
        IV.2.2  Orçamentos
    IV.3  Relações com o mercado
V  Industrial
    V.1  Engenharia industrial
        V.1.1  Engenharia de processos
                V.1.1.1  Processos
        V.1.2  Engenharia de métodos
                V.1.2.1  Projetos e arranjo físico
                V.1.2.2  Tempos e métodos
        V.1.3  Engenharia de produtos
```

Quadro 1.1 (Continuação).

```
                V.1.3.1   Desenvolvimento de novos produtos
V.2   Desenvolvimento industrial
      V.2.1   Desenvolvimento e recondicionamento de ferramental
              V.2.1.1   Almoxarifado
      V.2.2   Construções mecânicas
              V.2.2.1   Ferramentaria
              V.2.2.2   Caldeiraria
      V.2.3   Programação, projetos e controles
              V.2.3.1   Desenhos e projetos
V.3   Controles da qualidade industrial
      V.3.1   Laboratórios
      V.3.2   Controle da qualidade no processo
              V.3.2.1   Inspeção da produção
      V.3.3   Engenharia da qualidade
              V.3.3.1   Metrologia
              V.3.3.2   Documentação
V.4   Planejamento e controle da produção
      V.4.1   Movimentação da produção primária
      V.4.2   Planejamento e programação
              V.4.2.1   Apontadoria
V.5   Produção
      V.5.1   Processamento de matérias-primas
              V.5.1.1   Corte de matérias-primas
              V.5.1.2   Tratamento superficial de matérias-primas
              V.5.1.3   Laminação
              V.5.1.4   Tratamento térmico de matérias-primas
      V.5.2   Processo produtivo
              V.5.2.1   Linhas
              V.5.2.2   Transformação de perfis
              V.5.2.3   Galvanização
              V.5.2.4   Acabamento
              V.5.2.5   Almoxarifado
V.6   Manutenção industrial
      V.6.1   Engenharia de manutenção
              V.6.1.1   Planejamento
              V.6.1.2   Projetos de manutenção
```

Quadro 1.1 (Continuação).

```
            V.6.1.3   Programação e controle
            V.6.1.4   Manutenção preventiva
            V.6.1.5   Manutenção corretiva
    V.6.2   Manutenção mecânica
            V.6.2.1   Oficina mecânica
            V.6.2.2   Lubrificação
            V.6.2.3   Manutenção da área
            V.6.2.4   Hidráulica
    V.6.3   Manutenção eletroeletrônica
            V.6.3.1   Oficina elétrica
            V.6.3.2   Instrumentação
            V.6.3.3   Alta-tensão
    V.6.4   Manutenção auxiliar
            V.6.4.1 Revisão e preventiva
    V.6.5   Utilidades
            V.6.5.1   Refrigeração e ar-condicionado
            V.6.5.2   Tratamento de águas
            V.6.5.3   Vapor e ar comprimido
            V.6.5.4   Carpintaria e pintura
    V.6.6   Manutenção e conservação patrimonial
V.7 Administração de materiais
    V.7.1   Manutenção de veículos
    V.7.2   Transportes
    V.7.3   Estoque e expedição
            V.7.3.1   Matérias-primas
            V.7.3.2   Produtos
```

O exemplo apresentado, pelo próprio nível de detalhamento, explicita como um sistema pode ser decomposto, de forma gradativa, em vários subsistemas. Entretanto, essa forma de decomposição deve ser utilizada no momento inicial do processo, pois o mapeamento sistêmico deve ser efetuado de forma mais estruturada, o que se apresenta ao longo deste livro.

Outra maneira de efetuar o tratamento dos sistemas e subsistemas é pela estruturação por processos.

> **Processo** é um conjunto de atividades sequenciais que apresentam relação lógica entre si, com a finalidade de atender e, preferencialmente, suplantar as necessidades e expectativas dos clientes externos e internos da empresa.

Portanto, nesse caso, devem-se estabelecer os processos para os sistemas e subsistemas identificados, tudo isso de forma perfeitamente interligada.

Existem outras formas de conceituar o termo *processo*, tais como:

- grupo de tarefas que têm interligação lógica, baseadas no uso de recursos da empresa para gerar determinados resultados consistentes com seus objetivos (Harrington, 1991, p. 34);
- sequência de atividades capazes de atender às necessidades de um cliente, seja ele interno ou externo à empresa (Harrisson e Pratt, 1993, p. 27);
- conjunto de atividades interligadas capazes de transformar um insumo de forma a criar um produto ou serviço, visando agregar valor (Johansson, McHugh, Pendleburry e Wheeler II, 1993, p. 29);
- conjunto de atividades capazes de agregar valor para o cliente (Bogan e English, 1994, p. 34);
- ordenação específica de atividades de trabalho no tempo e no espaço, devendo ter, portanto, começo, fim, insumos e resultados claramente identificados (Davenport, 1994, p. 6);
- conjunto de atividades com uma ou mais entradas, que cria uma saída que tem valor para o cliente (Hammer e Champy, 1994, p. 21);
- conjunto de atividades ligadas entre si e que ocorrem naturalmente na operação diária da empresa, tomando determinado insumo e transformando-o para criar um resultado (Moreira, 1994, p. 56).
- sequência de atividades, políticas, procedimentos e sistemas de suporte que são necessários para atender às necessidades dos clientes (Cross, Feather e Linch, 1995, p. 23);
- conjunto de atividades ordenadas de forma lógica visando ao atendimento das necessidades dos clientes (Fried, 1995, p. 17); e
- conjunto de atividades interligadas que transformam insumos em produtos e serviços, os quais representam soluções para os problemas dos clientes internos e externos à empresa (Roberts, 1995, p. 18).

A maneira como a estrutura de processos contribui para o sistema de informações gerenciais pode ser visualizada na Figura 1.4:

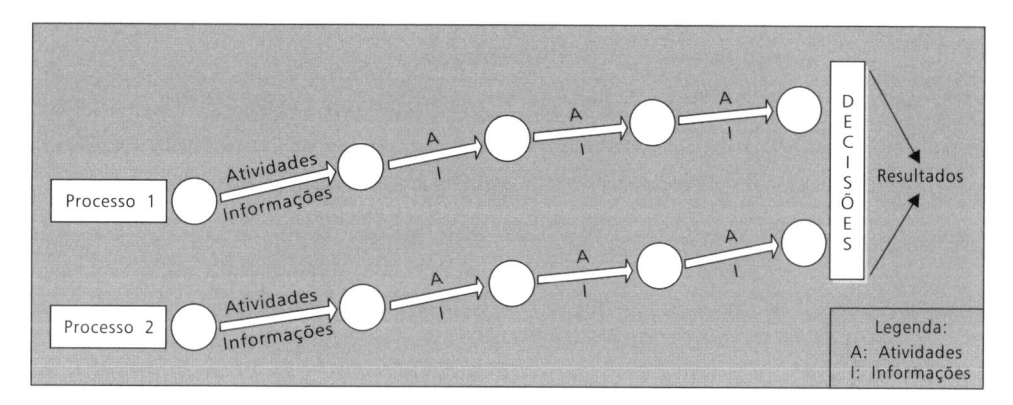

Figura 1.4 Estrutura de processos e SIG.

Verifica-se que os processos são decompostos em atividades, nas quais são alocadas as informações representativas do insumo básico para a decisão voltada para os resultados da empresa.

Essa questão da interligação entre as atividades – partes dos processos administrativos – e as informações é da mais elevada importância, pois as informações devem proporcionar toda a sustentação às atividades e aos processos, bem como devem ser decorrentes desses.

Com referência ao que vem primeiro: a informação ou a atividade/processo, não tenha dúvidas em afirmar que deve ser a informação, desde que essa seja, efetivamente, válida para o processo decisório na empresa.

Outro princípio é que se deve evitar a repetição das mesmas atividades, ainda que em diferentes processos; mas as informações podem se repetir no mesmo processo.

A atual revolução da informação nas empresas pode provocar algumas consequências interessantes ou desagradáveis, conforme evidenciado por Mackenna (1992, p. 29):

- mais obrigações, pois as empresas devem empenhar-se em atender bem aos consumidores, sendo que a satisfação dos clientes e a qualidade total são fundamentais;
- novos rivais, pois, com a tecnologia de informação acessível a todo mundo, novos e poderosos concorrentes surgem a cada momento;

- vulnerabilidade, pois as informações, inclusive estratégicas, sobre as empresas, ficaram mais acessíveis a todos;
- lentidão, pois as empresas, especialmente as maiores, são mais lentas do que os indivíduos para acompanhar as mudanças;
- versatilidade, pois as empresas devem oferecer várias opções aos clientes, sendo que a escolha se tornou um valor tão importante quanto o produto ou serviço que cada empresa oferece ao mercado; e
- mais opções, pois foi encorajada a fragmentação do mercado e nenhum segmento hoje é estreito ou obscuro demais para ser trabalhado pelas empresas.

Pelo que já foi apresentado até este momento, verifica-se a importância de os executivos operacionalizarem uma abordagem sistêmica quando das análises de empresas. Nesse contexto, a empresa pode ser identificada como um complexo de canais ao longo dos quais fluem produtos, serviços, recursos e informações de ponta a ponta da empresa, bem como entre a empresa e o seu ambiente, onde estão os fatores não controláveis.

Neste livro serão apresentados, como detalhamento para uma análise geral por parte dos executivos, o aspecto das informações e seu enquadramento em um processo decisório otimizado. Torna-se, entretanto, evidente a necessidade de você considerar as informações de forma interativa com os produtos, serviços, recursos e mercados da empresa.

1.2 Informação

Inicialmente deve-se distinguir dado de informação. O que distingue dado – ou um conjunto de dados – de informação, a qual auxilia no processo decisório, é o conhecimento que ela propicia ao tomador de decisões.

> **Dado** é qualquer elemento identificado em sua forma bruta que, por si só, não conduz a uma compreensão de determinado fato ou situação.

Portanto, o executivo deve obter o conhecimento necessário ao processo decisório a partir do dado transformado, o que lhe propicia um processo dinâmico ou um elemento de ação. Essa situação dinâmica permite ao executivo posicionar-se diante de um problema ou uma situação qualquer.

> **Informação** é o dado trabalhado que permite ao executivo tomar decisões.

Como exemplo de dados em uma empresa, citam-se quantidade de produção, custo de matérias-primas, número de empregados. A informação seria o resultado da análise desses dados, ou seja, capacidade de produção, custo de venda do produto, produtividade dos funcionários etc.

Essas informações, ao serem utilizadas pelo executivo, podem afetar ou modificar o comportamento existente na empresa, bem como o relacionamento entre as suas várias unidades organizacionais.

Naturalmente, essa é uma forma de conceituar dado e informação. Outra forma é conceituar dado como a informação – que permite a tomada de decisão – registrada. Entretanto, esse conceito não será utilizado neste livro.

A informação – como um todo – é recurso vital da empresa e integra, quando devidamente estruturada, os diversos subsistemas e, portanto, as funções das várias unidades organizacionais da empresa.

Esse fato indica a necessidade de uma abordagem interunidades organizacionais e, portanto, uma solução de equipe multidisciplinar, de forma interativa e sistêmica.

O propósito básico da informação é o de habilitar a empresa a alcançar seus objetivos pelo uso eficiente dos recursos disponíveis, nos quais se inserem pessoas, materiais, equipamentos, tecnologia, dinheiro, além da própria informação. Nesse sentido, a teoria da informação considera os problemas e as adequações do seu uso eficiente, eficaz e efetivo pelos executivos da empresa.

A eficiência na utilização do recurso *informação* é medida pela relação do custo para obtê-la e o valor do benefício decorrente do seu uso. Os custos associados com a produção da informação são aqueles envolvidos na coleta, no processamento e na distribuição. O custo total da produção da informação aumenta diretamente com o volume, o que provoca duas preocupações, pois um aumento do custo marginal diminui a utilidade marginal da informação e a redução dos custos de informação limita a abrangência da informação.

Nesse particular, a preocupação maior deveria residir em descobrir o nível ótimo da geração da informação, ou seja, de utilidade efetiva, pois incorpora o conceito de valor, que sempre embute certa subjetividade. Por sua vez, o custo pode ser mais facilmente determinado.

Além de seu propósito, deve-se considerar o valor da informação, o qual está associado ao seu uso final. Sua qualificação evidencia-se à medida que possibilita a redução do grau de incerteza quando da tomada de decisão pelo seu gestor, permitindo melhoria na qualidade das decisões.

Outros aspectos de vital importância são a oportunidade e a prioridade. Uma informação produzida que não seja distribuída em tempo hábil da tomada de decisão praticamente perde o seu sentido. Sua capacidade de reduzir incertezas está associada com a oportunidade de sua distribuição, assim como a identificação das prioridades será função direta do processo de planejamento que identifica a necessidade de avaliação e controle, conforme determinado no modelo básico de administração estabelecido pela empresa.

A informação é o resultado da análise dos dados existentes na empresa, devidamente registrados, classificados, organizados, correlacionados e interpretados em um determinado contexto, para transmitir conhecimentos e permitir a tomada de decisão de forma otimizada.

A informação representa a consolidação de poder na empresa, desde o momento de posse de dados básicos que são transformados em informações, até a possibilidade de otimizar conhecimentos técnicos e o domínio de políticas, bem como a maior especialização e consequente respeito profissional ao executivo considerado.

Quando da coleta de informações, influi o poder anterior já consolidado pelo referido executivo e, a partir desse momento, começam a pesar a confiabilidade, a segurança e a qualidade dos dados e das informações coletados.

Também deve ser considerada a qualidade das informações, que sofre influência de:

- boatos e fofocas;
- *rádio-corredor*, que pode ter a situação de fofocas, bem como de verdades não ditas;
- situações desequilibradas de fatos *versus* suposições;
- informações em *estado bruto* – dados – *versus* informações *lapidadas*; e
- informações *hard* versus *soft*.

Para Handy (1990, p. 19), a tecnologia nos lançou em uma nova era de mudanças intensas e assustadoras que servem para transformar todos os aspectos de nossas vidas. No setor empresarial, ela detecta a emergência de uma empresa do tipo "trevo", na qual o núcleo central (a primeira folha) continua diminuindo de tamanho à medida que as empresas repassam mais trabalho para as subcontratadas (a segunda folha) e contratam mais pessoas em regime parcial (a terceira das folhas). Essa mudança implica, também, em conceder aos funcionários maior dose de liberdade e de responsabilidade.

Ao longo da leitura deste livro fica evidente que informação é qualquer espécie de conhecimento ou mensagem que pode ser usada para aperfeiçoar ou tornar possível uma decisão ou ação.

A informação facilita o desempenho das funções que cabem à administração: planejar, organizar, dirigir e avaliar operações. Corresponde à matéria-prima para o processo administrativo da tomada de decisão.

A tomada de decisão refere-se à conversão das informações em ação. Portanto, decisão é uma ação tomada com base na análise de informações.

Será possível verificar que o valor da decisão é inversamente proporcional ao tempo que se leva para tomá-la, e diretamente proporcional à qualidade das informações utilizadas.

1.3 Gerencial

Gerencial é o desenvolvimento e a consolidação do processo administrativo, representado pelas funções de planejamento, organização, direção, gestão de pessoas e avaliação, voltado para a otimização dos resultados da empresa.

É importante apresentar o conceito de gerencial de forma inerente ao processo administrativo porque, na maior parte das vezes, os executivos se esquecem de percorrer todos os aspectos envolvidos e ficam apenas dirigindo a empresa sem qualquer sustentação administrativa, ou seja, não planejam a situação desejada nem os meios de chegar lá; não organizam os recursos para facilitar o alcance dos resultados delineados pelo planejamento e, consequentemente, não podem controlar e avaliar nada, pois não estabeleceram antecipadamente os resultados a serem alcançados.

Nesse contexto, o executivo apenas dá ordens, o que não pode ser confundido como a função de dirigir.

Portanto, quando se aborda o termo *gerencial*, neste livro, está-se considerando o processo administrativo como um todo e, muito importante, esse processo voltado para os resultados a serem alcançados pela empresa.

1.4 Sistema de Informações Gerenciais – SIG

Existem algumas definições da expressão *sistema de informações gerenciais*, dentre as quais podem ser analisadas as apresentadas a seguir:

- é um sistema de pessoas, equipamentos, procedimentos, documentos e comunicações que coleta, valida, executa operações, transforma, armazena, recupera e apresenta dados para uso no planejamento, orçamento, contabilidade, controle e em outros processos gerenciais para os vários propósitos administrativos. Os sistemas de processamento de informações tornam-se sistemas de informações gerenciais quando sua finalidade transcende uma orientação para processamento de transação, em favor de uma orientação para a tomada de decisões gerenciais (Schwartz, 1970, p. 4);
- é um método organizado para prover informações passadas, presentes e futuras, correlacionadas com as operações internas e o serviço de inteligência externa. Serve de suporte para as funções de planejamento, controle e operação de uma empresa, através do fornecimento de informações, no padrão de tempo apropriado, para auxiliar o tomador de decisão (Kennevan, 1970, p. 29);
- é um método organizado para prover o executivo de informações passadas, presentes e futuras sobre a operação interna e o ambiente da empresa. E dá suporte às funções de planejamento, controle e operação de uma empresa, fornecendo informações uniformes para auxiliar a tomada de decisão (Dearden, 1972, p. 92);
- é um grupo de pessoas, um conjunto de manuais e equipamentos voltados para seleção, armazenamento, processamento e recuperação de dados com vistas à redução de incertezas na tomada de decisões, através de fornecimento de informações para os executivos a tempo para que eles possam usá-las da maneira mais eficiente (Murdick e Ross, 1975, p. 5);
- é um sistema integrado homem *versus* máquina que provê informações para dar suporte às funções de operação, administração e tomada de decisão na empresa (Davis, 1982, p. 11);
- é um sistema voltado para a coleta, armazenagem, recuperação e processamento de informações que são usadas ou desejadas por um ou mais executivos no desempenho de suas atividades (Ein-Dor e Segev, 1983, p. 14);
- consiste em, pelo menos, uma pessoa de certo tipo psicológico que se vê diante de um problema em algum contexto organizacional, para o

qual ela necessita de evidência para chegar a uma solução, isto é, selecionar algum curso de ação, e que a evidência se torna disponível a ela através de algum modo de apresentação (Mason Jr. e Mitroff, 1983, p. 21); e

- é uma combinação de pessoas, facilidades, tecnologias, ambientes, procedimentos e controles, com os quais se pretende manter os canais essenciais de comunicação, processar certas rotinas típicas de transações, alertar os executivos para a significância dos eventos internos e externos e proporcionar uma base para a tomada de decisão inteligente (Nash e Roberts, 1984, p. 5).

Entretanto, neste livro, tendo em vista as considerações apresentadas nas seções 1.1, 1.2 e 1.3, é utilizada a definição apresentada a seguir:

> **Sistema de Informações Gerenciais – SIG** – é o processo de transformação de dados em informações que são utilizadas na estrutura decisória da empresa, proporcionando, ainda, a sustentação administrativa para otimizar os resultados esperados.

Para seu posicionamento: se você não gostou da definição acima, pode elaborar a sua conceituação do termo *sistema de informações gerenciais*, preferencialmente com as devidas sustenções.

Quando o executivo considera o SIG, deve saber que o mesmo aborda apenas uma parte das informações globais da empresa, sendo que essa situação pode ser visualizada na Figura 1.5:

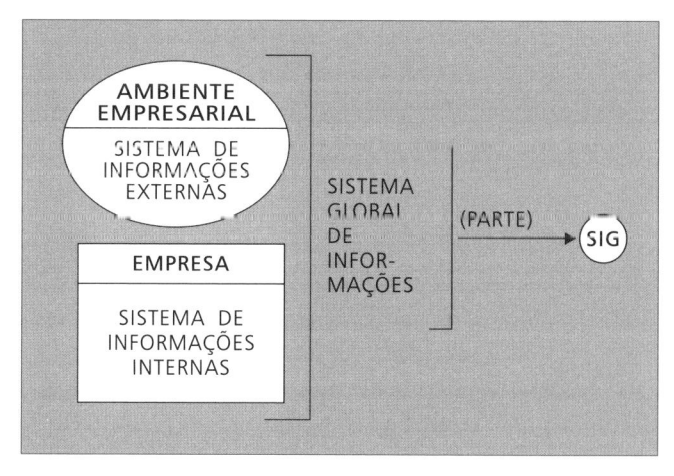

Figura 1.5 Empresa e os sistemas de informações.

Ao longo deste livro, espera-se transferir sugestões práticas para o executivo extrair informações gerenciais do sistema global de informações da empresa. Entretanto, a prática tem demonstrado que essas sugestões são necessárias, mas não suficientes; isso porque a suficiência só ocorre a partir de determinado nível de excelência de atuação do executivo na empresa.

Nesse contexto, o executivo deve sempre lembrar-se de que o SIG é um sistema projetado para oferecer ao referido executivo informações seguras para a tomada de decisões sólidas que resultem na concretização dos objetivos e metas empresariais previamente estabelecidos.

Outro aspecto que será bastante evidenciado ao longo deste livro é a interação da informação com o processo decisório; e uma forma esquemática resumida dessa interação pode ser visualizada na Figura 1.6:

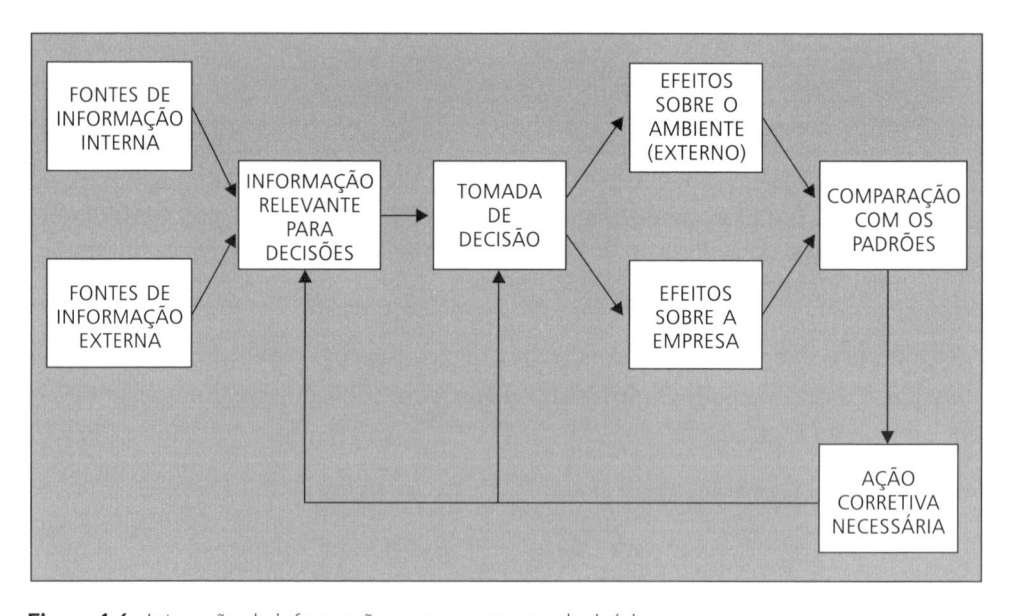

Figura 1.6 Interação da informação com o processo decisório.

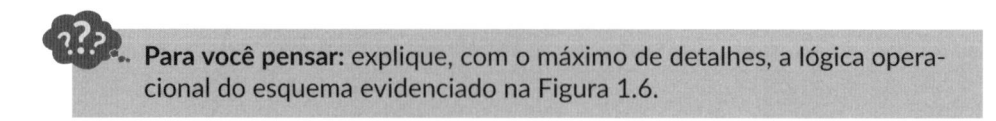

Para você pensar: explique, com o máximo de detalhes, a lógica operacional do esquema evidenciado na Figura 1.6.

O SIG não deve ser encarado como modismo em administração. Isso porque os modismos – ideias prontas, acabadas e efêmeras – geralmente enquadram-se nos chamados pacotes, os quais, se seguidos à risca, levam as empresas ao caos administrativo.

As empresas passam por vários momentos de crise ao longo de sua existência, sendo que as causas podem ser tanto externas – ambientais ou não controláveis – como internas ou controláveis.

Nesses momentos de crise, os executivos podem promover algumas estratégias, como:

I – Na área operacional, podem promover:
- estudo e racionalização dos produtos e serviços existentes;
- desenvolvimento de novos produtos e serviços;
- estudo para racionalização dos fluxos de produção;
- controle mais rigoroso da qualidade dos produtos e serviços; e
- controle e eliminação de perdas de produção.

II – Na área mercadológica, podem considerar as seguintes estratégias:
- estudo e identificação das necessidades de mercado;
- desenvolvimento de novos mercados;
- acompanhamento das atividades dos principais concorrentes, incluindo a identificação de suas vantagens competitivas;
- estudo dos custos promocionais e seu grau de efetividade nos resultados comerciais dos produtos e serviços da empresa; e
- controle e análise detalhados de cada mercado e cliente, quer esses sejam atuais ou potenciais.

III – Na área financeira, podem promover:
- identificação da estrutura de capital mais adequada;
- controle de prazos e da rotatividade de valores;
- elaboração e análise de balanços projetados;
- otimização das melhores fontes de financiamento;
- controle do capital de giro;
- controle efetivo do fluxo de caixa da empresa; e
- estruturação otimizada da contabilidade gerencial.

IV – Na área administrativa, podem promover:
- otimização dos sistemas de controle administrativo;
- otimização dos sistemas contábil e orçamentário;
- otimização dos sistemas de apuração de custos;

- otimização dos sistemas informatizados; e
- otimização dos sistemas de informação gerencial (SIG).

Portanto, a atuação sobre o SIG pode ser considerada apenas um dos aspectos a serem atacados pelos executivos das empresas. Entretanto, procura-se demonstrar, ao longo dos capítulos deste livro, que a alavancagem que a empresa pode conseguir com um adequado SIG é altamente significativa. Isso porque, nesse contexto, o SIG pode representar o insumo e o resultado do tratamento de cada uma das atividades da empresa de forma interativa para com seu próprio processo decisório.

O SIG deve ser muito bem desenvolvido e implementado, bem como ter efetiva colaboração na adequação das empresas perante os pontos básicos inerentes a um cenário provável para as economias nacional e internacional.

Alguns desses pontos, para os quais os executivos das empresas devem estar atentos, são:

- capacidade para investir gradualmente;
- capacidade para produzir volumes crescentes para conquista de participação de mercado;
- produtividade em termos de qualidade, custos, tecnologia e recursos humanos;
- capacidade tecnológica em termos de informação, engenharia de produto e de produção;
- capacidade logística de distribuição;
- desenvolvimento de inovações quanto a novos processos, produtos e serviços;
- capacidade de agregar serviços valorizados aos produtos;
- comunicação segmentada eficiente;
- eficácia mercadológica sustentada por marketing diferenciado e orientado aos produtos e serviços, bem como aos segmentos de mercado; e
- flexibilidade empresarial em seus vários aspectos.

Portanto, o SIG deve ser visualizado como um instrumento administrativo de significativo auxílio para os executivos das empresas.

Com base em todos os aspectos apresentados até este momento, verifica-se que o SIG tem elevada abrangência e importância nas empresas.

Também vai ser constatado, ao longo da leitura deste livro, que o desenvolvimento do SIG envolve altos níveis de criatividade e de realização das pessoas participantes. Isso porque, a partir de um problema identificado, o executivo deve explicitar elevada criatividade para chegar até a decisão a ser operacionalizada. E, a sua realização como profissional pode ocorrer no momento em que o processo decisório apresentar os resultados esperados e que foram anteriormente estabelecidos nos diversos planejamentos da empresa.

Além disso, o processo envolve fatores comportamentais que o tornam ainda mais interessante, sendo que alguns desses fatores são: cultura organizacional, emoção, instinto e desejo.

Esse processo de criatividade e realização pelos executivos pode ser visualizado na Figura 1.7, na qual se verifica que a decisão dos executivos recebe dois grandes insumos, o da informação e o da criatividade, bem como a realização está correlacionada com a qualidade da ação e o tipo de resultado apresentado.

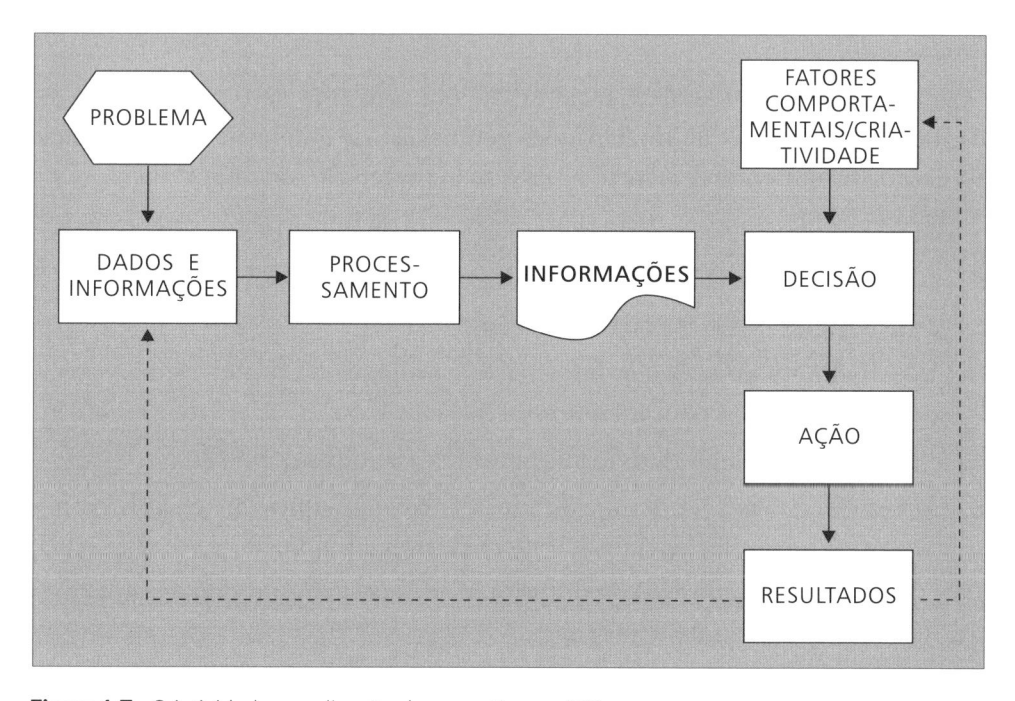

Figura 1.7 Criatividade e realização do executivo no SIG.

Observa-se, também, que todos os itens apresentados na Figura 1.7 estão dentro do enfoque sistêmico, que é uma premissa básica para toda e qualquer abordagem de um sistema de informações gerenciais.

Quando se analisam os fatores internos à empresa e que proporcionam sustentação ao otimizado SIG, na maior parte das vezes, vêm à cabeça dos executivos: produtividade, qualidade e relações humanas. Inclusive, deve existir determinado nível de equilíbrio entre esses fatores, o mesmo quando da consideração de seus vários níveis, a saber: corporativo, das unidades de negócios, dos departamentos, dos produtos e serviços e das pessoas.

Entretanto, qualquer programa de desenvolvimento deve começar pelas pessoas; caso contrário, esse programa não terá qualquer nível de sustentação. Isso porque a administração está, cada vez mais, focada nas pessoas, as quais representam o núcleo da decisão.

1.4.1 Benefícios dos sistemas de informações gerenciais para as empresas

Geralmente, tem-se dificuldade de avaliar, de forma quantitativa, qual o efetivo benefício de um sistema de informações gerenciais, ou seja, a melhoria no processo decisório.

Entretanto, pode-se trabalhar com base em uma lista de hipóteses sobre os impactos dos sistemas de informações gerenciais nas empresas, o que propicia ao executivo um entendimento, ainda que genérico, de sua importância.

Nesse sentido, pode-se afirmar que o sistema de informações gerenciais, sob determinadas condições, proporciona os seguintes benefícios para as empresas:

- redução dos custos das operações;
- melhoria no acesso às informações, propiciando relatórios mais precisos e rápidos, com menor esforço;
- melhoria na produtividade, tanto setorial quanto global;
- melhoria nos serviços realizados e oferecidos, quer sejam eles internos à empresa mas, principalmente, externos à empresa;
- melhoria na tomada de decisões, através do fornecimento de informações mais rápidas e precisas;
- estímulo de maior interação entre os tomadores de decisão;
- fornecimento de melhores projeções e simulações dos efeitos das decisões;
- melhoria na estrutura organizacional, por facilitar o fluxo de informações;

- melhoria na estrutura de poder, propiciando maior poder para aqueles que entendem e controlam cada parte do sistema considerado;
- redução do grau de centralização das decisões na empresa;
- melhoria na adaptação da empresa para enfrentar os acontecimentos não previstos, a partir das constantes mutações nos fatores ambientais ou externos;
- melhor interação com os fornecedores, possibilitando, em alguns casos, a consolidação de parcerias;
- melhoria nas atitudes e nas atividades dos profissionais da empresa;
- aumento do nível de motivação e de comprometimento das pessoas envolvidas;
- redução de funcionários em atividades burocráticas; e
- redução dos níveis hierárquicos.

Os sistemas de informações gerenciais atuam como elementos polarizadores dos eventos empresariais provenientes dos ciclos de atividades, tanto internos como externos à empresa.

O processo de administração nas empresas utiliza a informação como apoio às decisões, através de sistemas informativos que observam requisitos quanto a transmissores e receptores de informações, canais de transmissão, conteúdo das informações, periodicidade das comunicações, bem como processos de conversão das informações em decisões junto a cada um dos centros de responsabilidades – unidades organizacionais – da empresa.

Os sistemas de informações, como geradores de informações para as decisões empresariais, devem ser estabelecidos como processos de comunicação mediante os quais são fornecidos os elementos básicos para as decisões nos vários pontos da empresa.

Os sistemas informativos, através da geração de informações para o processo decisório, contribuem para a eficácia do executivo no exercício das funções de planejamento, organização, direção e avaliação na administração das empresas, pressupondo:

- predisposição de um esquema de planejamento em seus níveis estratégico, tático e operacional, contemplando todos os centros de custos e de responsabilidades da empresa;
- levantamento contínuo e imediato dos resultados da administração empresarial;

- comparação dos resultados efetivos com os dados previstos, constantes do processo de planejamento; e
- análise das variações entre os resultados apresentados e o planejamento efetuado, bem como a regularização dos desvios, através do funcionamento dos centros de custos e de responsabilidades da empresa.

O SIG auxilia os executivos das empresas a consolidar o tripé básico de sustentação da empresa: qualidade, produtividade e participação.

A qualidade não deve estar associada apenas ao produto ou ao serviço final, pois deve envolver o nível de satisfação das pessoas no trabalho associado a uma qualidade de vida que se estenda à sua estrutura pessoal, familiar e social. Possíveis desequilíbrios nessa relação podem resultar em boicotes, greves, acidentes, agressividade e outras consequências danosas para a empresa.

A produtividade não deve ser abordada como um assunto de tempos e métodos, de ergonomia ou de linhas de produção; devendo ir até o nível da produtividade global e consolidar a filosofia de comprometimento de todos os profissionais para com os resultados parciais e globais da empresa.

Nesse contexto, a participação deve consolidar-se como uma resultante das melhorias de qualidade e de produtividade. Entretanto, todo esse processo de mudança pode ser problemático para a empresa; e, um dos instrumentos administrativos que em muito podem ajudar os executivos das empresas na consolidação desse processo é o SIG – sistema de informações gerenciais.

Para que as empresas possam usufruir das vantagens básicas do sistema de informações gerenciais, é necessário que algumas premissas sejam observadas, dentre as quais podem ser citadas:

i) Envolvimento adequado da alta e média administração com o SIG. Se o envolvimento não for adequado, pode provocar situação de descrédito para com o sistema. O executivo deve lembrar-se de que o SIG é um instrumento básico para o processo decisório e esse se direciona para resultados. Portanto, o executivo eficaz deve saber trabalhar com o SIG, como instrumento de apoio à otimização dos resultados. Essa situação considera tanto a alta como a média administração, de forma mais forte, mas não menospreza a baixa administração, principalmente como fonte geradora de dados e informações.

ii) Competência por parte das pessoas envolvidas no SIG. Isso porque, antes de ser um sistema com um conjunto de relatórios, exige uma competência profissional intrínseca às pessoas que irão utilizá-lo;

caso contrário, poderá até gerar problemas, pois essas pessoas podem começar a ter dificuldades em apresentar resultados.

iii) Uso de um plano-mestre. O SIG deve ter um plano-mestre a ser implementado, adaptado e operacionalizado pelas várias unidades organizacionais da empresa, de acordo com as necessidades de informações, tendo em vista as políticas, as estratégias e os objetivos estabelecidos. Normalmente, esse plano-mestre é denominado Plano Diretor de Sistemas de Informações – PDSI (ver seção 4.2).

iv) Atenção específica ao fator humano da empresa. Esse aspecto pode ser evidenciado, principalmente, na participação efetiva e com responsabilidade dos vários executivos e demais profissionais da empresa envolvidos no processo de desenvolvimento e operacionalização do SIG. Na prática, as pessoas representam a principal fonte de conhecimento e de sustentação da qualidade do SIG.

v) Habilidade dos executivos da empresa em identificar a necessidade de informações. Se isso não ocorrer, o SIG pode já *nascer morto*, pois não será *alimentado* como sistema.

vi) Habilidade dos executivos da empresa em tomar decisões com base em informações. Esse aspecto é o *centro nervoso* do SIG.

vii) Apoio global dos vários planejamentos da empresa. O fato de o planejamento estratégico considerar a empresa como um todo e perante o seu ambiente faz dele o principal instrumento de estabelecimento de resultados esperados, bem como das informações necessárias. Mas os planejamentos táticos, bem como os operacionais, proporcionam os detalhes dos sistemas de informações gerenciais da empresa.

viii) Apoio de adequada estrutura organizacional, bem como das normas e dos procedimentos e processos inerentes aos sistemas. Nesse caso, a estrutura organizacional aparece como um instrumento administrativo do SIG, o qual deverá ser racionalizado por meio de normas, procedimentos e processos administrativos.

ix) Apoio catalisador de um sistema de controladoria (contabilidade, custos, orçamentos e tesouraria). O sistema de controladoria aparece, nesse contexto, como um instrumento catalisador e de consolidação do SIG da empresa.

x) Conhecimento e confiança no sistema de informações gerenciais. Isso pode ser conseguido através do planejado e estruturado treinamento e capacitação dos vários usuários e administradores dos sistemas considerados.

xi) Existência de dados e informações relevantes e atualizados. Se o SIG não for atualizado periodicamente, poderá ficar em uma situação de descrédito perante os seus usuários.

xii) Adequada relação custos *versus* benefícios. O SIG deve apresentar uma situação de custos abaixo dos benefícios que proporciona à empresa.

Verifica-se que esses aspectos podem proporcionar adequada sustentação de desenvolvimento e implementação do SIG nas empresas. E, por consequência, as potenciais vantagens de um adequado SIG poderão ser mais bem usufruídas por seus executivos e demais profissionais.

Na realidade, os executivos das empresas devem estar cientes de que as necessidades e a importância das informações podem crescer de maneira exponencial em relação ao crescimento das empresas. Essa situação pode ser visualizada na Figura 1.8, onde A significa o crescimento da empresa e B refere-se à evolução da necessidade de informações, dentro da relação volume *versus* frequência.

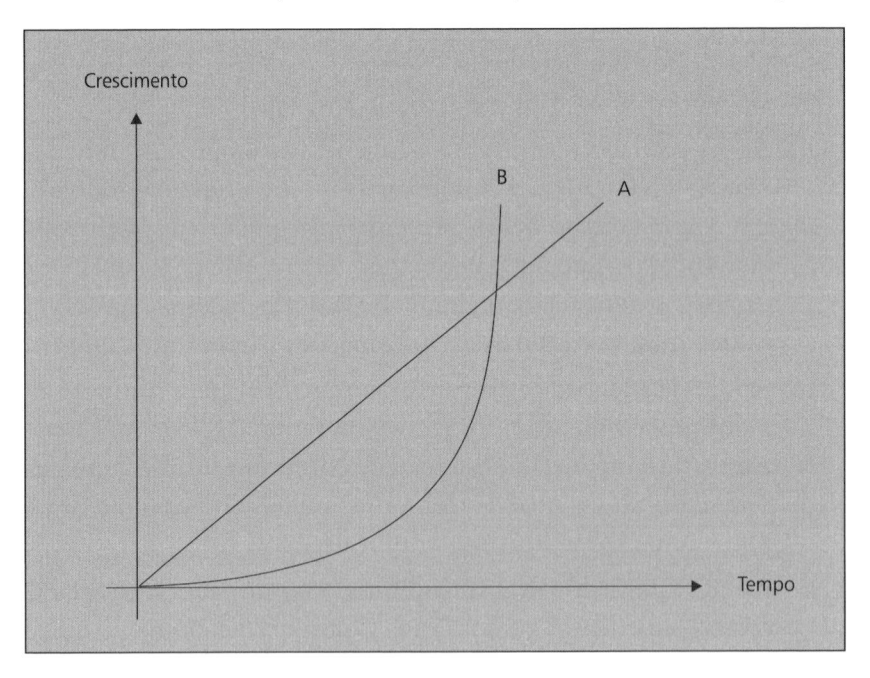

Figura 1.8 Crescimento da necessidade de informações.

Naturalmente, para que ocorra essa evolução da necessidade das informações nas empresas, é preciso que elas sejam confiáveis, relevantes e disponíveis em tempo, para proporcionar decisões corretas aos executivos. E, nesse momento, deve ser considerado o valor efetivo da informação, que pode ser resultante de dois itens, a saber:

- o impacto que a informação provoca nas decisões dos executivos; e
- a utilidade dessa informação, tendo em vista o seu tempo de utilização pela empresa.

Esses itens podem ser visualizados na Figura 1.9:

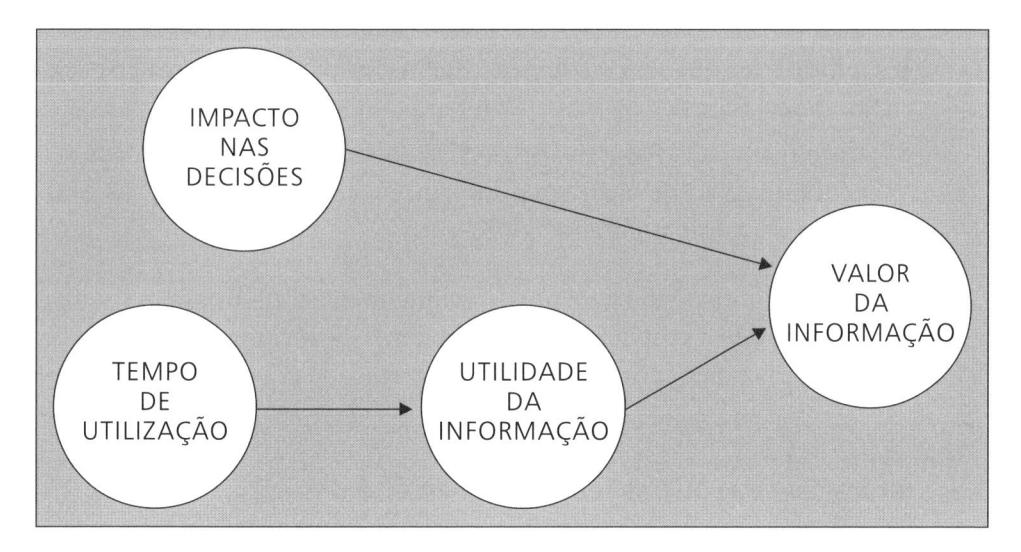

Figura 1.9 Valor das informações.

Ackoff (1974, p. 79) chama a atenção para cinco suposições comuns e erradas que têm levado os sistemas de informações gerenciais a fracassar como solução para todo tipo de problema empresarial, a saber:

- o executivo necessita muito de informações mais relevantes;
- o executivo precisa das informações que deseja;
- entregues ao executivo as informações que ele necessita, suas decisões melhorarão;
- mais comunicação significa desempenho melhor; e
- um executivo não tem de saber como funciona um sistema de informações, mas apenas como usá-lo.

Portanto, é válido desenvolver o SIG considerando o *outro lado da moeda* dessas cinco suposições que podem ser consideradas como erradas.

> **Para seus comentários:** comente as cinco suposições apresentadas por Russel Ackoff, evidenciando as possíveis consequências.

Para que um sistema de informações gerenciais seja eficiente, Ronchi (1977, p. 69) evidencia sua dependência dos seguintes elementos:

- significância das informações transmitidas;
- rapidez com que as informações fluem dos pontos sensores aos centros de decisão; e
- características do processo de decisão, tais como a periodicidade das decisões, o grau de análise das informações com base nas quais é tomada a decisão e o grau de coordenação.

No intuito de eliminar tais elementos, atualmente trabalha-se com os sistemas em *tempo real*, de modo a propiciar sistemas eficientes, devidamente integrados às decisões empresariais, bem como assegurando a validade das ações decorrentes.

1.5 Interação com outras técnicas de análise decisória

Os estudiosos da administração, incluindo-se o autor deste livro, podem expressar grande vontade de apresentar novos termos para explicar as mesmas coisas. Ou podem utilizar termos mais antigos e consagrados para apresentar situações evoluídas de um mesmo assunto. Sem entrar em *juízo de valor*, pode-se considerar que o autor deste livro se enquadra na segunda situação apresentada.

Essa afirmação é importante pelo fato de que, ao se utilizar a expressão SIG – sistema de informações gerenciais –, está-se considerando, inclusive, outros modernos conceitos, tal como o inerente ao SAD – sistemas de apoio à decisão –, que tem uma abordagem mais flexível e ágil, com o apoio dos estilos pessoais de decisão, bem como conceitos mais tradicionais, como pesquisa operacional, que tem uma abordagem serial de especificação das necessidades dos usuários do sistema, incluindo projeto detalhado, programação, teste e implementação.

Portanto, o SIG considerado neste livro não apresenta, simplesmente, o enfoque na informação dentro da empresa, mas considera a informação dentro de um processo, desde a obtenção do dado, o seu tratamento para se transformar em informação, a decisão com base na informação – e todos os seus mecanismos facilitadores –, a ação decorrente da decisão, o resultado apresentado e sua avaliação com o posterior aprimoramento.

E, conforme já evidenciado neste livro, todo esse processo considera o tratamento de dados com a utilização da tecnologia da informação ou com simples abordagem manual. Isso porque a informática pode ser apenas um instrumento facilitador do enfoque interativo do SIG nas empresas.

Dentro desse processo, a abordagem do SIG, considerada no presente livro, procura respeitar alguns princípios, como:

- ter uma abordagem interativa no desenvolvimento e na implementação dos sistemas administrativos nas empresas;
- proporcionar elevada importância à flexibilidade de uso do sistema administrativo considerado e à adaptabilidade às mudanças das necessidades dos usuários;
- atuar sobre situações pouco estruturadas, de modo que o desenvolvimento do SIG não fique comprometido pela dificuldade que os executivos tem de dar uma ideia coerente do problema que enfrentam ou dos seus objetivos conhecidos;
- ter efetiva integração das fontes de dados e dos modelos de administração, incluindo interações adequadas com o processamento de transações e com os sistemas de administração de bases de dados;
- colocar o usuário em primeiro lugar e a tecnologia usada em segundo, com atenção especial à interface com o usuário;
- ser efetiva fonte de ajuda ao tomador de decisão;
- ser efetiva fonte de ajuda ao executivo controlador e avaliador, voltado para os resultados empresariais;
- identificar premissas, critérios e parâmetros que possam aumentar a eficiência, eficácia e efetividade dos processos administrativos;
- desenvolver técnicas e abordagens para que o SIG evolua com o aprendizado adquirido no desenvolvimento e no uso do sistema considerado;
- observar o uso e o impacto de um SIG para definir melhores estratégias para apoio à decisão nas empresas; e

- avaliar as oportunidades e as restrições para apoio à decisão nas tecnologias de administração e no processamento de informações existentes e emergentes.

> **Para seus comentários:** comente, com justificativas e exemplos, os 11 princípios da abordagem do SIG.

Com essas diversas considerações, espera-se ter esclarecido qual é a efetiva amplitude que o SIG – inclusive o apresentado ao longo deste livro – deve ter para ser chamado como tal.

1.6 Abordagens estratégica, tática e operacional

Este livro considera três níveis para a abordagem do SIG, a saber: estratégico, tático e operacional. Essa abordagem fica evidenciada na seção 3.1.2, quando do tratamento dos níveis de influência do SIG. Nesse contexto, as diferenças entre os três níveis de influência ocorrem quanto ao sistema a ser considerado como foco de análise; e, a partir dessa definição, são estabelecidos os outros níveis do sistema, conforme apresentado na seção 1.1, a saber: ecossistema e subsistema.

Portanto, se o foco de análise, ou seja, o sistema considerado, for a empresa, o seu ecossistema abordará todo o ambiente da empresa, a empresa em si e, logicamente, cada uma das partes dessa empresa (os seus subsistemas).

Se o sistema considerado for uma parte da empresa, por exemplo, finanças, o referido sistema é considerado tático e o seu ecossistema pode ser a empresa como um todo e seus subsistemas podem ser contabilidade, tesouraria, custos, orçamentos etc.

Naturalmente, as fronteiras dessas decomposições são relativamente problemáticas de serem delineadas, o que provoca diferentes interpretações pelos diversos executivos das empresas.

Entretanto, o que interessa é que todos os níveis sejam considerados – estratégico, tático e operacional –, bem como a ordem natural de desenvolvimento deve ser iniciada pelo tratamento em nível estratégico, posteriormente a sua decomposição em nível tático e, finalmente, ser detalhado em nível operacional.

No nível estratégico, o SIG deve considerar, além dos cenários macro e micro, alguns outros assuntos, como:

- a análise de todos os fatores e subfatores externos, com a consequente identificação das oportunidades e das ameaças interagentes com a empresa (a esse respeito pode ser analisado o Capítulo 3 do livro *Planejamento estratégico: conceitos, metodologia e práticas*, dos mesmos autor e editora);
- a análise para a consequente determinação da missão, dos propósitos atuais e potenciais, bem como das grandes orientações estratégicas da empresa (um subsídio para essa análise é o Capítulo 4 do livro anteriormente mencionado); e
- a análise para a identificação dos objetivos, das estratégias e das políticas da empresa (uma sustentação para esses itens são os Capítulos 5, 6 e 7 do referido livro).

De qualquer forma, pode ficar evidenciado que o SIG atua de maneira efetiva em nível estratégico da empresa.

Outro exemplo da atuação do SIG em nível estratégico de uma empresa é o desenvolvimento de novos negócios, que ocorre em um contexto com desenvolvimento e disposição de novas tecnologias, acentuada redução do ciclo de vida dos produtos e serviços pela correspondente evolução tecnológica acelerada, internacionalização da concorrência, regulamentações governamentais e variações políticas que atraem ou afastam empresários e empresas. Essa dinâmica, quase frenética, obriga as empresas a desenvolver adequados SIG que proporcionem otimizada sustentação para o seu processo decisório.

Entretanto, a realidade de significativa parte das empresas é que elas não possuem informações precisas sobre o novo negócio, mas um conjunto de dados sobre determinado setor do mercado.

Quando se considera o SIG em nível estratégico, um dos itens mais importantes é a análise dos concorrentes. Nessa análise, deve-se tomar cuidado para não incorrer em enormes gastos para montar um sistema de informações que praticamente minimize o risco estratégico perante esse importante fator externo.

Na realidade, a grande preocupação deve ser com a estruturação do processo de análise da concorrência, para se consolidar uma situação em que o *prato da balança* da qualidade dessa informação esteja equilibrado com o nível de risco estratégico, que corresponde ao outro *prato da balança*.

Devem-se identificar os concorrentes que serão analisados ao longo do tempo, pois não se deve ter um SIG para acompanhar a evolução de todos os concorrentes, bem como é válido o executivo observar alguns passos para o desenvolvimento desse processo. A experiência tem demonstrado que esse número não deve passar de cinco concorrentes perfeitamente definidos.

Fuld (1991, p. 3) considera dois grandes passos a serem considerados nesse processo, a saber:

- primeiro passo: nomear uma pessoa, com elevada experiência na empresa, para supervisionar a coleta de informações, avaliar sua importância e fazer com que elas cheguem ao setor da empresa que poderá ser mais beneficiado por essa informação oportuna; e
- segundo passo: encorajar todos os funcionários da empresa – em seus diversos níveis hierárquicos – a contribuir, regularmente, com informações a respeito das atividades dos concorrentes. Normalmente, essas informações têm semanas de dianteira sobre os relatos que aparecem na imprensa especializada.

O executivo deve lembrar que o processo de colocar as informações à disposição de todos estimula a colaboração coletiva, o que torna o SIG mais preciso e útil. E, à medida que as pessoas aprendem a usar o SIG para obter uma vantagem adicional, a empresa, como um todo, torna-se mais aguçada em seu processo decisório.

Algumas das áreas da empresa que podem colaborar no processo de aprimoramento do SIG inerente aos concorrentes são:

- vendas, pois possuem grande interação com o mercado. Mas os vendedores devem estar conscientes de que os seus relatórios devem ser utilizados no processo decisório estratégico;
- propaganda e publicidade, pois, normalmente, colecionam cópias dos anúncios dos concorrentes, as quais proporcionam informações dos novos produtos e de estratégias mercadológicas;
- compras, pois os fornecedores da empresa podem, também, estar vendendo aos seus concorrentes;
- pesquisa e desenvolvimento, pois, normalmente, esses técnicos, embora de diferentes empresas, usam os mesmos bancos de dados. As empresas vencedoras são aquelas que usam os dados de forma mais adequada, convertendo-os em um ativo intelectual competitivo;
- crédito, pois tem informações valiosas de empresas do mercado;
- atendimento ao cliente, pois está em *linha direta* com os clientes, podendo informar-se sobre novos produtos, suas características, mudan-

ças de preços etc. E, inclusive, com a nova Lei do Consumidor, a equipe de atendimento ao cliente deve ter o seu sistema de informações aprimorado;
- distribuição, pois seus responsáveis podem saber sobre os custos de transportes dos concorrentes, capacidade de seus depósitos, nível de estoque etc.;
- relações com órgãos governamentais, pois têm contatos com instituições em que são discutidos os setores, em geral, e os concorrentes, em particular;
- jurídico, pois os advogados, normalmente, têm conhecimento de concessão de patentes, de alterações governamentais sobre o setor, de algum litígio grave do concorrente;
- biblioteca, pois tem a centralização maior das fontes de informações por meio de relatórios, periódicos, livros, manuais;
- informática, pois seus técnicos podem estruturar um sistema de banco de dados automatizado e com maior facilidade de análise;
- recursos humanos, pois seus analistas sabem quais funcionários já trabalharam com os concorrentes; e
- mercado imobiliário, pois pode contribuir para a análise dos planos de expansão ou de retração de uma empresa concorrente.

Mas lembre-se! Tudo o que foi listado também pode servir para o seu concorrente. Entretanto, o simples conhecimento do que pode ser efetuado em termos de análise da concorrência já serve para que uma empresa se previna contra as ações de sua concorrência quanto ao sistema de informações gerenciais no nível estratégico.

No nível tático, o SIG deve considerar, por exemplo, as diversas áreas funcionais de uma empresa, como finanças, produção, marketing e recursos humanos.

Essa decomposição deve considerar a aglutinação de atividades homogêneas dentro de um todo maior, que é representado pela empresa. Nessa abordagem, as partes homogêneas do todo maior podem representar o nível tático da empresa.

Prosseguindo na decomposição, pode-se detalhar o nível tático da empresa, chegando-se ao nível operacional, que possibilita a identificação de atividades específicas, as quais devem estar correlacionadas a processos administrativos, conforme apresentado na Figura 1.4.

Entretanto, espera-se que, ao longo da leitura deste livro, fique evidenciado para você que as decomposições nos níveis estratégico, tático e operacional devem ser efetuadas para facilitar o tratamento da abordagem sistêmica do SIG; e que, na realidade, o executivo deve sempre considerar o todo representado pelo estratégico, pelo tático e pelo operacional, preferencialmente nessa ordem.

1.7 Esquema básico de delineamento do SIG

Você deve ter percebido que o executivo catalisador do SIG tem algumas dificuldades no processo de delineamento do sistema de informações gerenciais.

Uma dessas dificuldades se correlaciona à definição dos subsistemas do SIG, tendo em vista uma situação mais adequada e facilitada para o seu desenvolvimento e operacionalização.

Como não existe uma forma única de decompor um sistema em subsistemas, mas esse processo respeita os conceitos básicos envolvidos, conforme apresentado na seção 1.1, é demonstrado, a seguir, como exemplo, um esquema ilustrativo para os executivos das empresas.

O esquema básico proposto pretende identificar uma rede de sistemas – ou subsistemas – de informações que demonstre as interações entre eles, em termos de tratamento de dados e de troca de informações.

O sistema de informações gerenciais é representado pelo conjunto de subsistemas, visualizados de forma integrada e capazes de gerar informações necessárias ao processo decisório.

O esquema proposto não detalha o método operacional a ser utilizado na integração entre subsistemas, porém permite caracterizar as informações básicas que serão necessárias à contribuição dos cadastros de cada subsistema e seu relacionamento com os demais subsistemas.

Para efeito de elaboração do plano, a empresa deve ser enfocada do ponto de vista de suas funções e atividades, independentemente da estrutura organizacional vigente. Esse enfoque proporciona mais estabilidade ao plano e à sua execução, uma vez que o mesmo fica isento das mudanças organizacionais mais frequentes em razão de fatores internos e externos à empresa.

O crescimento das empresas em nível de aumento de volumes de produção e atividades, bem como a utilização de tecnologias mais complexas e implicações de aspectos econômicos, sociais e políticos podem provocar um maior número de unidades organizacionais e de níveis hierárquicos, o que pode ser uma decisão errônea da empresa.

A estrutura organizacional é função da natureza dos negócios e das características peculiares de cada empresa e visa oferecer uma visão segmentada das atividades à medida que se desdobram as funções empresariais.

Nesse relacionamento entre o sistema de informações gerenciais e a estrutura organizacional, dois itens devem ser abordados:

- os subsistemas de informações devem atender às necessidades das diversas unidades organizacionais da empresa, atravessando as fronteiras departamentais e inter-relacionando essas diversas partes através do fluxo de informações; e
- os subsistemas de informação devem estar compatibilizados com a estrutura de autoridades e de responsabilidades pela execução das atividades estabelecidas pela empresa, de tal forma que as informações destinadas a formular os planos, executar as funções e avaliar os desempenhos sejam estruturadas, quanto ao conteúdo, forma, periodicidade e grau de detalhe, de acordo com os objetivos das unidades organizacionais, para comunicação às pessoas certas em tempo hábil.

Conforme pode ser verificado a seguir, um esquema básico e ilustrativo do sistema de informações gerenciais pode identificar as seguintes áreas funcionais: marketing, produção, administração financeira, administração de materiais, administração de recursos humanos, administração de serviços e gestão empresarial.

Essas áreas funcionais se subdividem em funções cujo interior agrupa atividades correlacionadas, necessárias à administração de uma empresa qualquer.

É através da execução das funções e das atividades que se alcança um resultado bem definido. Esses resultados, decorrentes de cada função, são passados às demais funções, resultando assim as grandes cadeias de interligações e interdependências das funções e atividades da empresa, ou seja, os processos.

Foi verificado que processo é um conjunto de atividades sequenciais que apresentam relação lógica entre si, com a finalidade de atender e, preferencialmente, suplantar as necessidades e expectativas dos clientes externos e internos da empresa.

Do intercâmbio entre as funções formalizam-se as informações, gerando um fluxo formal e racional de informações da empresa. Da análise desse esquema, podem-se identificar as origens e os destinos das informações, suas características e frequência.

Portanto, inicialmente efetuam-se a identificação e a caracterização das funções e das atividades básicas, bem como o seu agrupamento em dois tipos de áreas funcionais.

As áreas funcionais apresentadas a seguir servem, basicamente, como exemplos e não como a apresentação de um modelo de decomposição dos SIG nas empresas. Portanto, você deve efetuar as devidas adequações à realidade da empresa que estiver analisando.

As várias funções e atividades identificadas devem ser separadas entre as que correspondem às áreas funcionais-fins e às áreas funcionais-meios.

As áreas funcionais-fins englobam as funções e as atividades envolvidas diretamente no ciclo de transformação de recursos em produtos ou serviços e de sua colocação no mercado, podendo pertencer a essa categoria as seguintes áreas funcionais:

- marketing: é a função relativa à identificação das necessidades de mercado, bem como à colocação dos produtos e dos serviços junto aos consumidores; e
- produção: é a função relativa à transformação das matérias-primas em produtos e serviços a serem colocados no mercado.

As áreas funcionais-meios congregam as funções e as atividades que proporcionam os meios para que ocorra a transformação de recursos em produtos e serviços e sua colocação no mercado, podendo ser desse tipo, para uma empresa qualquer, as seguintes áreas funcionais:

- administração financeira: é a função relativa ao planejamento, captação e gestão dos recursos financeiros, envolvendo também os registros contábeis das operações realizadas e a segurança nas empresas;
- administração de materiais: é a função relativa ao suprimento de materiais, serviços e equipamentos, à normatização, armazenamento e movimentação de materiais e equipamentos da empresa;
- administração de recursos humanos: é a função relativa ao atendimento de recursos humanos da empresa, ao planejamento e à gestão desse recurso, de seus desenvolvimentos, benefícios, obrigações sociais etc.;

- administração de serviços: é a função relativa ao transporte de pessoas, administração de escritórios, documentação, patrimônio imobiliário da empresa, serviços jurídicos, segurança etc.; e
- gestão empresarial: é a função relativa ao planejamento empresarial e ao desenvolvimento do sistema de informações.

De modo geral, independentemente dos propósitos específicos, o sistema de informações gerenciais da empresa deve possuir as seguintes características básicas:

- compor-se de um conjunto de subsistemas que recebem dados das operações da empresa;
- coletar também dados externos sobre o ambiente da empresa;
- dar suporte ao processo de administração empresarial, através da interação com os processos de planejamentos e controles (estratégicos, táticos e operacionais);
- tratar da natureza dos dados passados, bem como dos dados futuros;
- incorporar os conceitos das teorias da informação, decisão e mensuração; e
- ser, preferencialmente, suportado por um sistema de processamento, seja manual, mecânico ou eletrônico. O sistema de informação não deve ser confundido com o sistema informatizado, pois esse é apenas um meio de viabilizar o sistema de informações gerenciais.

Muitas vezes, os problemas de processamento de dados são, na verdade, deficiências decorrentes da administração da empresa. O sistema de processamento de dados, quaisquer que sejam os meios – manuais, mecânicos ou eletrônicos –, são utilizados para obter, selecionar, classificar, armazenar e recuperar dados. Trata-se, na verdade, de um subsistema do sistema de informação, cuja concepção depende do sistema de gestão ao qual servirá de suporte. O uso de um processamento informatizado de dados, predominante atualmente, pode apenas agilizar os sistemas de informações na solução dos problemas da empresa em tempo hábil e de forma mais confiável.

Por sua vez, quando se trata de sistema de informações gerenciais, a preocupação volta-se para a identificação das informações necessárias aos processos operacionais, táticos e estratégicos da empresa, bem como para a identificação dos subsistemas que devem gerar informações para o processo de planejamento, organização, direção e avaliação das operações da empresa.

Quando se enfoca o sistema de processamento de dados, a preocupação concentra-se na definição de procedimentos, arquivos, programas de computador, formulários destinados a obter, processar e produzir dados e informações de acordo com o conteúdo, a forma, o nível de detalhe e o tempo especificado pelo SIG.

Por outro lado, todo SIG deve ter como sustentação um adequado banco de dados que corresponda à reunião e ao agrupamento de dados e informações, de modo a permitir o atendimento das necessidades de uma empresa.

> **Banco de dados** é uma coleção organizada de dados e informações que pode atender às necessidades de muitos sistemas, com um mínimo de duplicação, e que estabelece relações naturais entre dados e informações.

Segundo Mason Jr. e Mitroff (1983, p. 27), os sistemas de banco de dados apresentam as seguintes dificuldades:

- a falha em se correlacionar, adequadamente, o sistema com o processo decisório pode resultar na coleta de muitos dados irrelevantes ou, então, na omissão de outros que sejam importantes para a tomada de decisão; e
- o tomador de decisão fica sobrecarregado com a tarefa de executar cálculos e avaliações necessários para determinar os resultados e os cursos de ação desejáveis.

Deve-se considerar, também, que uma abordagem global não é necessária para produzir sistemas integrados.

Os defensores do SIG afirmam que, a menos que ele seja projetado como um único sistema integrado, haveria um conjunto de sistemas ineficientes e redundantes. Essa afirmação não corresponde estritamente à verdade, pois inúmeras empresas trabalham com sistemas de informações constituídos isoladamente, mas que guardam consistência e integração. Provavelmente, a ineficiência e a inconsistência de sistemas construídos devem-se mais à incompetência e à falta de sensibilidade de seus mentores e implantadores do que à inobservância da abordagem do SIG.

A Figura 1.10 demonstra as áreas funcionais básicas de uma empresa, conforme abordagem exemplificativa apresentada anteriormente.

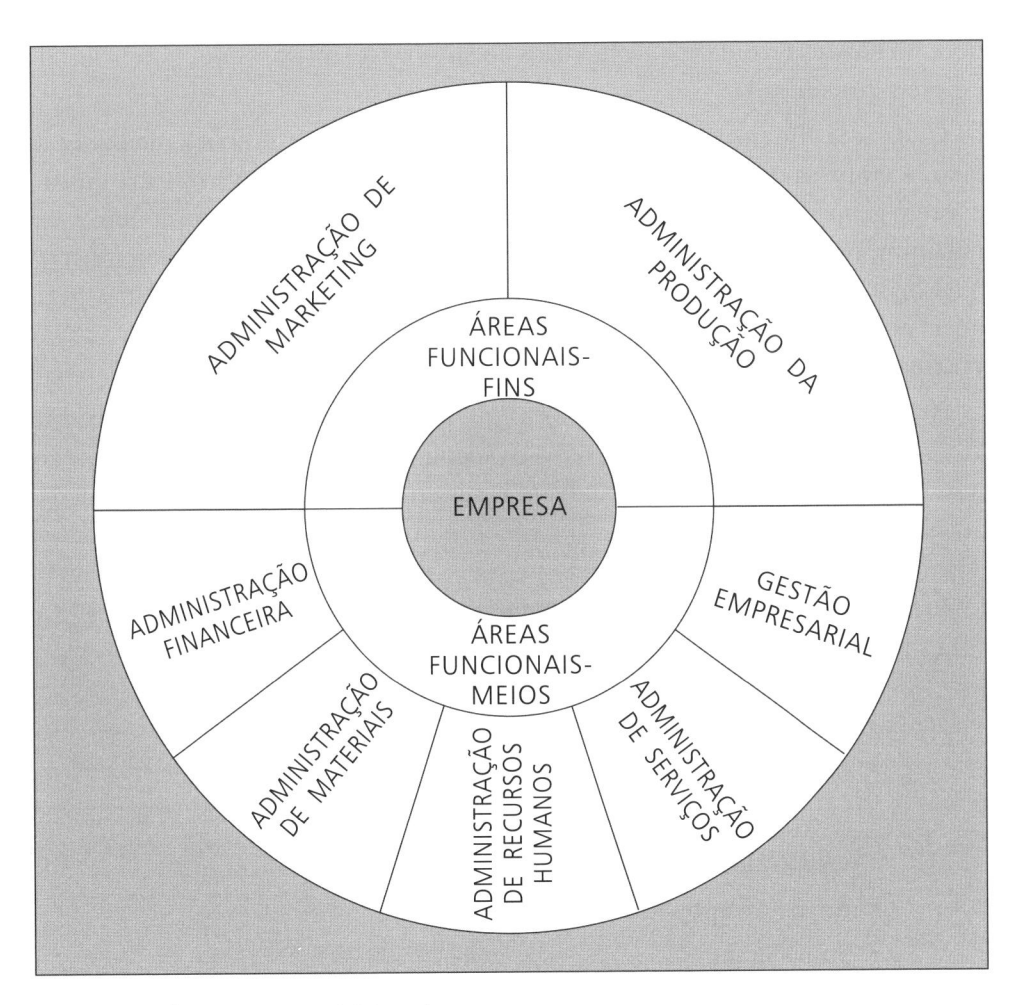

Figura 1.10 Áreas funcionais básicas da empresa.

A identificação das diversas áreas funcionais da empresa, as quais não necessariamente devem ter alguma interligação com o organograma representativo da estrutura organizacional da empresa, proporciona a sustentação inicial para que o executivo possa efetuar, de forma adequada, a decomposição, no nível de detalhamento necessário, das áreas funcionais estabelecidas.

A seguir são apresentadas as propostas de decomposição de cada uma das áreas funcionais anteriormente identificadas para a empresa. É importante lembrar que essas áreas funcionais correspondem a sistemas e não a unidades organizacionais. Portanto, devem ser analisadas, principalmente, quanto às suas existências e interações dentro de um enfoque sistêmico para identificação de relatórios, documentos e formulários necessários ao sistema de informações gerenciais da empresa considerada.

Cada área funcional é formada por um conjunto de funções mediante as quais a empresa consegue alcançar seus objetivos. Por sua vez, em cada função existem grupos de atividades específicas e inter-relacionadas que compõem a sua estruturação. Assim, administração de materiais caracteriza uma área funcional na qual existe a função *gestão de materiais e equipamentos*. Uma das atividades pelas quais essa função é exercida é o controle dos estoques. Um exemplo pode ser visualizado na Figura 1.14.

As funções e as atividades propostas que compõem cada área funcional são descritas a seguir. Esse estudo deverá ser adaptado para cada empresa e situação, para posterior consolidação como base de sustentação ao sistema de informações gerenciais de cada empresa.

I – Área funcional: Administração de Marketing

As atividades básicas propostas neste exemplo são:

- Produto (ou serviço):
  - desenvolvimento dos produtos atuais;
  - lançamento de novos produtos;
  - estudo de mercado;
  - forma de apresentação; e
  - embalagem.
- Distribuição:
  - expedição;
  - venda direta;
  - venda por atacado; e
  - venda a varejo.
- Promoção:
  - material promocional;
  - promoção;
  - publicidade;
  - propaganda; e
  - amostra grátis.

– Preço:
  • estudos e análises; e
  • estrutura de preços, descontos e prazos.

As atividades propostas para a área funcional de administração de marketing são apresentadas na Figura 1.11:

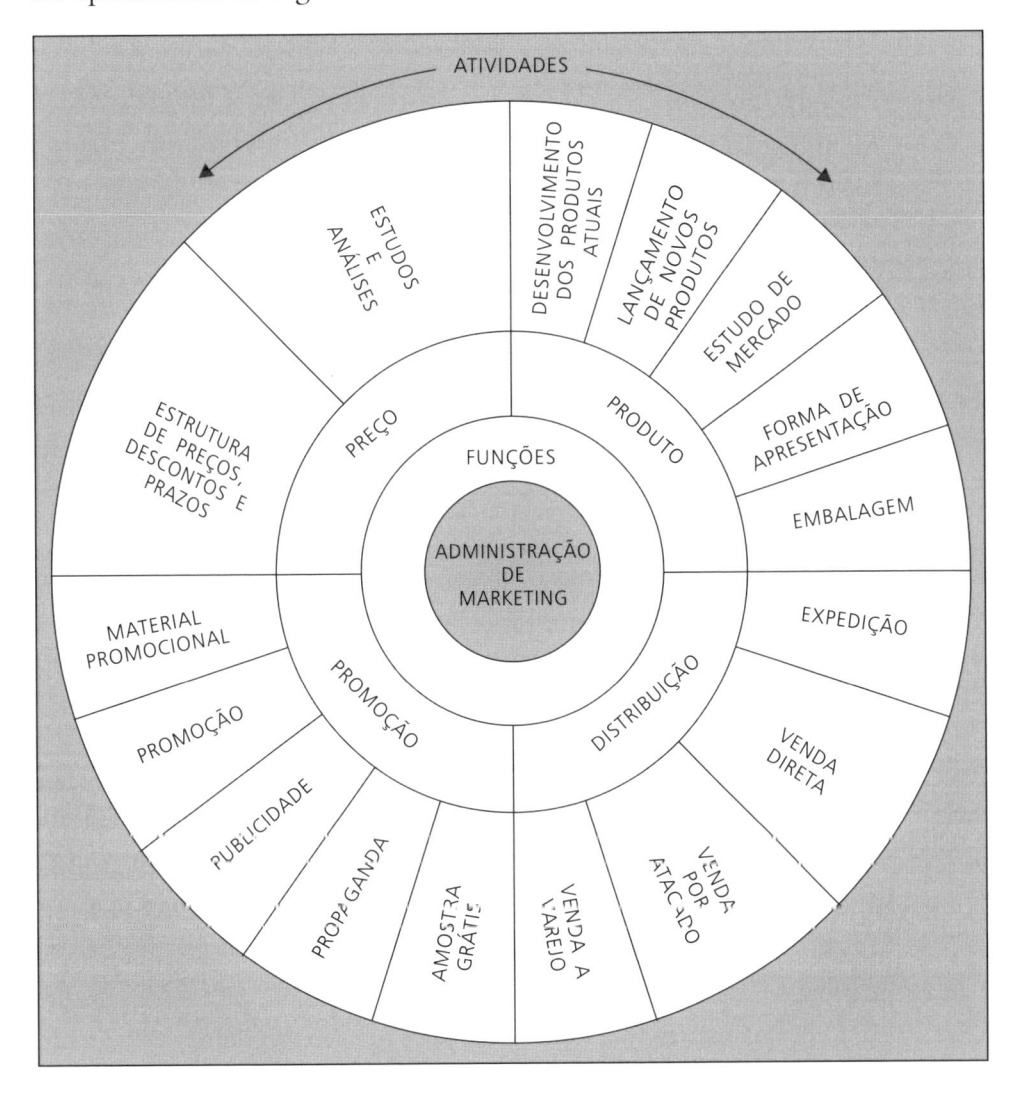

Figura 1.11 Atividades da área funcional de administração de marketing.

II – Área funcional: Administração da Produção

As atividades básicas propostas neste exemplo são:

- Fabricação:
  - processo produtivo;
  - programação; e
  - controle.
- Qualidade:
  - programação; e
  - controle.
- Manutenção:
  - preventiva; e
  - corretiva.

Na Figura 1.12, são apresentados os exemplos das atividades básicas propostas para a área funcional de administração da produção de uma empresa.

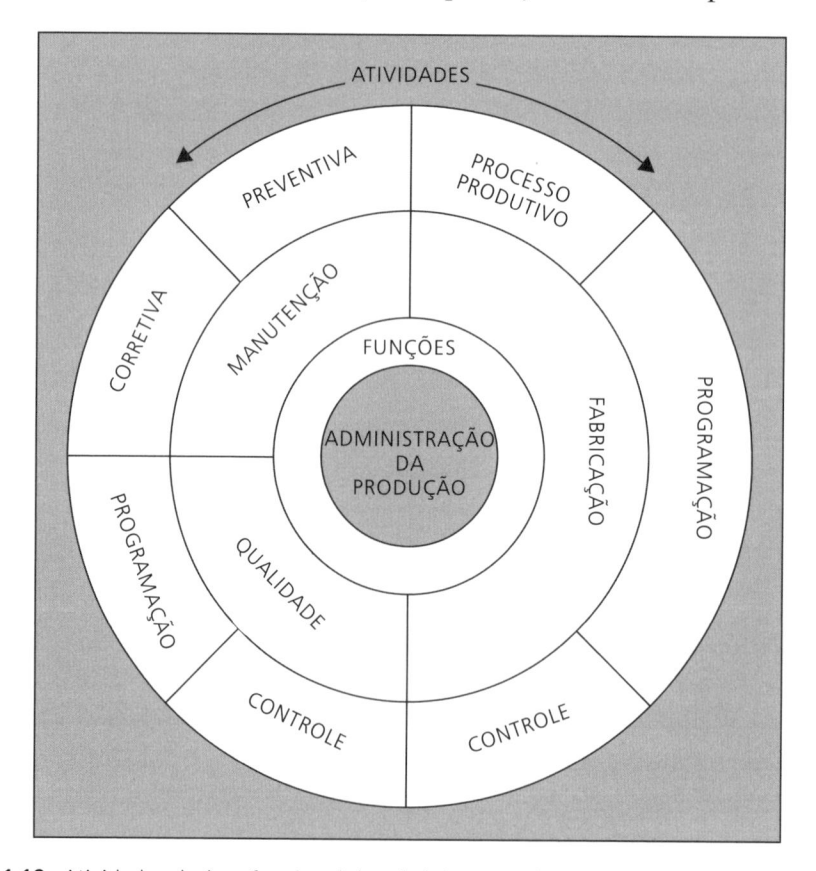

Figura 1.12 Atividades da área funcional de administração da produção.

III – Área funcional: Administração Financeira

As atividades básicas propostas neste exemplo são:

- Planejamento de recursos financeiros:
  - orçamentos;
  - programação das necessidades de recursos financeiros;
  - projeções financeiras; e
  - análise do mercado de capitais.
- Captação de recursos financeiros:
  - títulos;
  - empréstimos e financiamentos (negociação e contratação de recursos); e
  - administração de contratos de empréstimos e financiamentos (prestação de contas aos órgãos financiadores, amortização, correção e encargos financeiros dos contratos).
- Gestão dos recursos disponíveis:
  - pagamentos (fundo fixo de caixa, controle de vencimentos, borderôs, reajustes de preços);
  - recebimentos (controle de recebimentos, registros);
  - operações bancárias (abertura e encerramento de contas, transferências, conciliações);
  - fluxo de caixa; e
  - acompanhamento do orçamento financeiro.
- Seguros:
  - análise do mercado securitário;
  - contratação de apólices;
  - administração de apólices; e
  - liquidação de sinistros.
- Contábil:
  - contabilidade patrimonial (análise, registro patrimonial, correção monetária, depreciação e amortização do ativo fixo);
  - contabilidade de custos (apropriação, rateios, relatórios de custos); e

- contabilidade geral (demonstrações financeiras, relatórios contábeis, contabilidade de contratos de empréstimos e financiamentos, controle de correntistas).

As atividades básicas e exemplificativas propostas para a área funcional de administração financeira são visualizadas na Figura 1.13:

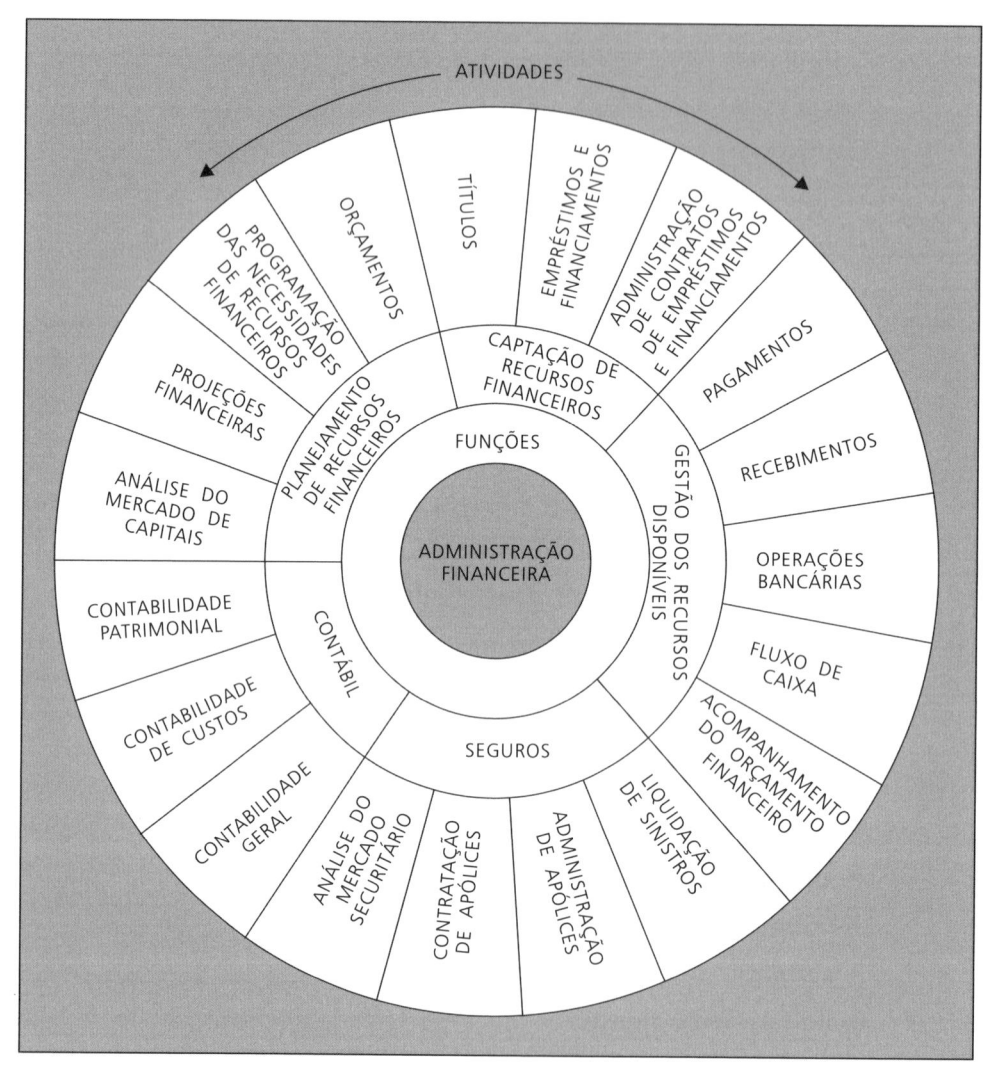

Figura 1.13 Atividades da área funcional de administração financeira.

IV – Área funcional: Administração de Materiais

As atividades básicas propostas neste exemplo são:

- Planejamento de materiais e equipamentos:
  - programação das necessidades de materiais e equipamentos;
  - análise de estoques (classificação ABC, lote econômico, estoque de segurança etc.);
  - normatização e padronização; e
  - orçamento de compras.
- Aquisições:
  - seleção e cadastramento de fornecedores (contratos, coleta de dados sobre fornecedores, avaliação etc.);
  - compra de materiais e equipamentos (licitação, emissão de encomendas, acompanhamento de entrega); e
  - contratação de serviços e obras.
- Gestão de materiais e equipamentos:
  - inspeção e recebimento (verificação de qualidade, quantidade, especificação etc.);
  - movimentação de materiais (transporte);
  - alienação de materiais e equipamentos;
  - controle de estoques (localização física, controle de entradas, requisições, quantidades em estoque, separação de materiais, armazenagem etc.); e
  - distribuição e armazenagem de materiais e equipamentos (entrega ao requisitante ou a outros almoxarifados).

As atividades básicas propostas, neste exemplo ilustrativo para a área funcional de administração de materiais, podem ser visualizadas na Figura 1.14:

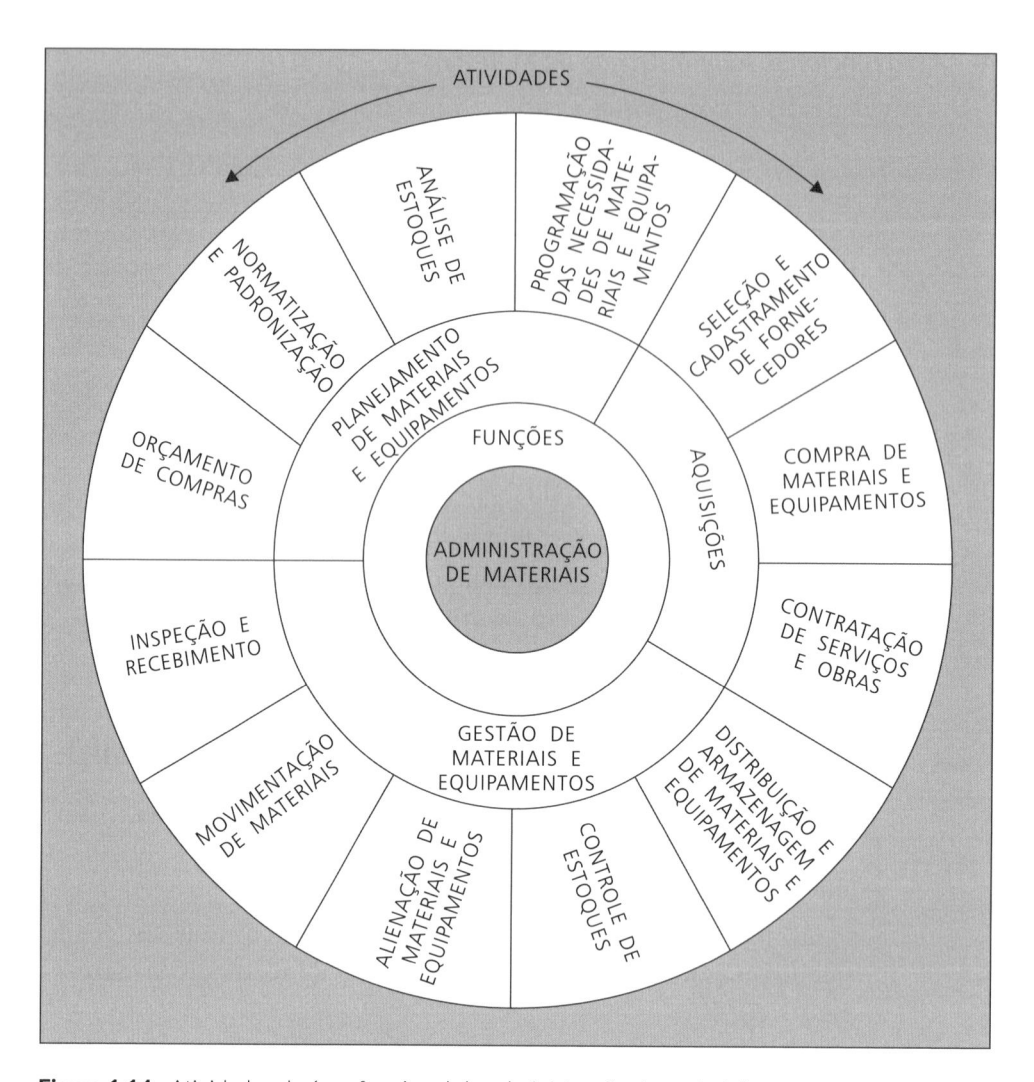

Figura 1.14 Atividades da área funcional de administração de materiais.

V – *Área funcional: Administração de Recursos Humanos*

As atividades básicas propostas neste exemplo são:

– Planejamento:
- programação das necessidades de pessoal (quem, quando, para onde, quantos);
- análise do mercado de trabalho;
- pesquisas de recursos humanos; e

- • orçamento de pessoal.
- Suprimento do quadro:
  - • cadastramento de candidatos a emprego;
  - • recrutamento;
  - • seleção (exames psicotécnicos, médicos, teste de conhecimento profissional);
  - • registro e cadastro; e
  - • contratação de mão de obra de terceiros.
- Gestão de recursos humanos:
  - • movimentação de pessoal (transferências, promoções, transformação de vagas, admissões, demissões);
  - • cargos e salários;
  - • controle de pessoal (ponto, distribuição de efetivo, controle de produtividade);
  - • acompanhamento de orçamento de pessoal; e
  - • relações com sindicatos.
- Desenvolvimento de recursos humanos:
  - • avaliação de desempenho;
  - • acompanhamento de pessoal; e
  - • treinamento.
- Pagamentos e recolhimentos:
  - • folha de pagamento;
  - • encargos sociais;
  - • rescisões dos contratos de trabalho; e
  - • auxílios.
- Benefícios:
  - • assistência médica;
  - • empréstimos e financiamentos;
  - • lazer; e
  - • assistência social.
- Obrigações sociais:
  - • medicina do trabalho;

- segurança do trabalho;
- ações trabalhistas; e
- relatórios fiscais.

As atividades básicas exemplificadas para a área funcional de administração de recursos humanos são apresentadas na Figura 1.15:

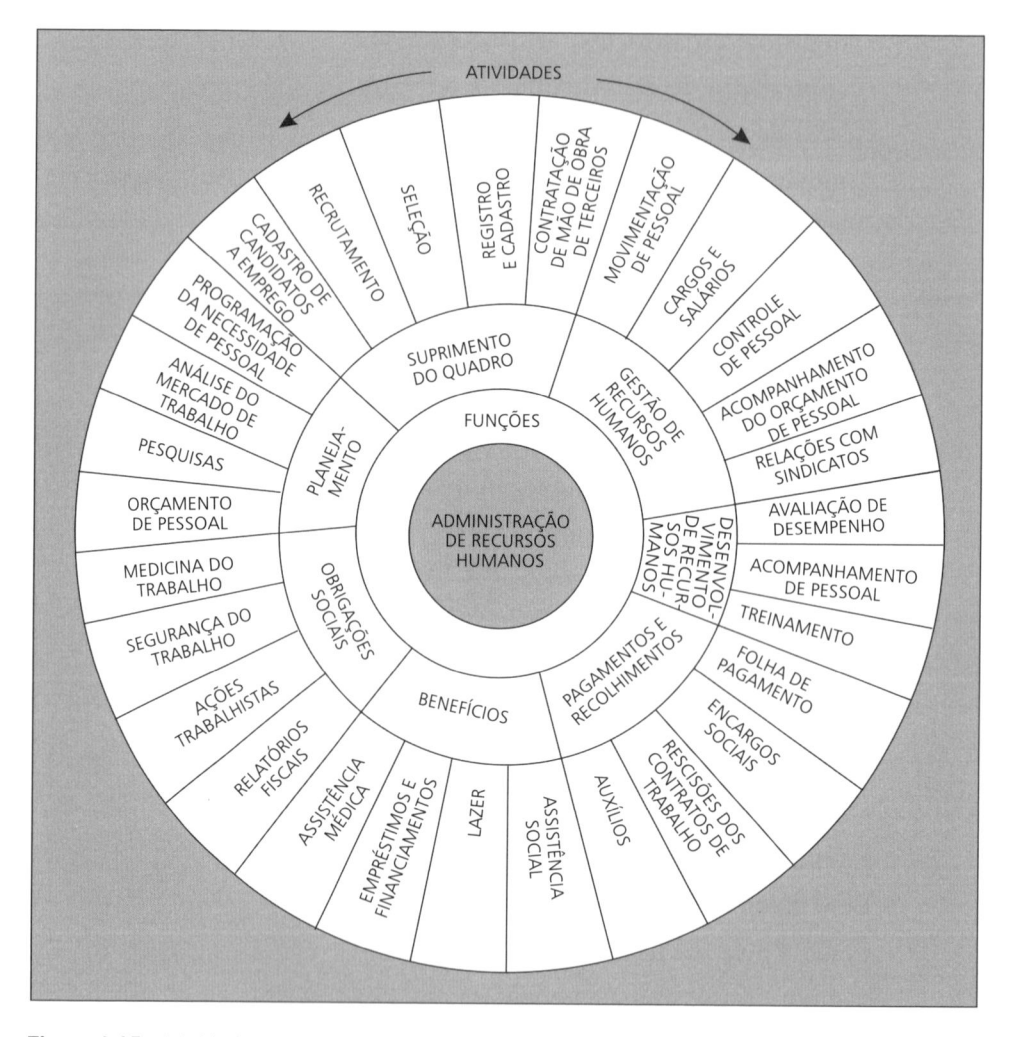

Figura 1.15 Atividades da área funcional de administração de recursos humanos.

VI – *Área funcional: Administração de Serviços*

As atividades básicas propostas neste exemplo são:

- Transportes:
  - planejamento da frota de veículos (incluindo a normatização do uso dos transportes na empresa); e
  - administração da frota de veículos (controles, alienações, programações do uso, relatórios sobre acidentes etc.);
- Serviços de apoio:
  - manutenção, conservação e reformas dos locais, instalações civis, elétricas e hidráulicas;
  - administração de móveis e equipamentos de escritório (normatização, padronização, controle físico, orçamento, inventário);
  - planejamento e operação do sistema de comunicação telefônica;
  - serviços de zeladoria, limpeza e copa;
  - manutenção da correspondência da empresa (recebimento, expedição, classificação, serviços de malote);
  - administração dos arquivos (normatização, padronização e organização de arquivos);
  - serviços de gráfica;
  - relações públicas;
  - segurança;
  - serviços jurídicos; e
  - informações técnicas e acervo bibliográfico.
- Patrimônio imobiliário:
  - cadastro do patrimônio imobiliário;
  - alienação e locação do patrimônio imobiliário; e
  - administração do patrimônio imobiliário (reformas, modificações, construções de edificações, documentação, regularização).

Na Figura 1.16 são apresentados os exemplos das atividades básicas propostas para a área funcional de administração de serviços.

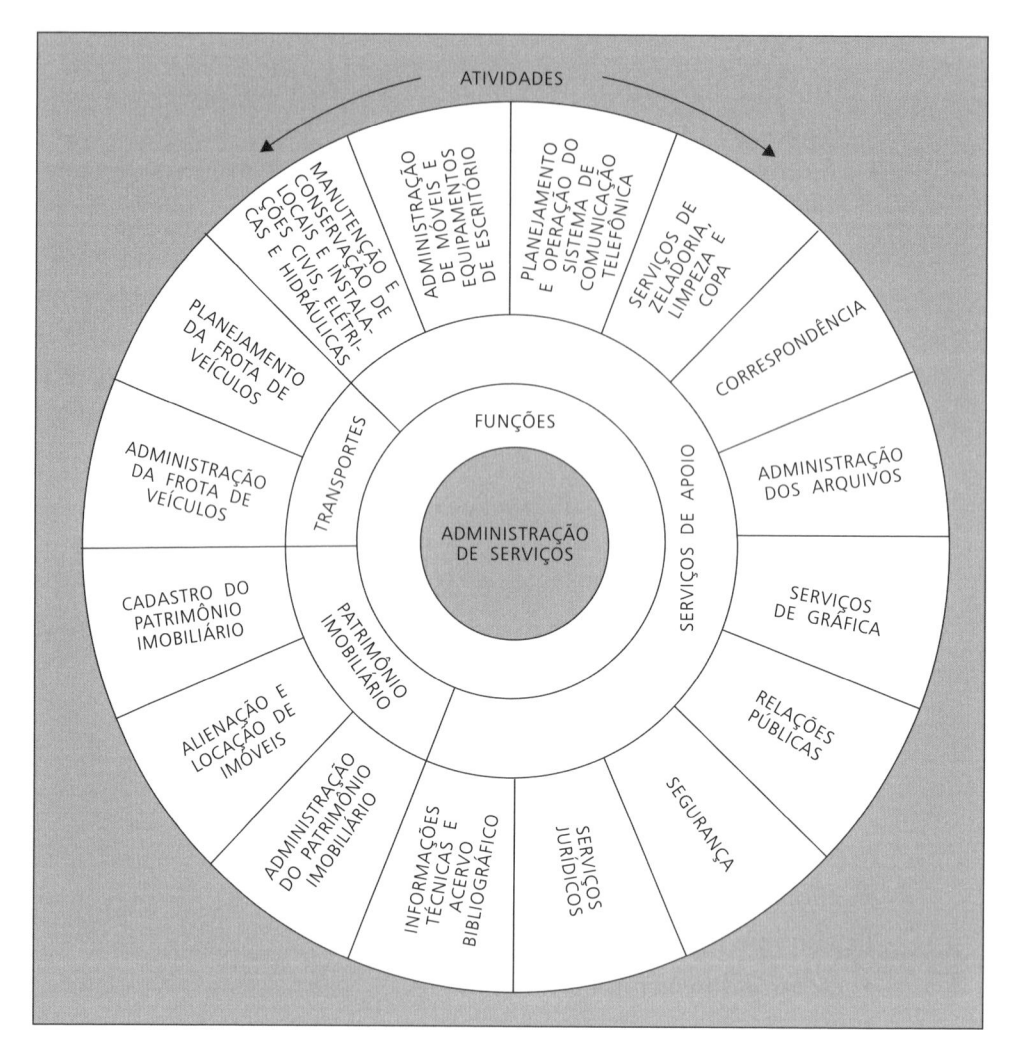

Figura 1.16 Atividades da área funcional de administração de serviços.

VII – *Área funcional: Gestão Empresarial*

As atividades básicas propostas neste exemplo são:

- Planejamento e controle empresarial:
  - planejamento estratégico, tático e operacional;
  - acompanhamento das atividades da empresa; e
  - auditoria.

- Sistema de informações:
  - planejamento do sistema de informações;
  - desenvolvimento e manutenção de sistemas de informações; e
  - processamento dos dados (tratamento, análise e interação dos dados e informações de forma manual ou eletrônica).

As atividades básicas propostas para a área funcional de gestão empresarial podem ser visualizadas na Figura 1.17:

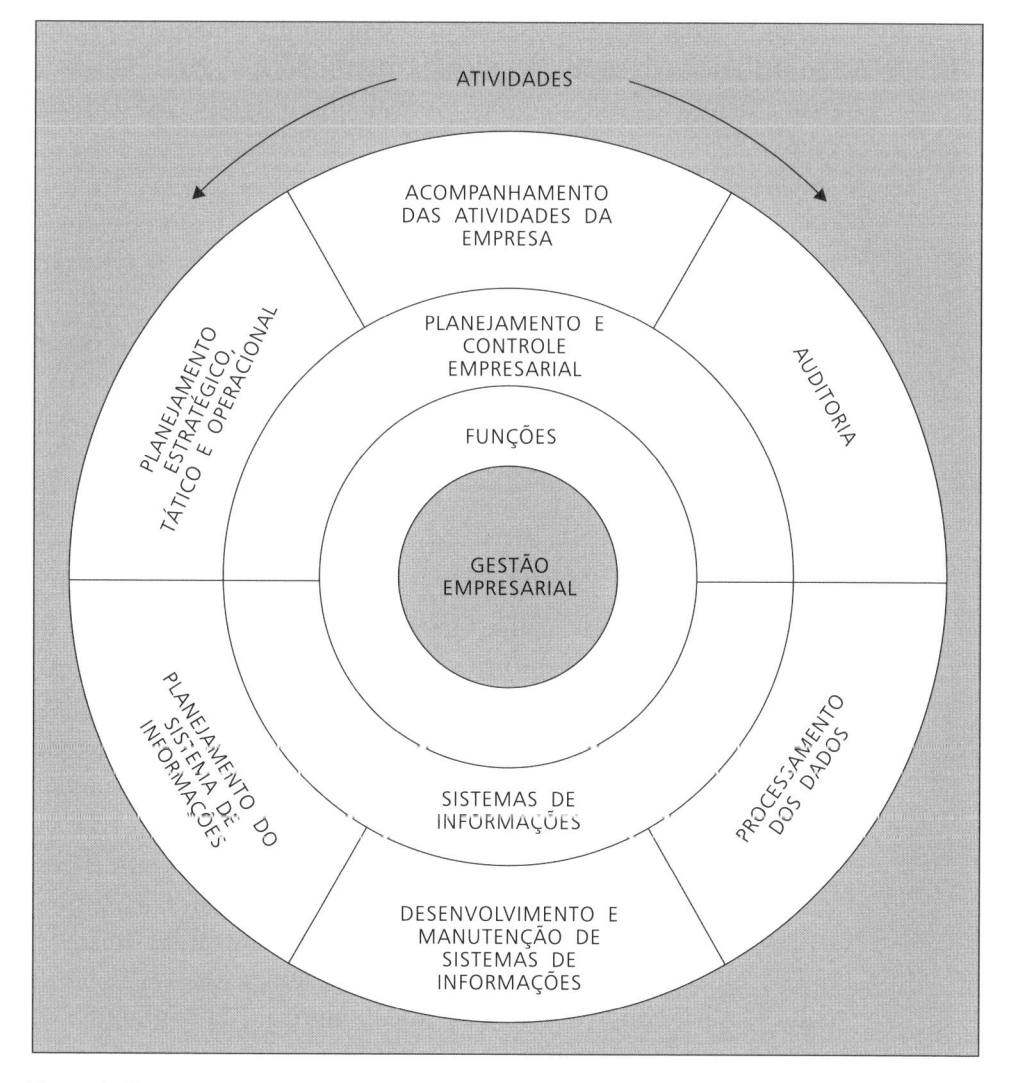

Figura 1.17 Atividades da área funcional de gestão empresarial.

Portanto, com base nas áreas funcionais e respectivas atividades identificadas, os executivos têm condições de estruturar o trabalho de identificação, desenvolvimento e implementação dos sistemas de informações gerenciais nas empresas.

De forma mais detalhada, pode-se considerar que, na análise do processo decisório, é necessário considerar alguns outros aspectos, como:

a) Todo sistema é desenhado tendo em vista fornecer, em tempo adequado, elementos que permitam a tomada de decisões, com qualidade adequada, em qualquer das unidades organizacionais da empresa.

b) A abordagem das decisões operacionais será sempre a margem máxima de contribuição da ação considerada, de modo que a maximização do somatório das várias margens proporcione uma situação de lucro máximo.

c) A abordagem das decisões inerentes à estrutura organizacional será a produtividade máxima dos recursos e fatores envolvidos, de modo a minimizar o custo para um dado nível de capacidade da estrutura considerada.

d) Para possibilitar a análise por margem de contribuição, terão de ser perfeitamente identificados, de forma separada, os seguintes custos:
- custos variáveis: aqueles que ocorrem em função da operação, ou da maior ou menor utilização da capacidade instalada; e
- custos fixos: os que independem da maior ou menor utilização da capacidade instalada, mas são função da estrutura organizacional implantada.

e) O sistema – ou foco de análise –, para permitir a tomada lógica de decisões, deverá fornecer informações com dois enfoques:
- comparativo, com informações, através de índices e/ou correlações internacionalmente aceitos, pela indústria ou setor considerado, que permitam comparar a empresa com suas congêneres, nacionais ou estrangeiras; e
- independente, com informações, através de índices, valores de receitas, custos e dados operacionais próprios, que permitam a tomada de decisões operacionais e de otimização da estrutura organizacional, independentemente da atuação das empresas congêneres e colocadas nas condições intrínsecas da empresa e da conjuntura do mercado em que ela opera.

f) O fluxograma básico – sequência lógica de atividades –, que apresente a interligação dos seguintes elementos:
- dados operacionais;
- custos fixos e variáveis;
- receitas; e
- margens de contribuição.

Através deles, os executivos das empresas podem identificar e analisar alguns aspectos, como: áreas geradoras de custos variáveis operacionais, estrutura geradora de custos fixos operacionais, áreas geradoras de receita, custos variáveis gerados pela receita, custos fixos da estrutura de vendas e estrutura geradora de custos fixos administrativos.

g) O sistema, normalmente, prevê três tipos de tomada de decisão:
  – Dimensionamento da estrutura, com a:
    - definição de capacidade operacional, em que se considera, por exemplo, aumento, diminuição ou substituição de equipamentos; e
    - definição das estruturas de apoio – operacional, venda e administrativa – capaz de apoiar a capacidade operacional desejada.
  – Utilização da estrutura da empresa, pois, para uma dada capacidade operacional, o executivo deve efetuar a análise das possíveis combinações dos fatores que levem a maximizar o lucro.
  – Formação de preços, com os elementos básicos para instruir a formação de preços de produtos ou serviços oferecidos pela empresa ao mercado.

h) Com referência à implantação do sistema, é necessário que os demais sistemas de controle da empresa sejam capazes de fornecer os dados de forma adequada, em tempo hábil e com grau de credibilidade consistente com a importância das decisões que, sobre esses sistemas, os executivos devem se basear para melhor qualidade decisória.

Para seus comentários: comente, com justificativas e exemplos, os oito aspectos básicos na análise do processo decisório.

Quando do tratamento das informações nas empresas, o executivo sabe que o mesmo deve ser efetuado de maneira integrada, sendo que detalhes dessa abordagem podem ser analisados no livro *A moderna administração integrada*, dos mesmos autor e editora. Um exemplo hipotético pode ser visualizado na Figura 1.18:

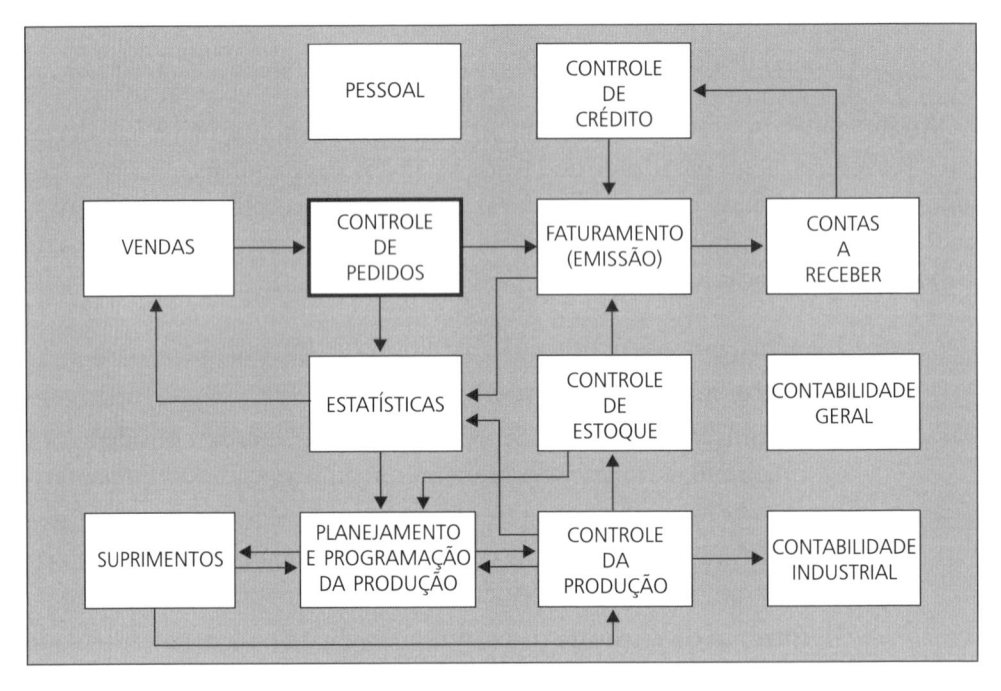

Figura 1.18 Tratamento integrado de informações.

O sistema foco de análise, no exemplo apresentado, pode ser o controle de pedidos. Verifica-se que a sua abrangência é elevada, podendo considerar todos os sistemas ligados por setas. Entretanto, pode considerar também os sistemas "soltos" no fluxo apresentado, tais como pessoal e contabilidade geral. Portanto, a abrangência de um sistema foco de análise pode variar, dependendo da situação que o executivo esteja abordando naquele momento.

E, como consequência, o SIG também pode variar de abrangência. Mas deve-se lembrar que o SIG necessita, para ser otimizado, considerar a empresa como um todo, conforme já foi explicado neste livro. O que pode ser feito é a decomposição do SIG da empresa em diversas partes, tendo em vista a sua facilidade de análise; mas sem perder a visão do todo, que é a empresa.

Uma alternativa para identificar as informações gerenciais pode ser a utilização da análise das restrições, que também deve ser aplicada para a empresa como um todo, facilitando a análise e o aprimoramento do SIG em níveis estratégico, tático e operacional (ver seção 1.6).

Nesse contexto, pode ser efetuado um diagnóstico estratégico da empresa, tendo em vista o desenvolvimento sinérgico do planejamento estratégico e do sistema de informações gerenciais da empresa. Isso porque, no desenvolvimento do diagnóstico na empresa, é possível que, após a identificação de todos os fatores e subfatores externos – não controláveis – e internos – controláveis – a serem avaliados pelos executivos, se visualize uma realidade em que a consideração da empresa como um todo seja uma situação complexa para o momento considerado. Nesse caso, uma alternativa é enfocar determinados fatores que provocam restrições para o desenvolvimento da empresa.

A análise das restrições considera que o ótimo de uma parte não proporciona o ótimo total, sendo que o foco de análise deve ser a corrente que liga todos os elos de restrições e não os elos em si; mas sempre lembrando que o elo mais fraco é o que determina a força decorrente que vai incrementar os resultados da empresa (Goldratt e Cox, 1986, p. 12).

Verifica-se que restrição é tudo aquilo que limita a capacidade da empresa no processo de melhorar seu desempenho e de incrementar seus resultados.

A análise das restrições pode ter um enfoque acumulativo com a técnica *just in time*, que pressupõe uma situação de que o fazer é que é necessário, bem como a técnica da qualidade total, para a qual não é suficiente fazer bem as coisas, sendo mais importante fazer as coisas certas.

Na verdade, uma empresa tem um número pequeno de restrições, que correspondem aos elos mais fracos da corrente – processo – que otimiza os resultados da empresa em sua interação com as oportunidades e as ameaças ambientais ou não controláveis pela empresa.

Os executivos devem procurar o máximo desempenho possível para a empresa. Para administrar esse processo, devem ter, no mínimo, os pré-requisitos de objetivos estabelecidos e negociados, com seus critérios e parâmetros de avaliação, bem como as estratégias a serem operacionalizadas e as políticas a serem respeitadas, os quais correspondem a itens básicos do processo de planejamento estratégico das empresas, o que pode facilitar a visualização da maneira de interligação entre os dois sistemas considerados (planejamento estratégico e sistema de informações gerenciais).

A abordagem junto às restrições identificadas deve ser um processo de aprimoramento contínuo para a empresa, com a finalidade de elevar a produtividade e a qualidade total da empresa para enfocar a concorrência nacional e mundial nos mercados em que atua, baseado em treinamento e na capacitação de seus executivos para melhor tomada de decisões.

Nesse contexto, a empresa deve fugir da *área do caos*, conforme apresentado na Figura 1.19:

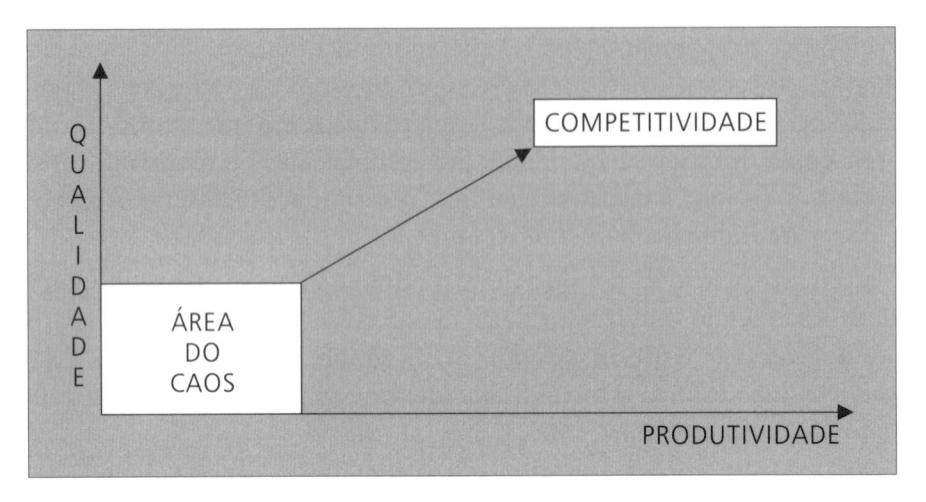

Figura 1.19 Interação da qualidade e produtividade para a competitividade.

A empresa deve procurar a consolidação do processo contínuo de melhorias, conforme situação *A* na Figura 1.20, evitando a situação *B*, em que os esforços acabam *levando a nada* após um período de crescimento acelerado.

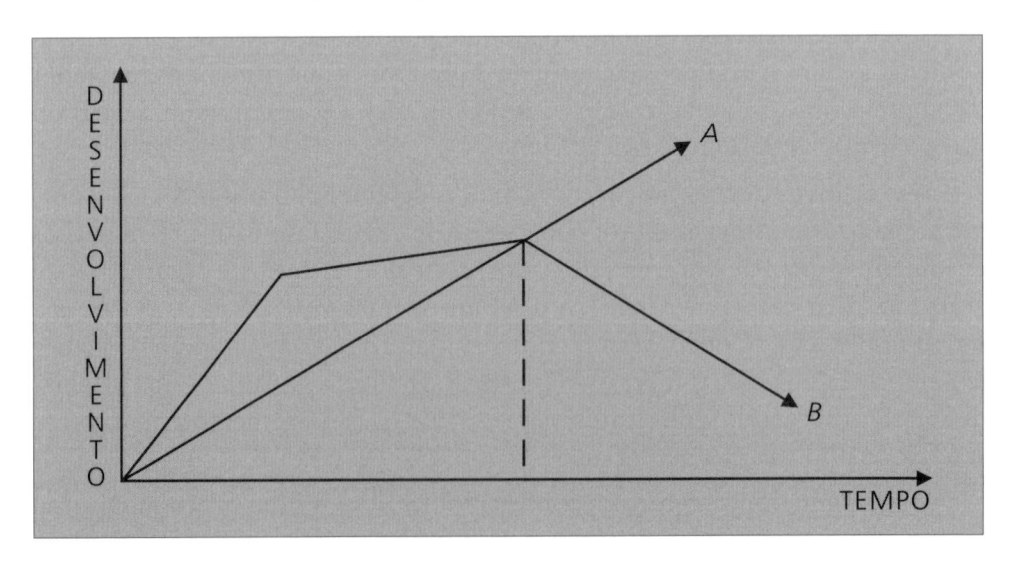

Figura 1.20 Desenvolvimento da empresa.

O otimizado direcionamento para o que deve ser enfocado na identificação das informações gerenciais pressupõe que os executivos devam encontrar os problemas básicos a partir da análise do nível de impacto sobre os resultados da empresa, incluindo uma abordagem da relação causas *versus* efeitos.

Os executivos devem considerar que ocorre o aprimoramento da empresa, se:

- existe alavancagem otimizada nas rentabilidades dos negócios ou ganhos; e/ou
- o inventário se reduz aos níveis mínimos ideais; e/ou
- a despesa operacional se reduz, sem provocar inércia operacional da empresa.

Sendo:

- rentabilidade de negócio: a taxa de geração dos recursos financeiros pela empresa através das vendas de seus produtos e serviços, o que corresponde ao efetivo ganho na atividade empresarial;
- inventário: o recurso financeiro investido ao comprar coisas que a empresa tenta vender, a partir da existência ou não de um processo de transformação; e
- despesa operacional: todo recurso financeiro que a empresa gasta para transformar inventários em rentabilidade dos produtos ou dos serviços.

A empresa deve fugir do mundo dos custos que se concentra na procura de utilização máxima dos recursos, a eficácia, o processo de controlar e medir tudo – o controle torna-se um fim em si próprio – para reduzir tudo, bem como tem enfoque nas despesas, cujo limite é zero. Alguns exemplos de decisões no mundo dos custos podem ser os programas de utilização máxima da capacidade da empresa, da eficácia departamental, com estabelecimento da hora-padrão, planos de redução de custos, bem como análises de fazer ou comprar (Goldratt e Cox, 1986, p. 21).

Os resultados desse enfoque no mundo dos custos podem levar a decisões erradas, como o enfoque no custo do produto, em vez de ser no lucro por produto, a abordagem dos custos variáveis e não dos custos fixos, o direcionamento simples do valor agregado e não o lucro de inventário, bem como falta de credibilidade nos números a partir de análises inúteis.

A moderna administração destaca o mundo dos ganhos e da rentabilidade dos negócios, lembrando que o ganho não tem limites e, portanto, os executivos podem exercitar toda sua criatividade e competência para alavancar os resultados das empresas. Portanto, essa é uma situação bem mais interessante do que o mundo dos custos, que apresenta limite de redução, que é zero, e a empresa fica estagnada.

As principais relações do *mundo do ganho* são apresentadas na Figura 1.21:

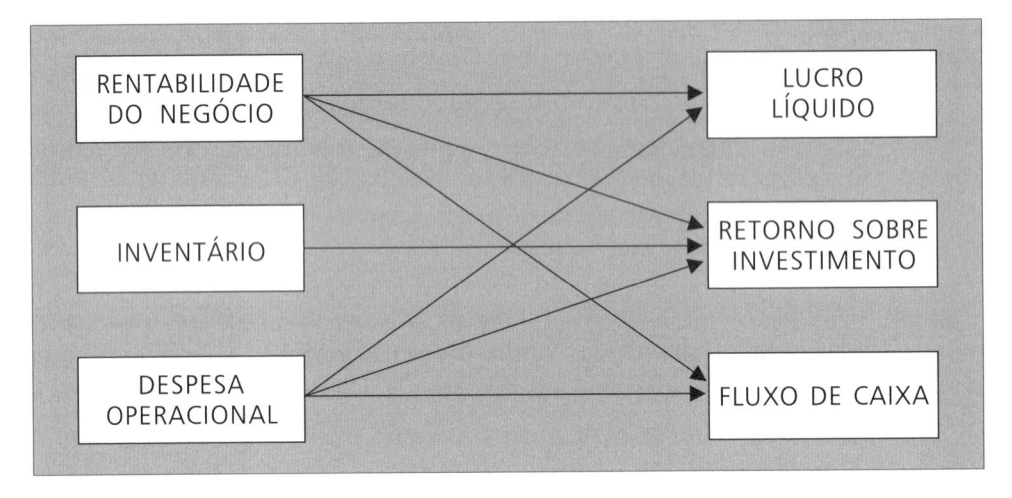

Figura 1.21 Principais interligações do "mundo dos ganhos".

Para esta análise, o executivo pode trabalhar com os seguintes parâmetros:

Lucro líquido = Rentabilidade do negócio − Despesa operacional.

$$\text{Retorno sobre investimento} = \frac{\text{Lucro Líquido}}{\text{Patrimônio Líquido}}$$

Pode, também, utilizar os seguintes parâmetros complementares:

$$\text{Produtividade} = \frac{\text{Rentabilidade do negócio}}{\text{Despesa operacional}}$$

$$\text{Giro de estoque} = \frac{\text{Rentabilidade do negócio}}{\text{Inventário}}$$

O processo de ganho efetivo e de rentabilidade de negócios tem seu foco concentrado no fator a ser considerado, aborda a empresa como um todo e procura a otimização dos resultados.

Em nível de importância, o executivo deve considerar a seguinte ordem:

- rentabilidade do negócio é o fator mais importante, pois está focado em um processo contínuo de melhorias e de ganhos;
- inventário vem em segundo lugar, pois tem a capacidade de influir no ganho e na rentabilidade futura do negócio; e
- despesa operacional fica em terceiro lugar, pois os gastos no processo de transformação do inventário em rentabilidade de negócios podem ser administrados como resultantes da abordagem administrativa considerada.

Para o desenvolvimento do sistema de informações gerenciais com base na análise das restrições, o executivo pode seguir os seguintes passos básicos (Goldratt e Cox, 1986, p. 34):

- identificar a restrição do sistema considerado, principalmente pelo debate e pelo consenso dos executivos envolvidos no processo;
- decidir como explorar ao máximo os recursos limitados da restrição e que são o foco básico do problema;
- subordinar todas as demais ações às decisões anteriores, o que pressupõe uma estrutura lógica de raciocínio;
- eliminar a capacidade da restrição; e
- se a restrição for quebrada em qualquer dos passos anteriores, voltar ao passo inicial.

Lembre-se, porém, de não permitir que sua própria inércia se torne a grande restrição ao sistema.

O processo de quebra de inércia não pode ser considerado como algo fácil, principalmente quando se lembra que são necessárias duas ações basicamente simultâneas:

- desenvolver e implementar novas regras, o que pressupõe a alteração das regras básicas atuais; e
- ter o apoio das pessoas envolvidas, o que pressupõe a manutenção das regras básicas atuais.

Portanto, existe um conflito entre as necessidades de mudança e a manutenção das regras atuais, o que exige elevada habilidade administrativa e de negociação dos executivos responsáveis pelo processo de mudança na empresa.

O processo de mudança pela análise das restrições deve ser muito bem planejado, bem como as pessoas envolvidas devem considerar "como suas" as soluções desenvolvidas, e sempre lembrando que melhoria significa mudança, que a mudança gera insegurança pessoal, bem como a insegurança suscita reações emocionais, o que pode prejudicar todo o processo.

A capacidade de implementação do processo de melhoria contínua pode representar vantagem competitiva para a empresa; entretanto, um fator muito importante é a consciência do tempo que se leva para executar o programa.

Nesse contexto, não se deve realizar o programa em ritmo de *mutirão*, ou seja, cada uma das etapas do processo deve ser bem definida, entendida e operacionalizada por todos os executivos da empresa.

O respeito a essas premissas é uma base de sustentação para o adequado desenvolvimento e implementação dos sistemas de informações gerenciais nas empresas.

Resumo

Neste capítulo foram apresentados os conceitos básicos inerentes aos sistemas de informações gerenciais nas empresas.

Para facilitar o seu entendimento, procurou-se apresentar, de forma separada, os conceitos inerentes a cada uma das palavras que compõem o termo SIG – Sistema de Informações Gerenciais.

Pode-se considerar que o processo de transformação de dados em informações se caracteriza como um sistema de informações; quando esse processo está voltado para a geração de informações que são necessárias e utilizadas no processo decisório da empresa, diz-se que esse é um sistema de informações gerenciais.

O SIG considera tanto as informações que foram processadas pela informática, quanto as processadas manualmente.

A apresentação de um esquema básico de delineamento do SIG proporcionou condições para o entendimento da aplicação de alguns conceitos básicos.

Questões para debate

1. Debater outras conceituações inerentes ao termo *sistema de informações gerenciais*.
2. Com base em uma empresa que você conhece, debater a avaliação de um sistema de informações gerenciais.
3. Debater as vantagens que um adequado sistema de informações gerenciais proporciona para as empresas.
4. Desenvolver o esquema básico do SIG para uma empresa de seu conhecimento.
5. Aplicar a análise de restrições em uma empresa de seu conhecimento.

Caso:
Estruturação do SIG na Agribusiness Indústria e Comércio S.A.

A Agribusiness Indústria e Comércio S.A. é uma empresa multinacional que tem forte atuação no Brasil, onde se concentra no negócio agroindustrial para o mercado interno e, principalmente, o mercado externo.

O Presidente, Sr. William Wright, quer consolidar a administração em nível corporativo, bem como a de suas várias unidades estratégicas de negócios – UEN.

Para tanto, tem concentrado esforços em três assuntos principais:

- elaboração de uma estrutura organizacional adequada;
- desenvolvimento de um SIG que proporcione consolidação a esse processo estrutural; e
- consolidação de um estilo de atuação dos vários executivos da Agribusiness envolvidos no processo.

O Presidente da Agribusiness Indústria e Comércio S.A. considera que os três assuntos evidenciados têm o mesmo nível de importância, bem como sabe que eles apresentam elevada interação entre si.

Entretanto, ele solicita que o *centro nervoso* da análise dos três assuntos seja o sistema de informações gerenciais.

A estrutura organizacional básica já foi desenvolvida, e seu organograma representativo da alta administração pode ser visualizado na figura a seguir:

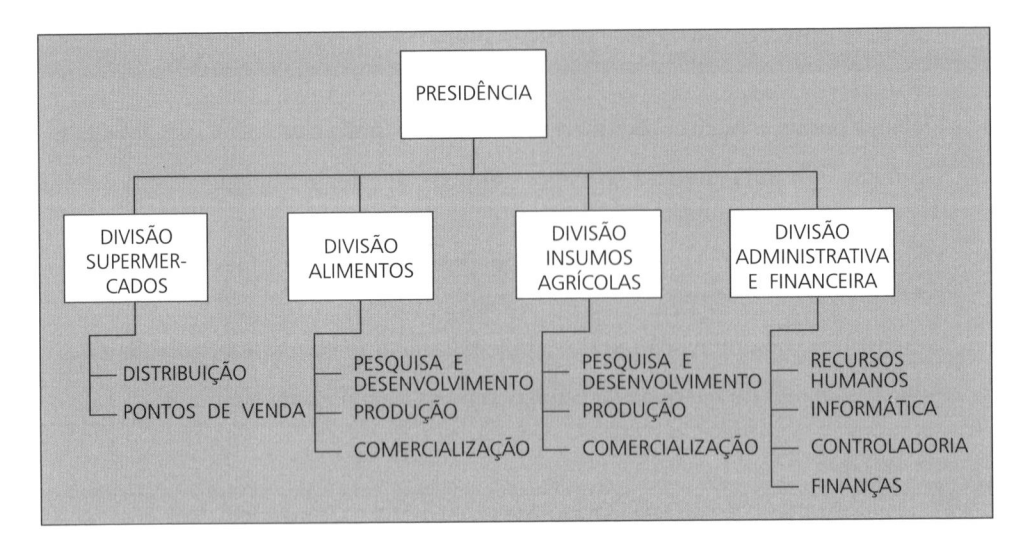

```
                            PRESIDÊNCIA
     ┌──────────────┬──────────────┬──────────────┬──────────────┐
  DIVISÃO        DIVISÃO         DIVISÃO         DIVISÃO
  SUPERMER-      ALIMENTOS       INSUMOS         ADMINISTRATIVA
  CADOS                          AGRÍCOLAS       E FINANCEIRA
```

- DIVISÃO SUPERMERCADOS: DISTRIBUIÇÃO; PONTOS DE VENDA
- DIVISÃO ALIMENTOS: PESQUISA E DESENVOLVIMENTO; PRODUÇÃO; COMERCIALIZAÇÃO
- DIVISÃO INSUMOS AGRÍCOLAS: PESQUISA E DESENVOLVIMENTO; PRODUÇÃO; COMERCIALIZAÇÃO
- DIVISÃO ADMINISTRATIVA E FINANCEIRA: RECURSOS HUMANOS; INFORMÁTICA; CONTROLADORIA; FINANÇAS

O Sr. William Wright contratou-o para delinear, de maneira geral, como deverá ser estruturado o SIG da Agribusiness, considerando-se algumas premissas:

- o sistema de controle deve ser centralizado quanto aos grandes resultados da Agribusiness Indústria e Comércio S.A.;
- as unidades estratégicas de negócios – supermercados, alimentos e insumos agrícolas – devem ter autonomia decisória, respeitando as políticas estabelecidas pelo Grupo Diretivo (Presidente e Diretores Divisionais); e
- o sistema de avaliação deverá ser estruturado de acordo com o estilo e modelo de administração por resultados.

Nesse contexto, você deve:

a) Detalhar a estrutura organizacional no que você julgar válido para o seu estudo, ou seja, você tem toda a liberdade de colocar todas as situações na estrutura organizacional para facilitar a sua análise. Entretanto, esse detalhamento deverá ser efetuado apenas nos níveis hierárquicos inferiores ao apresentado no organograma.

b) Estabelecer o delineamento do SIG na Agribusiness Indústria e Comércio S.A. de acordo com o esquema geral apresentado na seção 1.7 deste capítulo.

c) Criar uma situação de debate a partir do resultado da estruturação do SIG desenvolvido no item "b". Esse debate deve proporcionar situação que permita otimizar a estruturação do SIG elaborada por você no referido item.

Capítulo 2
Metodologia de desenvolvimento e implementação do SIG

"Quando todos pensam igual, ninguém está pensando."
Walter Lippman

Neste capítulo é apresentada uma metodologia básica que o executivo pode utilizar para o otimizado desenvolvimento e implementação do SIG em sua empresa.

Uma metodologia é sempre válida, pois proporciona aos executivos a sustentação necessária para que sejam executadas as etapas básicas de um processo estruturado.

Embora a sequência das fases seja apresentada de forma linear, na prática empresarial podem ocorrer determinadas interações temporais que em nada prejudicam o processo como um todo. E, ao contrário, podem proporcionar adequada situação de tratamento sistêmico e interativo do processo decisório nas empresas.

Ao final da análise deste capítulo, você poderá responder a algumas perguntas, como:

- Quais são as fases básicas para o adequado desenvolvimento e implementação do SIG nas empresas?
- Como essas fases interagem entre si para o otimizado desenvolvimento do SIG?
- Quais são as partes integrantes de cada uma dessas fases?

2.1 Fases do desenvolvimento e da implementação do SIG

A atual realidade das empresas pode ser resumida em crescentes níveis de turbulência ambiental, de elevada posição competitiva geral, de pressão sobre a rentabilidade, a lucratividade e a produtividade, bem como de necessidade de informações mais depuradas.

Este último aspecto é, talvez, de mais fácil solução, mas um dos que mais incomodam os executivos das empresas. Isso porque a eficácia empresarial está sendo seriamente prejudicada por sistemas que, simplesmente, produzem enorme quantidade de dados e informações que não são trabalhados e utilizados. Começa-se já a ouvir um refrão vindo dos executivos da alta administração que se sentem amarrados pelas restrições de sistemas de informações ineficientes: "Nós não conseguimos mais interpretar as informações que recebemos. Nós nos frustramos por sistemas que fornecem dados financeiros em excesso, dados não trabalhados, dados operacionais irrelevantes e nenhum dado do ambiente da empresa."

Por outro lado, só porque determinados dados são facilmente gerados, não significa que são importantes.

Parece ter ficado claro, a todo e qualquer executivo, que não adianta a empresa ter um processo administrativo adequado, se faltar um sistema estruturado de informações gerenciais que alimente esse processo decisório, bem como o desenvolvimento, a implementação e a avaliação das decisões e ações posteriores. Para tanto, é válido o executivo debater as fases básicas do desenvolvimento e da implementação do SIG.

O conhecimento dessas fases básicas proporciona a sustentação para que o executivo possa operacionalizar adequado SIG em sua empresa. Entretanto, inicialmente é necessário identificar as finalidades para as quais o SIG foi ou deve ser estruturado.

A identificação dessas finalidades, que antecedem o seu delineamento, é importante para evitar que a empresa desenvolva um sistema para a coleta de dados e informações irrelevantes, ou seja, que essa coleta tenha um enfoque restrito, não considerando dados e informações importantes para o processo decisório, seja para os níveis estratégico, tático ou operacional.

Os SIG podem ser classificados conforme apresentado a seguir, tendo em vista as necessidades básicas das empresas:

- SIG defensivo, que é orientado para a obtenção de informações destinadas a evitar surpresas desagradáveis para a empresa. Portanto, esse SIG não está procurando *puxar* a empresa para a frente;
- SIG inativo, que é orientado para a obtenção de parâmetros de avaliação do desempenho da empresa. Esse SIG pode ser considerado mais de nível tático-operacional do que de nível estratégico;
- SIG ofensivo, que é orientado para a identificação de oportunidades de negócios para a empresa; e
- SIG interativo, que é orientado para a geração de oportunidades de negócios para a empresa.

Para desenvolver qualquer um dos tipos de SIG, principalmente o ofensivo e o interativo, o executivo deve estar com sua visão centrada no ambiente da empresa, particularmente nos fatores identificados no diagnóstico estratégico, bem como nos cenários estratégicos, inclusive os alternativos.

O SIG deve atender a determinados aspectos na sua operacionalização, como: administração, geração e arquivamento, controle e avaliação, disseminação, utilização e, finalmente, retroalimentação.

Esses aspectos básicos são fundamentais para o delineamento das várias fases do desenvolvimento e da implementação do SIG, que são apresentadas nas seções 2.1.1 a 2.1.4.

Os seus aspectos básicos são apresentados a seguir:

a) Administração do SIG

Corresponde à identificação e à definição das necessidades de informações estratégicas, táticas e operacionais.

Nesse ponto, o executivo deve começar pela consideração de quais são as informações necessárias, ou seja, as que estão dentro do campo da missão ou dos negócios da empresa.

A missão é uma parte do processo de planejamento estratégico das empresas que estabelece a quais necessidades e expectativas de mercado a empresa quer atender, no momento atual e, também, em um futuro relativamente próximo.

E, dentro da missão, devem-se considerar tanto as informações referentes aos negócios atuais quanto aos negócios potenciais, tendo em vista que um dia o negócio potencial pode passar a ser um negócio atual. E essa transformação deve ser a mais estratégica possível, ou seja, o executivo deve ter, dentro de uma relação custos *versus* benefícios interessante, o maior número possível de informações sobre o negócio potencial, visando criar uma situação em que, no dia em que decidir tornar esse um negócio atual, o faça de maneira estratégica, ou seja, da maneira certa.

Alguns instrumentos de administração que proporcionam boa sustentação ao processo decisório inerente às informações da relação produtos *versus* mercados são as várias técnicas de análise de posição competitiva existentes e à disposição dos profissionais do ramo, conforme apresentado no Capítulo 5 do livro *Estratégia empresarial e vantagem competitiva: como estabelecer, implementar e avaliar*, dos mesmos autor e editora.

Os executivos também devem considerar as prioridades das informações, quando podem utilizar alguma técnica que facilita o estabelecimento de prioridades no processo decisório.

Outro aspecto a se considerar são as fontes geradoras de informações. Isso porque, embora toda empresa apresente a predisposição de ter alguma forma de informações diretas e estruturadas sobre as intenções e o desempenho dos seus concorrentes, o executivo deve saber que, infelizmente, isso normalmente é impossível.

Daí a necessidade de a empresa recorrer a indicadores secundários que permitam inferir essas informações. Nesse procedimento, os executivos devem tomar determinados cuidados, pois os indicadores não são sempre diretos e, na maioria dos casos, são bastante ambíguos, exigindo a sua correlação com outros indicadores de desempenho e um trabalho nem sempre muito simples de análise.

Para seu posicionamento: explique, com justificativas e exemplos, como você se visualiza como administrador do SIG.

b) Geração e arquivamento de informações do SIG

Nesse ponto devem ser realizados alguns comentários, de forma relativamente detalhada, sobre a geração de informações para o SIG.

Para que o executivo possa *alimentar* o seu SIG, é necessário que sua empresa possua, no mínimo, e de forma estruturada, um sistema de pesquisa e de análise de mercado.

A pesquisa de mercado pode ser considerada como uma das atividades geradoras de informações mercadológicas, em que o grau de confiança da veracidade das informações é fundamental para a identificação, a definição e a compreensão de um problema; o estabelecimento de objetivos adequados ao projeto de pesquisa; a obtenção da melhor alternativa metodológica para os problemas específicos; a geração de uma interpretação dos resultados da pesquisa no sentido de facilitar as estratégias mercadológicas, bem como o estabelecimento de prazos que não comprometam as futuras estratégias da empresa.

O executivo pode considerar que, desde que adequadamente realizada, a pesquisa propicia um planejamento de mercado com alta probabilidade de sucesso, tornando rentáveis os resultados dos planejamentos estratégico, tático e operacional.

A pesquisa é um instrumento utilizado para tomar decisões com maior certeza, pois tomar decisões é uma tarefa cercada de muitos riscos. Normalmente, o executivo se defronta com a necessidade de decidir sobre os mais variados assuntos, percebendo, algumas vezes, a crescente complexidade dos dados e das informações que servem de base à sua decisão.

O processo decisório é, normalmente, baseado apenas na experiência dos executivos envolvidos e sem caráter científico, dependente de dados elaborados e analisados tecnicamente. Existem métodos e técnicas sofisticadas; porém, as decisões dependem muito da confiança e da segurança que se tem dessas informações. Para estimular a utilização dessas informações, podem ser criados processos e políticas que estabeleçam e regulem a aplicação e a divulgação dos dados levantados.

Os investimentos feitos em pesquisa ganham maior importância quando se verifica que planos de investimentos, bem como outras decisões são, hoje, normalmente, fundamentados em pesquisa. São medidas que ajudam a melhorar a eficácia de utilização e realização de pesquisas, trazendo importantes contribuições para o mundo dos negócios, os consumidores de produtos e serviços, ou seja, o público em geral.

O planejamento de um projeto de pesquisa envolve várias etapas. Em primeiro lugar, determina-se que tipo de pesquisa é o mais adequado para gerar a informação necessária. Em segundo lugar, considera-se qual abordagem da pesquisa é a mais apropriada, podendo ser um estudo qualitativo baseado em uma amostra pequena ou um estudo quantitativo mais amplo, contínuo ou repetitivo; e, finalmente, pesquisam-se quais as técnicas que devem ser utilizadas para recolher e analisar os dados com maiores possibilidades de sucesso.

No processo de planejamento, devem ser estabelecidos os segmentos do mercado a serem pesquisados, por meio do método probabilístico ou do estratificado. O tamanho da amostra deve referir-se aos contatos iniciais e ao índice de respostas esperado, destacando a proporção da população e do mercado coberto pela pesquisa, especificando a distribuição geográfica e o grau de precisão estatística.

Os critérios e o método para o levantamento de dados também devem ser esclarecidos.

A etapa final de um projeto de pesquisa prevê a forma de apresentação do relatório e das análises, estabelecendo-se a frequência de apresentação, a validade, a codificação e a classificação, as análises e os cruzamentos, as técnicas estatísticas utilizadas, as análises complementares, as fontes estatísticas empregadas, além dos prazos para aprovação, coleta de dados, resultados preliminares e finais.

O mercado atravessa um período em que a preocupação central dos executivos é a de dispor de um produto com características especiais e desenvolvido de forma mais vantajosa no sentido comercial, sendo competitivo e economicamente lucrativo.

Em um primeiro momento, as atenções eram centradas no produto e o essencial era dispor de um bom produto com desenvolvimento de mercado, mas detectou-se que era preciso conhecer melhor o consumidor. Foi nessa época que as pesquisas começaram a ganhar importância, tornando-se instrumento básico para a redução de riscos na tomada de decisão. Atualmente, nota-se que poucas empresas ainda se utilizam das pesquisas mercadológicas; no entanto, as que delas se utilizam são aquelas que já possuem vivência de marketing, principalmente as multinacionais.

As empresas brasileiras ainda têm pouco contato com a pesquisa de mercado, sendo esse instrumento administrativo relativamente pouco utilizado no Brasil.

Não é a pesquisa que decide o sucesso ou o fracasso de um produto ou serviço. O que ela procura é entender o consumidor e o mercado, sendo que, filosoficamente, os departamentos de pesquisa de empresas não competem com os institutos de pesquisas.

Conforme anteriormente comentado, o executivo deve realizar uma análise de custos *versus* benefícios para saber quais e em que nível de profundidade serão utilizadas as fontes de dados identificadas.

Para efetuar o levantamento das informações, o executivo pode concentrar-se em duas grandes fontes de informações, a saber:

- fontes internas, que são usadas para a obtenção de dados e informações da realidade interna da empresa. Para tanto, devem ser desenvolvidos processos administrativos visando canalizar para as diferentes unidades organizacionais os dados e informações de interesse, sendo que, na seção 1.7 foram apresentadas estruturações a esse respeito; e
- fontes externas, que geram dados relativos ao ambiente da empresa, correlacionados com acontecimentos relevantes que estão ocorrendo no seu ambiente e que, potencialmente, podem vir a afetar os resultados da empresa.

O executivo deve saber trabalhar com as várias fontes de informações, inclusive realizando cruzamentos de informações.

No Quadro 2.1 são apresentadas algumas fontes de informações com o instrumento a ser utilizado para a sua obtenção, bem como a sua forma de utilização.

E agora surge um último aspecto a ser analisado, correspondente ao do tratamento e da armazenagem dos dados e das informações gerados, que cuida da preservação dos dados e das informações de maneira ordenada, estruturada e lógica, propiciando adequada recuperação futura.

Os executivos devem evitar a prática muito comum de arquivar dados e informações inúteis, os quais proliferam na empresa, pela simples razão de serem, normalmente, de fácil geração.

Um otimizado SIG deve estar voltado para os negócios da empresa e, portanto, consolidar uma inteligência para negócios, que corresponde a um processo analítico de transformação de dados e informações desagregados de mercado, concorrência, produtos, consumidores e tecnologia, entre outros fatores importantes, em estratégias operacionalizáveis a respeito dos concorrentes e do desempenho, da capacitação e das interações da empresa (Tyson, 1992, p. 17).

Quadro 2.1 Fontes e aplicações de dados e informações.

Fonte	Instrumentos a serem utilizados	Formas de utilização
GOVERNO	• Projetos governamentais • Contatos com técnicos de órgãos governamentais • Registros de marcas e patentes • Participações em concorrências públicas	• Revelam oportunidades de negócios • Revelam políticas e pretensões governamentais • Revelam o avanço tecnológico e os novos produtos lançados • Revelam a tecnologia e a composição de custos e preços dos concorrentes
CONCORRENTES	• Balanços e relatórios explicativos • Entrevistas dos principais executivos	• Revelam a situação econômico-financeira e principais projetos • Revelam prioridades e propósitos da empresa
FORNECEDORES	• Fornecedores de insumos produtivos	• Revelam planos de produção e de novos produtos
CLIENTES	• Produtos e campanhas mercadológicas	• Revelam planos de produção, novos produtos e serviços e suas prioridades
ASSOCIAÇÕES DE CLASSE	• Reuniões	• Revelam preocupações, expectativas e planos das empresas
EMPREGADOS	• Empregados da empresa	• Revelam dados e informações gerais
CONSULTORES ESPECIALIZADOS	• Contratos de consultoria	• Revelam análises e tendências da economia, do mercado e da tecnologia

Um SIG inteligente tem alguns objetivos, tais como:

- evitar surpresas para a empresa;
- identificar oportunidades e ameaças que estejam no ambiente da empresa;
- consolidar vantagem competitiva real, sustentada e duradoura; e
- facilitar os planejamentos de curto, médio e longo prazos.

Nesse contexto, o SIG inteligente, que é resultado de um sistema de inteligência de informações, procura responder a algumas perguntas, como:

- quais são nossos concorrentes?
- quais são nossos recursos (financeiros, tecnológicos, equipamentos, humanos)?
- quem são nossos clientes?
- por que algumas empresas têm sucesso? E qual a situação de nossa empresa nesse contexto?
- quais são nossos pontos fortes e pontos fracos? E os de nossos concorrentes?
- quais são as oportunidades de mercado que podemos usufruir?
- como evitar os efeitos das ameaças provenientes do ambiente da empresa?
- quais são nossos planos futuros? E os de nossos concorrentes?
- como respondemos aos movimentos específicos da concorrência?
- onde está o melhor *campo de batalha* para enfrentar os concorrentes? E como fazê-lo?

Um aspecto de importância para a análise decisória do executivo é saber que o jogo estratégico pode e deve ser realizado com base nas tendências e nas perspectivas do momento e não sobre informações precisas, porque, em sua maior parte, são informações manipuladas.

Outro aspecto importante a ser lembrado pelo executivo é que, frequentemente, os melhores insumos para o sistema da inteligência do SIG estão localizados na própria empresa (Tyson, 1990, p. 48).

Algumas das fontes de informações da própria empresa, bem como das empresas concorrentes, são:

- Pelos funcionários das áreas de marketing e vendas:
  - volume de vendas e número de empregados;
  - práticas de venda;
  - canais de distribuição;
  - programas de treinamento;
  - métodos de remuneração;
  - diferenciação de produtos e/ou serviços;
  - práticas de fixação de preços e tendências;
  - *mix* de promoção;
  - atividades de desenvolvimento de mercado e de clientes; e
  - estratégias futuras específicas.
- Pelos funcionários da área operacional:
  - natureza e especificações das operações;
  - facilidades de informação;
  - estrutura do quadro de funcionários;
  - tendências de custos;
  - nível de mecanização e automação;
  - utilização da capacidade instalada; e
  - pesquisa e desenvolvimento de produtos e serviços.
- Pelos funcionários da área financeira e de controladoria:
  - desempenho histórico;
  - projeção financeira;
  - estudos de investimentos;
  - indicadores-chave comparativos; e
  - análises econômico-financeiras.
- Pelos funcionários da área de recursos humanos:
  - estrutura organizacional;
  - desenvolvimento administrativo;
  - processo de recrutamento e seleção;
  - programas de treinamento;
  - capacitação profissional; e
  - atuação perante os sindicatos.

Deve-se, também, ter o enfoque do processo voltado para resultados, considerando-se algumas perguntas básicas, tais como:

- com quem devo falar?
- quais questões devo perguntar?
- como devo formular as questões?
- quando devo classificar a informação como fato ou como boato?
- como devo avaliar a validade da informação?
- como devo utilizar a informação válida?
- como devo avaliar a utilização da informação?

Para seu posicionamento: explique o seu posicionamento com justificativas e exemplos, de sua atuação como pesquisador.

Essa questão será de elevada importância para o seu futuro como profissional.

c) Controle e avaliação do SIG

Consiste em analisar os dados e as informações obtidos para verificar sua relevância, consistência, urgência, confiabilidade e precisão, bem como em interpretar e transformar esses dados em informações gerenciais, facilitando o processo decisório na empresa.

Naturalmente, essa análise deve ser criteriosa, pois uma informação pode ser, por exemplo, relevante e urgente para a área de produção e relevante, mas não urgente, para a área financeira.

Com referência à confiabilidade dos dados e das informações, o executivo deve saber que não existem regras para esse tipo de avaliação, a não ser por meio de verificação posterior da validade dos dados obtidos.

Assim, somente a eficiência passada com o uso de determinada fonte pode proporcionar uma ideia da confiabilidade dessa fonte. Isto é muito importante para as empresas que precisam utilizar, continuamente, as mesmas fontes de dados do tipo vendedores, analistas do mercado de capitais, fornecedores ou institutos de pesquisa.

Quanto à precisão dos dados e informações, o executivo pode utilizar alguns métodos, tendo como base a relação custos *versus* benefícios para a empresa comparar os dados e informações obtidos entre diferentes fontes, bem como fazer uma análise histórica e de tendências através da utilização de alguns indicadores.

Outro aspecto a se considerar neste item é a interpretação dos dados e das informações, que correspondem à sua incorporação ao processo decisório da empresa.

d) Disseminação dos dados e informações

Corresponde à operacionalização de uma sistemática de distribuição das informações, de acordo com o perfil de interesse e necessidade de cada executivo da empresa.

A disseminação consiste na distribuição sistemática e estruturada, aos principais executivos da empresa, das informações gerenciais obtidas por meio da interpretação dos dados coletados.

Naturalmente, deve haver um processo de racionalização no tratamento de disseminação das informações, porque, quando não há divulgação racionalizada, os executivos da empresa são *premiados* com várias formas de informações, como relatórios, cartas, telefonemas, jornais, revistas, livros, conferências, reuniões etc.

Como, além de absorver informações, os executivos precisam dirigir as atividades da empresa, a tendência é eliminar tudo o que não seja estritamente necessário à administração empresarial. Infelizmente, nesses casos, muitas vezes são eliminadas justamente as informações estratégicas, ou seja, aquelas que vão influenciar o futuro da empresa.

Alguns aspectos que podem facilitar a racionalização das informações que são enviadas aos executivos são:

- evitar a duplicação de informações, fazendo com que o executivo receba exatamente a informação que precisa receber, ou seja, evitar a dispersão das informações;
- analisar, selecionar e resumir as informações que são enviadas a cada executivo da empresa;
- organizar e estruturar a leitura dos executivos da empresa procurando, inclusive, melhorar sua utilização do tempo;
- fazer com que a informação chegue no momento oportuno, de acordo com a sua urgência; e
- lembrar que "cada executivo representa um caso", ou seja, cada executivo pode desejar receber a informação de determinada forma (com ou sem gráficos, com ou sem comentários, com ou sem tabelas etc.).

Esse aspecto da individualidade da informação é abordado na seção 4.4 e representa um aspecto de elevada importância para a adequada utilização do SIG.

Portanto, nada disso terá validade se não existir uma análise prévia para determinar o perfil básico e ideal da necessidade e da utilidade de informações para cada executivo da empresa.

De qualquer forma, as informações da empresa devem atender a determinados critérios básicos, como objetividade, eficácia, eficiência, efetividade, clareza, rapidez, prioridade, necessidade específica, brevidade, conteúdo e atualidade.

e) Utilização das informações da empresa

Neste caso, o foco é a sistemática incorporação das informações no processo decisório da empresa, quer seja em nível estratégico, tático ou operacional.

Esse aspecto, entre outros, tem assumido gradativa importância e estruturação, pois cada vez mais as empresas estão adotando o planejamento estratégico como meio de garantir o sucesso dos seus negócios, diante das turbulências pelas quais está passando a economia nacional, havendo um aumento proporcional na necessidade dos executivos dessas empresas de informações estratégicas sobre as quais possam basear seus planos e decisões. Eles precisam estar informados sobre as mudanças no ambiente que afetam os negócios de suas empresas, bem como sobre as ameaças e as oportunidades geradas por essas mudanças.

Mas nem só o uso de instrumentos administrativos estruturados, como o planejamento empresarial – estratégico, tático e operacional –, é suficiente para que se possa utilizar, adequadamente, as informações inerentes ao processo decisório na empresa. É válido lembrar-se dos componentes da estratégia empresarial, a qual salienta, entre outros aspectos, o comprometimento dos executivos envolvidos em seu delineamento, implementação e avaliação.

f) Retroalimentação ou realimentação ou *feedback* das informações

Consiste na sistemática e estruturada adaptação do processo decisório, de acordo com os resultados obtidos pela empresa, para atender cada vez melhor às necessidades de informações dos executivos.

Este último aspecto procura *fechar* o circuito sistêmico e integrado de dados e informações inerentes ao processo decisório nas empresas.

Com a abordagem básica dessas seis etapas principais, espera-se ter transmitido aos executivos das empresas o significado de um SIG.

Fica evidente que as empresas que possuem adequado SIG podem ter uma vantagem competitiva em relação às suas concorrentes.

Essa vantagem competitiva deve estar sustentada por uma eficácia empresarial, como resultado de a empresa "fazer bem o que deve ser feito", ou seja, alcançar os resultados efetivos.

Essa situação pode ser visualizada na Figura 2.1:

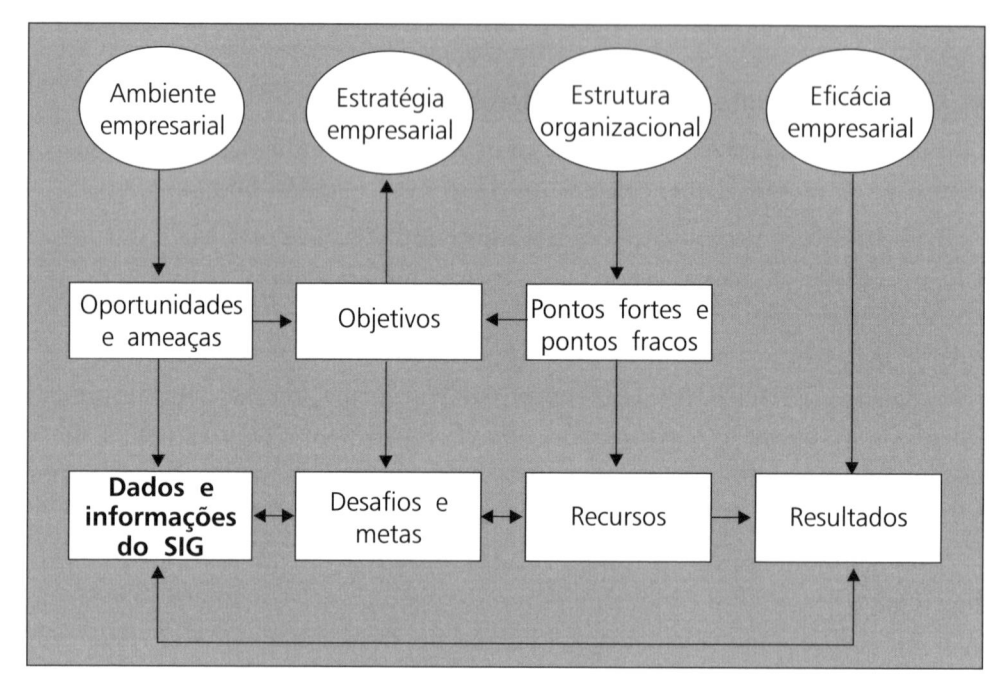

Figura 2.1 Eficácia empresarial e processo decisório.

Na verdade, o executivo deve considerar que o SIG, com seus dados e informações externos e internos à empresa, apresenta dificuldade muito maior no que se refere a dados e informações externas ou ambientais, pois esses são provenientes de fatores não controláveis, enquanto os provenientes de fatores internos são controláveis pelos executivos das empresas.

A incerteza ambiental é uma constante na vida empresarial, seja de país desenvolvido, em desenvolvimento ou subdesenvolvido. Portanto, a análise e o acompanhamento do ambiente em que a empresa atua é uma condição essencial para a sua própria sobrevivência.

O executivo deve considerar que as mutações rápidas no cenário econômico, tecnológico, social e político e seu caráter independente imobilizam o amadorismo, o falso profissionalismo, a improvisação e a decisão na base do *cara ou coroa*.

Portanto, um adequado SIG será sempre de alta valia para o processo decisório dos executivos, diminuindo o nível de risco, que é parte integrante e inseparável das decisões estratégicas, táticas e operacionais nas empresas.

Podem-se apresentar as fases do processo de desenvolvimento e da implementação do SIG de maneira mais descritiva. Isso porque, se a estruturação de apresentação dessas fases fosse mais enumerada, poderia provocar situação estruturada em demasia para o processo decisório dos executivos da empresa.

A ideia básica é a de que, com base nas quatro grandes fases de desenvolvimento e implementação do SIG que são apresentadas a seguir, o executivo catalisador do SIG tenha condições de efetuar adequada decomposição das referidas grandes fases, respeitando a realidade da empresa, bem como os resultados a serem alcançados. E, muito importante, estabelecendo os resultados parciais que cada uma das decomposições dessas fases deve proporcionar para a empresa.

As quatro grandes fases são a conceituação, o levantamento e análise, a estruturação, e a implementação e avaliação do SIG.

Alguns detalhes dessas fases são apresentados a seguir:

2.1.1 Fase da conceituação do SIG

Nessa fase, o executivo catalisador do SIG deve considerar o desenvolvimento de um sistema de informações gerenciais que objetive auxiliar os vários executivos da empresa na tomada de decisão, por meio de informações que sejam:

- estruturadas;
- confiáveis;
- na quantidade adequada;
- na época adequada; e
- com custo compatível com o volume e o nível da qualidade das informações.

Nessa fase também se considera o problema do nível de sigilo das informações. Esse aspecto do sigilo das informações está ligado às políticas da empresa, as quais correspondem a uma fase do processo de planejamento estratégico das empresas e estabelecem as orientações básicas ou *leis* que a empresa deve respeitar em seu processo decisório.

O executivo deve ter o discernimento necessário para saber identificar as informações que, porventura, sejam confiáveis, normalmente por um período de tempo reduzido.

Se ele não tiver adequado senso crítico a esse respeito, o tipo e a quantidade de informações sigilosas serão extremamente elevados e, consequentemente, o seu trabalho pessoal será intensificado, sem o devido retorno na qualidade do processo decisório. Esse é um problema para o qual o executivo catalisador do desenvolvimento e da implementação do SIG deve estar bastante atento.

O objetivo básico da fase de conceituação do SIG é obter uma ideia preliminar e geral do volume e da complexidade do projeto de desenvolvimento e implementação do SIG na empresa.

Nessa fase, o executivo catalisador do SIG deve efetuar reuniões e entrevistas, avaliar a situação atual do SIG na empresa e preparar programas de trabalho a serem elaborados pelos vários executivos e demais funcionários envolvidos no processo.

Nesse momento inicial, o executivo catalisador do SIG deve considerar algumas questões básicas quanto ao sistema analisado, como:

- por que estudar o sistema?
- que problemas existem?
- qual o relacionamento do sistema com os objetivos da empresa? Ou seja, interligar o SIG com os planejamentos estratégicos, táticos e operacionais da empresa; e
- existem necessidades não atendidas e que deveriam ser preenchidas pelo sistema?

Nesse contexto, o executivo catalisador do SIG se coloca em uma situação cujas principais funções podem ser as seguintes:

- assessorar os vários níveis de decisão na empresa;
- elaborar plano de desenvolvimento do SIG, considerando prioridades, prazos e alocação de recursos;
- elaborar estudos de viabilidade (mercadológica, tecnológica, econômico-financeira, estrutural e operacional);
- aprimorar, no que for necessário, a estrutura organizacional; e

- acompanhar, se for o caso, os trabalhos de consultoria externa.

Verifica-se que o executivo catalisador do SIG se coloca em posição de auxiliar as várias unidades organizacionais usuárias do SIG na empresa, situação que é de suma importância para a qualidade final dos trabalhos.

Nessa situação, o executivo catalisador do SIG normalmente utiliza, com intensidade, os serviços de O&M – Organização e Métodos –, a qual representa uma função especializada de aconselhamento na introdução de novos métodos de administração e estruturas organizacionais, que reduzem os custos sem impor esforço desnecessário ou causar danos à estrutura organizacional da empresa analisada.

De maneira relativamente detalhada, na fase de conceituação e delineamento do SIG, o executivo deve:

- determinar os objetivos do sistema atual;
- estudar o sistema atual, a fim de constatar até que ponto corresponde aos objetivos gerais e setoriais da empresa;
- analisar necessidades dos usuários e da empresa, a fim de estabelecer novos objetivos e metas;
- analisar restrições impostas pelas áreas dos usuários do sistema considerado;
- definir as responsabilidades dos usuários em relação à entrada e à saída de dados e informações destinados a outros sistemas;
- examinar a interação do sistema proposto com outros sistemas da empresa, quer sejam existentes ou propostos;
- detalhar as necessidades dos usuários, tais como componentes, volume e tempo de resposta dos dados e das informações;
- preparar as especificações do projeto de desenvolvimento e implementação do SIG;
- estruturar o detalhamento das fases de desenvolvimento dos projetos e de implementação do SIG; e
- elaborar um relatório para a alta administração, inclusive para que seus membros possam acompanhar o desenvolvimento e a implementação do SIG na empresa.

Portanto, essa fase se preocupa em proporcionar condições para o adequado planejamento do SIG.

O desenvolvimento do SIG deve ser bem administrado. Portanto, é necessário ser planejado, organizado, dirigido e controlado.

Planejar sistemas de informações gerenciais em uma empresa é buscar uma estrutura de sistemas que proporcione o maior benefício possível à empresa e que a ajude a operar suas atividades de maneira eficaz. Para isso, é necessário perfeito entendimento do negócio da empresa, dos seus objetivos, do seu estilo administrativo e do ambiente empresarial.

O planejamento do SIG é um processo para transformar o conjunto de estratégias de uma empresa em um conjunto de ações direcionadas para os sistemas de informações gerenciais dessa empresa.

O planejamento do SIG deve enfocar, de maneira prioritária, as áreas e os fatores críticos para o sucesso da empresa. Esses fatores críticos para o sucesso da empresa são determinados através de adequado processo de planejamento estratégico.

O planejamento do SIG procura proporcionar os seguintes resultados principais para a empresa (Bowman, Davis e Wetherbe, 1983, p. 160):

- assegurar que os esforços na área de sistemas de informações gerenciais sejam consistentes com os objetivos, as estratégias e as políticas da empresa como um todo;
- proporcionar uma estrutura de serviços para a atividade de sistemas de informações que responda, adequadamente, tanto às necessidades urgentes de curto prazo quanto aos objetivos de longo prazo;
- proporcionar a alocação equilibrada de recursos entre as diversas aplicações do sistema, que muitas vezes são concorrentes entre si; e
- selecionar e usar metodologias adequadas para determinar os requisitos e a alocação de recursos na empresa.

Os subsistemas de informações que alimentam a função de planejamento devem ser orientados de modo a permitir a observância das informações exigidas para a formulação dos diversos planos da empresa. O conjunto dessas informações deve considerar itens do ambiente empresarial – externo –, como concorrentes, mercados, clientes, tendências econômicas, aspectos ambientais etc., e itens do ambiente interno da empresa, como capacidade disponível, recursos humanos e financeiros, custos incorridos etc.

Quando se aborda o assunto do plano empresarial é necessário segmentá-lo. Aqueles segmentos cujas ações são definidas em relação ao ambiente externo e orientadas com visão futurista são os estratégicos, que pela própria natureza se caracterizam como de mais longo prazo. Os planos cujas ações são definidas em relação à capacitação da empresa e se relacionam com as operações presentes são os operacionais, que devem atender à orientação estratégica.

Os planos, com relação à sua duração, podem ser classificados em permanentes e temporários. Planos permanentes são aqueles que se caracterizam por não terem um prazo de duração predeterminado, pois suas execuções são alteradas pelo surgimento de novas situações que implicam em replanejamento. Os planos temporários, por sua vez, possuem como característica uma duração limitada de tempo, o que implica, em significativa parte das vezes, no desenvolvimento de novos planos, tendo como responsáveis os executivos de cada unidade organizacional da empresa.

Após a formulação e a implementação dos planos, a sua execução é efetuada por meio de processos ou sistemas operacionais, cujas ações em busca dos resultados dependem das informações em dois aspectos:

- deve haver troca de informações entre funções e atividades que compõem o processo operacional, de forma a assegurar que as ações estejam sendo executadas corretamente (ver exemplos na seção 1.7); e
- as informações sobre os planos que orientam as operações devem chegar em tempo hábil aos responsáveis pela execução.

De nada adianta o estabelecimento de planos, se, após a sua execução, não se fizer nenhuma verificação de seus resultados. Portanto, os resultados decorrentes das execuções devem ser confrontados com os planejados, por meio de critérios e parâmetros anteriormente estabelecidos e combinados pelas partes envolvidas no processo.

Para o planejamento do SIG podem ser respeitados quatro assuntos básicos, a saber (Bowman, Davis e Wetherbe, 1983, p. 12):

a) Planejamento do SIG alinhado ao planejamento em nível estratégico

O SIG é um instrumento de apoio à consecução dos objetivos empresariais através do suporte que dá à operacionalização das estratégias e, nesse sentido, deve estar alinhado com as mesmas.

A ausência de formalização de objetivos e estratégias, ou de um plano, dificulta esse alinhamento e aumenta a possibilidade de que o planejamento do SIG seja condicionado simplesmente pelos atuais recursos disponíveis, visão de curto prazo e relação de força entre os usuários, que é um debate que não leva a nada!

b) Arquitetura do SIG

A expressão *arquitetura do sistema de informações gerenciais* refere-se à estrutura total do sistema. Consiste na definição das demandas básicas por informações nos diferentes níveis da empresa – estratégico, tático e operacional – e no fluxo dessas informações.

A seleção da arquitetura de um sistema de informação é difícil, sendo que a clara definição das informações requeridas e, efetivamente, necessárias reduz o número de alternativas, facilitando a escolha e aumentando a possibilidade de boa adequação do sistema. Ocorre que, na prática, os executivos têm dificuldades em ordenar suas necessidades de informação, segundo suas reais prioridades.

c) Alocação de recursos para o desenvolvimento do SIG e da empresa

A alocação dos recursos para desenvolvimento e operacionalização do SIG consiste em um orçamento e um cronograma.

A alocação entre unidades organizacionais concorrentes e a definição das prioridades devem ser condicionadas pela utilização potencial e pela importância da informação para cada unidade organizacional da empresa.

d) Seleção da metodologia de planejamento e dos indicadores de avaliação do SIG

O último item é a seleção de uma ou mais metodologias de planejamento entre o conjunto de metodologias alternativas que constam da literatura a respeito do assunto *SIG*.

Cada metodologia é apresentada por seu autor como a melhor solução, mas, de fato, cada uma é superior em alguns aspectos e sob determinadas circunstâncias; cabendo ao executivo da empresa identificar e ajustar uma metodologia que melhor se enquadre à realidade de sua empresa.

O executivo pode pensar na atualização de um SIG quando alguns itens ocorrerem, conjunta ou isoladamente, a saber:

- o inesperado, provocado principalmente por um evento externo ao sistema considerado, mas que proporciona determinado nível de influência no processo decisório da empresa;
- a inovação inerente ao próprio processo integrante do SIG;
- as mudanças na estrutura organizacional, bem como em normas e procedimentos administrativos;

- as mudanças nas percepções e nos entendimentos dos executivos; e
- a ocorrência de novos conhecimentos e tecnologias.

Neste momento, também deve ocorrer o estabelecimento dos indicadores de avaliação do desenvolvimento do SIG, cuja aplicação é apresentada na seção 2.1.4.

2.1.2 Fase do levantamento e da análise do SIG

É por meio do sistema de informações gerenciais que fluem as informações, permitindo o otimizado funcionamento da empresa. As informações gerenciais são muito importantes, pois a sobrevivência da empresa pode depender dessas informações na hora certa e de o executivo da empresa utilizá-las rápida e corretamente.

Armazenar essas informações é um aspecto que está correlacionado com o modelo de administração e a história da empresa, procurando propiciar uma caracterização de cada um dos itens inerentes à operacionalização das atividades da empresa.

O meio de comunicação mais utilizado em uma empresa é o documento – formulário –, que deve procurar trabalhar com informações importantes, que são aquelas que podem influenciar nas decisões tomadas.

Para que seja possível identificar os focos de decisões, é necessário saber com quais documentos a empresa efetua o tratamento das informações dentro do seu processo decisório. Portanto, é válido ser efetuado um levantamento e uma análise do SIG, o que pode ser realizado com a ajuda de um roteiro estruturado, cujas principais perguntas podem ser:

- quem toma decisões com base no relatório de origem?
- quais decisões são tomadas?
- quais campos sao utilizados para a tomada de decisões?
- essas informações são suficientes para se tomar decisões?
- é utilizado algum outro recurso (outro relatório, formulário etc.)?

Verifica-se que essas perguntas se concentram no processo decisório, que pode ser considerado a razão de ser do SIG. Esse aspecto do processo decisório e da estruturação dos relatórios gerenciais pode ser verificado, com mais detalhes, nas seções 4.2 e 4.4.

O administrador do SIG deve ter os usuários do referido sistema envolvidos desde o início do processo, pois:

- não é fácil definir, com certeza, quais são todos os usuários do SIG;
- o usuário pode externar as suas necessidades da forma mais clara, completa e objetiva;
- é possível conhecer os trabalhos do usuário e, consequentemente, os seus problemas;
- normalmente, os usuários do SIG não falam entre si e, portanto, é necessário falar com todos eles;
- pode-se começar o trabalho explicando "o que você pensa que eles necessitam", em vez do que "eles dizem que querem", pois, algumas vezes, isso não é "do que eles necessitam";
- o conceito de solução pelos usuários pode não resolver o problema, sendo que esse aspecto deve ser identificado e trabalhado rapidamente;
- as expectativas de alguns usuários podem ser irracionais e desconhecidas; e
- se os usuários não forem parte integrante do processo de conceituação e desenvolvimento do SIG, poderão ser relutantes em aceitar o referido SIG.

Para adequados levantamento e análise, o executivo catalisador do SIG deve fazer algumas perguntas baseadas nos componentes do sistema, conforme apresentado na Figura 1.1; e embora essas questões estejam mais correlacionadas a sistemas informatizados, é válida uma listagem mais ampla, tal como a apresentada a seguir:

a) Quanto à análise das saídas:
- necessidades das saídas (o que os executivos/usuários fazem com elas?);
- estudo do formato (é o mais conveniente? quais são as consequências que uma mudança acarretará no processador do outro sistema correlacionado?);
- aumento de produtividade e maior simplicidade; e
- volume e frequência, bem como suas influências no processo decisório.

b) Quanto à análise das entradas, analisar principalmente necessidade, formatação, volume e frequência.

c) Quanto à análise do processador, abordar os seguintes aspectos:
- quanto às operações, podem ser consideradas sua quantidade, sequência, distribuição entre os participantes e o método de execução das operações;
- quanto ao sistema de arquivamento, analisar a distribuição da autoridade para decisões, bem como os documentos emitidos pelo processador (formato, número de vias e utilização);
- quanto à capacidade do processador, analisar a carga de trabalho de cada participante, a existência de *gargalos* e a adequação do equipamento utilizado;
- quanto aos equipamentos, considerar o tipo, o investimento, bem como os problemas e o custo de manutenção; e
- quanto aos custos do processador, considerar os gastos de pessoal, dos equipamentos e dos materiais necessários.

Verifica-se que essa é uma análise bastante abrangente. Na realidade, quanto mais abrangente for a análise, maior a possibilidade de o resultado final – processo decisório – apresentar qualidade otimizada.

O executivo catalisador do SIG deve ter uma estrutura de perguntas básicas voltadas para:

- por quê?
- quem?
- o quê?
- onde?
- quando?
- como?
- quanto?

É muito importante que cada uma dessas perguntas gerais seja respondida, e muito bem, pelo executivo catalisador do SIG.

Quando do levantamento e da análise para o desenvolvimento do SIG, o executivo deve considerar a análise da relação custos *versus* benefícios observando:

a) Custos, com os quais podem ser abordados os seguintes itens, entre outros:
- pessoal da área de sistemas de informações, ou que possa ser identificado como efetivamente atuando nessa atividade;
- pessoal usuário; e
- custos dos equipamentos.

b) Benefícios, através dos quais o executivo catalisador do SIG pode considerar:
- economias diretas;
- benefícios mensuráveis; e
- benefícios intangíveis.

É válido o executivo atribuir pesos a cada um dos itens considerados.

O resultado final da análise é saber se a combinação dos custos *versus* benefícios torna a proposição do SIG aceitável para a empresa.

Quando o executivo está efetuando o levantamento da situação para o desenvolvimento do SIG, pode encontrar alguns problemas na empresa, como duplicidade de impressos, funções ou registros, formulários e relatórios mal projetados, estruturações organizacionais não formais ou formais medíocres, ambiente de trabalho ruim, arranjo físico deficiente, falta de padronização de sistemas similares, bem como inadequada informação de controle.

Cada empresa proporciona um nível de importância para cada um desses itens. Portanto, o importante é o executivo catalisador do SIG estar atento a todos esses possíveis problemas, efetuar uma análise coerente e adotar medidas corretivas adequadas e em tempo hábil.

Quando do levantamento das informações para o desenvolvimento do SIG, o executivo deve ter em mente que vai ser necessário identificar as informações correlacionadas às atividades do processo de tomada de decisões, avaliar essas informações, estudar, desenvolver, implementar e avaliar novas informações dentro do contexto decisório da empresa.

Nessa situação, o executivo deve ter um sexto sentido para a identificação de informações, pois deve abordar informações do processo decisório atual, informações do processo decisório futuro e informações que não são do processo decisório, pois são simples ruídos.

Para que o executivo catalisador do SIG chegue a essa situação, deve ter uma atuação que permita (Prince, 1975, p. 24):

a) Entendimento da necessidade de informações da empresa como um todo e de seus vários setores e, para tanto, deve:
   - ter entendimento do processo estrutural da empresa;
   - ter entendimento do segmento selecionado para o estudo; e
   - especificar as necessidades de informações.
b) Identificar as fontes de informações da empresa e, para tanto, deve:
   - preparar a lista provisória de necessidades de informações, considerando a empresa como um todo e cada um dos setores;
   - indicar fontes de dados para cada necessidade de informação;
   - analisar a necessidade de novas fontes de informações;
   - identificar falta de fontes de informações; e
   - avaliar cada item da lista de necessidades de informações.
c) Consolidar o processo de adaptação dos vários executivos da empresa para uma nova realidade de sistema de informações e de processo decisório, os quais dependem de alguns itens, como:
   - capacidade existente na empresa, tais como tecnologia de informação, recursos de comunicação e técnicas de administração; e
   - disponibilidade de fontes de dados e informações na empresa.

   Nesse aspecto também deve ser considerada a facilidade de acesso a essas fontes de dados e informações.

   Essas fontes de informações são válidas para novos sistemas e, nesse caso, as fontes de observações e levantamentos podem ser outras empresas em que o sistema já existe – literatura, livros, publicações etc. –, bem como sistemas já existentes, quando a fonte de observações e levantamentos é a própria empresa.

Outro aspecto a ser considerado quando do momento do levantamento e da análise do SIG é aquele inerente aos critérios para obtenção de informações.

O executivo pode utilizar critérios qualitativos e quantitativos para a obtenção de informações inerentes ao processo decisório. Na realidade, o executivo deve efetuar um balanceamento entre os critérios, procurando sua utilização de forma otimizada.

A seguir são apresentados alguns critérios qualitativos que o executivo pode considerar. Com referência aos critérios quantitativos, esses são, normalmente, representados por tabelas e quadros estatísticos com análises.

A aplicação dos critérios qualitativos é, em significativa parte das vezes, inerente a delineamentos de longo prazo, como o lançamento de novos produtos, projeções tecnológicas etc.

Talvez a principal maneira de consolidar esse processo seja por meio do desenvolvimento de cenários. Nesse caso, uma ou mais pessoas podem usar seu conhecimento pessoal e fatos – quando possível – para produzir futuros desejados alternativos. Esse processo é caracterizado pelo uso da imaginação e previsão pessoal para se elaborar cada cenário.

Os cenários podem ser caracterizados como as situações futuras que não têm, necessariamente, ligação com situações presentes e passadas.

> **Cenários** representam a adequada interação de composições consistentes entre projeções variadas de tendências históricas com postulações de eventos específicos do ambiente empresarial.

Os cenários representam o foco central do processo de análise das questões estratégicas para com o SIG das empresas.

Os cenários podem ser macro e micro, principalmente quando consideram determinados setores de atuação da economia.

Os cenários macro podem ser econômicos, tecnológicos, político-legais, socioculturais e demográficos.

Algumas das técnicas que os executivos podem utilizar para o adequado delineamento de cenários estratégicos são:

I - Técnica Delphi

É constituída de uma equipe de especialistas cujas áreas de conhecimento estejam correlacionadas com o tipo de situação que se quer projetar. Um coordenador passa um questionário – ou seja, os especialistas não interagem pessoalmente – aos participantes da equipe, com questões referentes à situação considerada.

As respostas de um questionário são usadas para produzir o próximo questionário, de tal modo que as informações disponíveis para alguns sejam disseminadas para todos os participantes.

Do mesmo modo, cada participante pode corrigir suas projeções com base nas informações dos demais. Desse modo, elimina-se o efeito de uma opinião com viés, que seria obtida se a equipe interagisse e adotasse um consenso com base pessoal.

Para a estruturação do SIG, essa técnica tem sido bem interessante.

II – Técnica do painel de especialistas

Nesse caso, reúne-se uma equipe de especialistas que interagem sem segredos, sendo estimulada a comunicação pessoal. O princípio que serve de base é que várias pessoas podem chegar a projeções melhores do que as elaboradas por uma só pessoa.

O problema é que o consenso obtido pode estar com viés provocado por fatores sociais e hierárquicos de interação na equipe, não refletindo um verdadeiro consenso.

Esta técnica de delineamento de cenários pode ser utilizada na estruturação do SIG, mas com os devidos cuidados.

III – Técnica da analogia histórica

A analogia refere-se à situação em que o executivo concorda em um aspecto e, portanto, pode – ou deve – concordar com a situação de outros aspectos correlacionados.

Nesse caso pode ser efetuada, por exemplo, uma análise comparativa do histórico de introdução, crescimento e declínio de produtos semelhantes. É estabelecido, então, um padrão analógico para projetar-se a demanda do produto em pauta. É o caso da análise comparativa do ciclo de vida da televisão e do vídeo, como produtos correlacionados.

O conceito de analogia está baseado na inferência de que, se duas coisas concordam com outra em um ou mais aspectos, elas provavelmente concordarão em outros aspectos.

Portanto, essa técnica de cenários concentra-se na probabilidade de as duas coisas se comportarem de maneira análoga em outros aspectos. Naturalmente, deve se atentar para a análise mais profunda da analogia para evitar superficialidades e analogias enganosas, o que pode prejudicar a estruturação do SIG nas empresas.

IV – Técnica do brainstorming

Essa é a mais antiga e mais conhecida técnica para estimular a criatividade. É a partir dessa técnica que se desenvolveram outras para ajudar a criatividade, como a lista de atributos e a matriz morfológica (ver item VI). Essas variações tiveram sempre o intuito de estruturar e sistematizar melhor o método para torná-lo mais eficiente e eficaz.

O *brainstorming* é atribuído a Alex Osborn e teria sido criado em 1938. É conduzido por uma equipe de pessoas que tentam resolver um problema específico coletando todas as ideias através da interação da equipe de debate.

O método depende da liberdade de pensamento permitida, o que é, na verdade, encorajada. Depende, também, de se evitarem críticas e avaliações prematuras das sugestões e da sinergia que emerge da interação das ideias propostas.

O *brainstorming* deve ser coordenado por um mediador que orienta a equipes em três fases:

- concordância sobre uma definição aceitável do problema;
- garantia de três regras: não são permitidas críticas; quanto mais estranhas e em maior número aparecerem as ideias, melhor; e o encorajamento da combinação e melhoria de ideias por outros; e
- julgamento e avaliação das ideias na fase final, para filtrar o número de ideias para aquelas que merecerem análise mais profunda.

O *brainstorming* tem se desenvolvido pela introdução de maior estruturação e metodologia dirigidas, principalmente, para as seguintes questões:

a) O grupo está resolvendo o problema certo?

Essa questão aborda os seguintes aspectos:

- colocação do problema e garantia de que a equipe o entende completamente;
- esforços são feitos para clarear o problema, reapresentando-o de diversas formas; e
- o propósito desse procedimento é identificar o fator-chave ou a essência do problema, quando, então, a questão certa surge naturalmente.

b) São possíveis novas regras de pensamento lógico?

Essa questão procura:

- persuadir os participantes a sair do seu processo convencional de pensamento vertical de eventos arranjados em sequência, para um pensamento horizontal, que corresponde à procura de novos pontos de partida; e

- considerar os seguintes conselhos: experiência do mediador para desenvolver o processo de pensamento intuitivo nos participantes; e fazer um *aquecimento* para preparar os participantes para os pensamentos divergentes que se espera que eles apresentem.

c) A equipe pode vir a ser mais receptiva a novas ideias?

Essa questão se preocupa com os seguintes aspectos:

- é muito fácil aparecerem objeções a novos conceitos;
- se algumas ideias tivessem sido frustradas por críticas, não existiriam hoje o sistema de cópias xerox, as câmaras *polaroid*, entre outros; e
- deve-se cultivar uma mente aberta a atitudes de como é possível evitar a síndrome do "não foi inventado aqui". Essas ideias são exemplos de como se aproximar da eliminação das barreiras à criatividade, a qual é de elevada importância, inclusive para o SIG nas empresas.

d) Como os outros podem ajudar?

Essa questão se preocupa com a situação em que, provavelmente, a sinergia de uma equipe multidisciplinar é muito maior do que simplesmente o número total de membros.

Por todos esses aspectos, a técnica do *brainstorming* tem seu lugar no estabelecimento de cenários, mas somente ao lado de métodos mais sistematizados de geração de ideias para previsão. De qualquer forma, é uma técnica que aguça a criatividade, a qual ajuda a libertar a mente de restrições subconscientes, o que é muito importante para a qualidade do processo estratégico nas empresas e, consequentemente, do sistema de informações gerenciais.

V – *Técnica de valores contextuais*

É usada para descrever uma situação de descrições verbais de várias tecnologias em uma base coordenada em ordem de acontecimento. A técnica é o encadeamento de um campo de desenvolvimento com outro, para mostrar a importância de uma série de inovações para diferentes produtos e serviços e suas áreas de uso.

É de elevada utilidade, pois permite pesquisar um campo e, possivelmente, encontrar tendências em desenvolvimento ou a necessidade de cobrir lacunas tecnológicas para dar continuidade a uma linha de desenvolvimento de um produto ou serviço.

É uma técnica, basicamente, qualitativa e narrativa, sendo o elemento tempo apenas aproximado e utilizado para orientação genérica.

A principal vantagem dessa técnica é a interligação de unidades de tecnologia, resultando em um ponto de partida para o desenvolvimento de versões quantificadas de maneira mais precisa para uso em previsões e no estabelecimento das informações prioritárias para as empresas.

VI – Técnica da matriz morfológica

A técnica morfológica é, provavelmente, a mais sistemática técnica para previsão de novos produtos ou novos processos. Consiste essencialmente em uma lista de verificação bidimensional, conhecida como *matriz morfológica*.

A coluna vertical da matriz é formada por quadrados com letras A, B, C etc. Corresponde aos estágios essenciais ou parâmetros de tecnologia em consideração aos cenários que estão sendo estudados e debatidos.

A coluna horizontal contém quadrados com números, mostrando alternativas para executar esses estágios essenciais.

Esse método ganhou importância pelos seguintes aspectos:

- facilidade que a matriz morfológica fornece para examinar todas as possíveis combinações para cada estágio da tecnologia;
- sugere alternativas e melhorias para alcançar a tecnologia original;
- descreve tecnologias inter-relacionadas; e
- sugere novas tecnologias e processos para debate de cenários, o que contribui para a melhoria das informações utilizadas pelas empresas.

VII – Técnica de lacunas estratégicas

Essa técnica tem sido amplamente usada em algumas áreas da administração, tais como marketing, através da análise do *mix* de produtos e mercados para determinar algum segmento definível atualmente insatisfeito com preço, qualidade etc. Essa lacuna pode representar uma oportunidade para a empresa, desde que essa tenha competência para usufruí-la.

Essa técnica considera todos os fatores internos e externos à empresa, o que consolida um efetivo processo estratégico e de informações gerenciais.

Ao contrário das outras técnicas, ela não é extrapolativa, mas apenas interligada, pois procura um nível intermediário de identificação ainda desconhecido.

VIII – *Técnica da indução*

A técnica de indução tenta delinear um quadro futuro do ambiente da empresa a partir de determinadas premissas.

A validade dos cenários criados a partir dessa técnica depende da credibilidade que o executivo tem nele. Essa tende a ser pequena, a menos que ele esteja convicto de que os cenários foram elaborados sistematicamente.

O executivo deve responder à seguinte questão: quão relevantes são os objetivos da empresa para o ambiente em que ela estará operando daqui a dois, cinco, dez ou mais anos?

Deve-se construir uma imagem de como será o mundo em determinado tempo futuro e correlacionar essa situação com os objetivos da empresa. Geralmente, são estabelecidos três cenários. No primeiro, as tendências se mantêm sem distúrbios significativos. Os outros cenários são construídos a partir da modificação dos fatores críticos de sucesso do primeiro cenário.

Como o ambiente normalmente apresenta várias hipóteses, é comum necessitar o desenho de cenários para vários momentos no futuro.

De qualquer forma, a técnica da indução também tem contribuído para a evolução do SIG, principalmente em seu contexto estratégico.

Além das técnicas, o executivo deve considerar os tipos de cenários, o que pode ser analisado sob alguns aspectos.

Um dos aspectos seria a maneira como o cenário representa o fator considerado, de forma abrangente ou de forma específica. Nesse caso, os cenários podem ser classificados em macrocenários e microcenários.

Os macrocenários estão correlacionados com estudos abrangentes de determinado fator, no qual são consideradas variáveis e aspectos globais. Como exemplo, pode-se citar um estudo que represente possível configuração da conjuntura econômica brasileira para os próximos cinco anos.

Os microcenários são estudos específicos de determinados fatores, cujas características e implicações são consideradas em uma dimensão específica. Como exemplo, pode-se citar um estudo que tenha por finalidade prever a situação econômica de certa empresa daqui a cinco anos.

Entre esses dois extremos de abrangência de cenários podem-se obter os cenários setoriais que consideram determinado setor específico da economia (setor automobilístico, setor químico etc.).

Naturalmente, tanto os macro como os microcenários são importantes no desenvolvimento e aplicação dos SIG nas empresas.

Outro aspecto a se considerar é o fator em relação ao qual o executivo irá tentar realizar sua previsão, elaborando os seus cenários.

Nesse caso, podem-se ter as seguintes abordagens:

- cenários de propósitos, considerando os propósitos estratégicos potenciais e atuais que correspondem aos setores de atuação definidos como inseridos na missão ou razão de ser da empresa;
- cenários econômicos, considerando, entre outros aspectos, a evolução do Produto Interno Bruto, taxa de inflação, taxa de juros, renda disponível, nível de emprego, taxa de câmbio, comércio exterior, bem como evolução comparada entre diversos setores industriais;
- cenários tecnológicos, considerando disponibilidade tecnológica, tecnologia requerida, impacto tecnológico, maturidade envolvida, direitos e patentes, flexibilidade, complexidade, tecnologias substitutivas e especialização tecnológica;
- cenários político-legais, considerando regulamentação da concorrência, leis de proteção da ecologia, convênios internacionais, incentivos de produção industrial, regulamentação sobre segurança, proteção ao consumidor, legislação sindical, legislação sobre o mercado cambial e legislação sobre a propriedade estrangeira;
- cenários socioculturais, considerando estilo de vida, educação, desenvolvimentos ocupacionais, transformação de necessidades, moda, nível socioeconômico da população, meios de comunicação, grau de sindicalização e grupos de pressão; e
- cenários demográficos, considerando crescimento da população, migrações internas, migrações externas, densidade populacional e estrutura familiar.

Pelos vários aspectos apresentados, é fácil entender a elevada importância que os cenários têm no delineamento do SIG nas empresas.

A seguir são apresentados alguns comentários a respeito de outro importante instrumento administrativo para a otimizada qualidade do SIG nas empresas.

Embora em todas as fases do processo de desenvolvimento do SIG as reuniões de trabalho sejam muito importantes, é na fase de levantamento e de análise que elas despontam com maior importância.

Nesse momento, o executivo catalisador do SIG deve fazer reuniões com os usuários das informações geradas pelo sistema apresentando as proposições para desenvolver, em detalhes, as informações requeridas. Mais explicações a respeito de reuniões de trabalho são apresentadas na seção 4.3.

Nessas reuniões, o executivo catalisador do SIG tem a oportunidade de desenvolver o fluxo geral do sistema e propor políticas e a organização necessária para cumprir os objetivos estabelecidos pela empresa.

Além das reuniões de trabalho, o executivo catalisador do SIG utiliza, e muito, a técnica das entrevistas para otimizar os resultados do SIG a ser desenvolvido e implementado.

São várias as finalidades dessas entrevistas, entre as quais se pode citar:

- compreender o trabalho desenvolvido;
- determinar, por tarefa, o tempo dedicado, o padrão do fluxo de trabalho e as quantidades manipuladas;
- ouvir opiniões, queixas e ideias das várias pessoas envolvidas; e
- ter bom relacionamento com os usuários do SIG.

Nesse aspecto da procura da otimização do relacionamento com os usuários, o executivo catalisador do SIG pode encontrar algumas atitudes *interessantes*, como: nervosismo, falta de confiança, falta de interesse, ocultação de alguns aspectos de trabalho, bem como hostilidade.

Diante dessa situação, Addison (1973, p. 65) apresenta alguns conselhos que podem ser válidos para otimizar os resultados das entrevistas:

- não se apresentar como o especialista da eficiência;
- não responder às próprias perguntas;
- não provocar respostas rápidas;
- não aceitar passivamente tudo o que é apresentado;
- constatar tempo despendido e números resultantes com outros elementos envolvidos;
- não forçar respostas que o entrevistado não conhece;
- variar a cadência da entrevista;
- entrevistar no próprio local de trabalho;
- tomar nota e fazer um fluxograma rudimentar;
- não anotar aspectos confidenciais;
- ler as anotações e aceitar correções e complementações ao final da entrevista; e
- fazer relatório logo após a conclusão da entrevista.

Para auxiliar o processo de entrevistas, o executivo catalisador do SIG pode utilizar questionários, os quais, ainda que não sejam utilizados em sua amplitude maior, podem servir como roteiros estruturados de entrevistas. Portanto, mesmo em um contexto mais simplificado, o questionário pode proporcionar vantagens interessantes para o levantamento e a análise do SIG.

Para a construção de um questionário, Selltiz et al. (1967, p. 613-619) apresentam uma série de considerações, cujos aspectos principais são evidenciados a seguir, abordando seis etapas gerais a serem operacionalizadas.

A primeira etapa é a inerente à escolha das informações a serem procuradas, a qual deve ser muito bem delineada. Na realidade, essa etapa pode ser iniciada quando da conceituação do SIG.

A segunda etapa corresponde ao momento da decisão quanto ao tipo de questionário a ser utilizado, sendo que a resposta a essa questão depende da consideração de alguns itens abordados a seguir.

A forma adequada de pergunta depende do modo de aplicação, do assunto, da amostra de pessoas que devem ser abrangidas – nível hierárquico, educacional etc. –, bem como do tipo de análise e interpretação que se pretende fazer.

São dois os tipos básicos de perguntas: as que pedem, explicitamente, a informação desejada e as perguntas em que a informação desejada é inferida de respostas de outros assuntos. As perguntas podem ser formatadas de maneira aberta ou fechada. Outros aspectos a considerar são a questão de fazer ou não perguntas de acompanhamento e a questão inerente a utilizar várias perguntas ou apenas uma pergunta específica.

A consideração desses vários itens pode facilitar, em muito, a estruturação do processo de entrevistas por parte do executivo catalisador do SIG.

A terceira etapa corresponde ao primeiro rascunho do questionário e, nesse caso, o executivo catalisador do SIG deve utilizar todas as sugestões possíveis. Essa parece ser uma etapa com um conteúdo *esquisito*, mas é assim mesmo que o executivo deve proceder.

Uma quarta etapa do processo de construção do questionário corresponde ao reexame e à revisão de perguntas em que o executivo catalisador do SIG deve envidar esforços para ter contribuições de diferentes pessoas, analisar deficiências técnicas, bem como ter alternativas para cada pergunta.

O executivo catalisador do SIG também deve respeitar a quinta etapa desse processo que corresponde ao pré-teste do questionário, a qual deve compreender, claramente, o objetivo do estudo, discutir as perguntas com o entrevistado, analisar depois de respondidas, bem como registrar suas observações, críticas e sugestões pessoais.

A última etapa desse processo corresponde à revisão do questionário e à especificação dos processos para seu uso; o executivo catalisador do SIG deve verificar o conteúdo, a forma e a sequência de perguntas, o espaçamento, a disposição e a aparência do material, bem como a explicitação minuciosa de processos para o emprego do questionário.

Os referidos autores também apresentam algumas *dicas* para a construção do questionário, sendo que o executivo catalisador do SIG que respeitá-las pode ter um resultado do levantamento de informações bastante interessante.

São elas:

A) Quanto às decisões inerentes ao conteúdo da pergunta, devem-se considerar as seguintes questões:
- É necessária? Qual a sua utilidade?
- Há necessidade de vários questionamentos sobre o assunto dessa pergunta?
- As pessoas têm as informações necessárias para responder à pergunta?
- Deve ser mais concreta, específica e mais diretamente ligada à experiência pessoal de quem responde?
- O nível de generalidade é o suficiente?

B) Quanto às decisões inerentes à redação da pergunta, devem-se abordar as seguintes questões principais:
- Pode ser mal compreendida?
- Exprime adequadamente as alternativas?
- A frase apresenta algum tipo de viés?
- Tende a despertar objeções de qualquer tipo da pessoa que responde?
- Será melhor apresentar a pergunta sob forma mais direta ou mais indireta?

C) Quanto às decisões inerentes à forma de resposta à pergunta, podem-se considerar as seguintes questões:
- É melhor uma resposta aberta ou fechada?
- É melhor uma situação de sim/não, escolha múltipla ou escala?

- No caso de lista para assinalar, ela é abrangente, sem superposição, na sequência certa, imparcial e equilibrada?
- A forma da resposta é fácil, definida, uniforme e adequada para o objetivo que se pretende alcançar?

D) Quanto às decisões inerentes ao lugar da pergunta na sequência, o executivo catalisador do SIG deve considerar as seguintes questões:
- A resposta tende a ser influenciada pelo conteúdo das perguntas anteriores?
- A resposta pode influenciar perguntas posteriores?
- Está em ordem correta ou natural?
- É apresentada muito cedo ou muito tarde, para despertar interesse ou evitar resistências?

De qualquer forma, não adianta ter um questionário muito bem estruturado se o executivo catalisador do SIG não tiver a arte da entrevista. Para tanto, ele deve ter condições de:

- criar uma atmosfera amistosa de entrevista;
- ter adequado processo de apresentação de perguntas;
- obter as respostas necessárias;
- ter metodologia para registro e análise das respostas; e
- saber trabalhar com fatores de viés, os quais direcionam as respostas a interpretações erradas.

É válido encerrar esse item com o resumo das vantagens do questionário e da entrevista.

As principais vantagens dos questionários concentram-se no fato de poderem ser menos dispendiosos, apresentarem um caráter mais impessoal, propiciarem uma condição de anonimato e de impessoalidade, bem como menor pressão para resposta imediata.

As entrevistas apresentam como vantagens principais o fato de que servem para níveis culturais mais baixos, possibilitam maior colaboração do entrevistado, têm maior flexibilidade, proporcionam maior validade das respostas – além de "o que diz", observa-se "o como diz"–, bem como conseguem captar assuntos complexos e emocionalmente carregados.

Existe uma maneira de usufruir as vantagens dos questionários e das entrevistas, correspondendo ao roteiro estruturado de entrevista, o qual pode ser muito importante no desenvolvimento dos SIG nas empresas.

2.1.3 Fase da estruturação do SIG

Talvez essa seja a fase em que o executivo tem a melhor condição de explicitar se tem ou se não tem condições de ser catalisador do SIG na empresa.

O SIG deve ser estruturado respeitando a filosofia de atuação da empresa.

Uma das maneiras de analisar a filosofia de atuação da empresa é considerar a sua postura frente ao risco empresarial. Nesse contexto, as empresas podem ser classificadas em (Richers, 1990, p. 2):

- empresas que jogam com o risco, e seus executivos encaram essa situação como um convite para demonstrar habilidades pessoais em manipular destinos humanos;
- empresas que têm aversão ao risco e o máximo que fazem é *ir no vácuo do sucesso* de outras empresas (as pioneiras);
- empresas que procuram e exploram oportunidades atuando de forma interativa com o ambiente; e
- empresas que procuram riscos para atender a seus objetivos de crescimento, mas só os aceitam quando se julgarem capazes de enfrentar reveses.

Verifica-se que cada uma dessas situações vai necessitar de uma estruturação do SIG.

Existe, também, o condicionamento ou restrições do SIG, que podem ser provocados por:

- leis existentes;
- políticas administrativas, principalmente as inerentes à aplicação de recursos, às diretrizes operacionais e às normas de conduta;
- estrutura organizacional, essencialmente na autoridade de decisão e na explicitação de responsabilidades específicas; e
- capacidades existentes (humanas, físicas e financeiras).

Mais detalhes a respeito dos condicionantes do SIG são apresentados na seção 3.1.3.

Como o SIG deve envolver a empresa como um todo, a sua estruturação pode ser, em alguns casos, relativamente problemática. Para facilitar a estruturação, é válido o executivo catalisador do SIG considerar que deve:

- subdividir o projeto a longo prazo em projetos menores;
- ser coerente com o potencial humano disponível;
- alocar todos os custos necessários;
- estabelecer plano de carga de trabalho; e
- fazer gráfico de desempenho.

Na estruturação, o executivo tem duas maneiras de abordar uma situação existente:

- aperfeiçoá-la pouco a pouco, refinando cada fase até o seu ponto de maior eficácia; ou
- compreender a finalidade e, depois, construir um sistema desde o princípio.

Entretanto, o ideal é adequar as duas maneiras apresentadas. Na fase de estruturação do SIG, o executivo deve proporcionar especial atenção à adequação do sequenciamento dos vários itens do processo. Esses itens correspondem aos componentes do SIG conforme apresentado na seção 3.1.4.

Para o adequado processo de sequenciamento, o executivo catalisador do SIG deve efetuar a sua análise do mais abrangente para o mais específico, dentro da estrutura de decomposição conforme Figura 2.2. É necessário lembrar que, embora a decomposição do SIG seja efetuada do geral para o particular, o seu desenvolvimento sofre grande influência do sentido oposto, ou seja, de baixo para cima.

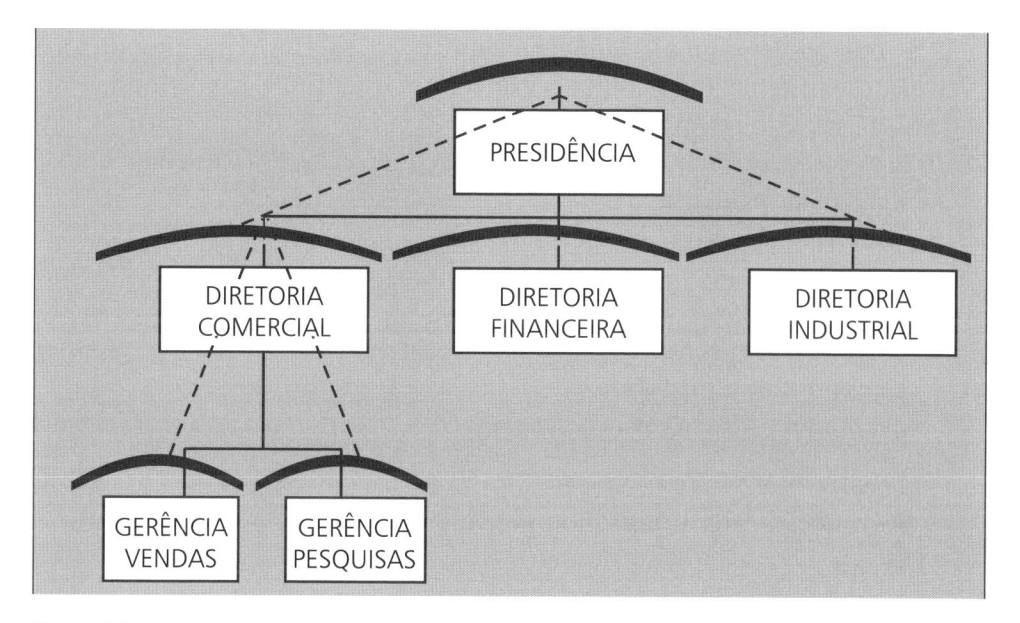

Figura 2.2 Decomposição estrutural do SIG.

Esse processo de estruturação deve estar direcionado aos objetivos básicos estabelecidos para o SIG; e um desses objetivos deve estar delineado de acordo com algum critério de eficiência do SIG, a saber:

- simplicidade (ser bem definido). Um sistema simples é mais bem compreendido e seguido do que um sistema complexo;
- flexibilidade (não ser rígido). Deve conseguir absorver as mudanças de forma satisfatória;
- economicidade. Aqui deve-se analisar a relação custos *versus* benefícios proporcionado pelo SIG;
- confiabilidade. É a segurança de que o sistema transforma suas entradas em saídas de maneira adequada;
- aceitabilidade. A não aceitação pode provocar modificações por quem está usando o SIG, bem como ineficiência no seu uso e, portanto, falhará; e
- produtividade. Nesse ponto, deve-se analisar a relação entre os resultados apresentados pelo sistema e os recursos alocados para o seu desenvolvimento.

Deve ocorrer determinado equilíbrio entre esses critérios, o que proporciona efetividade ao sistema. E ter condições de ser um sistema eficaz pois, nesse caso, pode alcançar os objetivos previamente estabelecidos sem desestruturar os seus vários recursos, nem gerar conflitos entre os seus diversos usuários, nem com o seu administrador principal.

Quando da estruturação do SIG, é necessário que o executivo considere algumas características das informações que são parte integrante do referido SIG.

Algumas das características da informação a serem consideradas são:

- propósito ou finalidade;
- modo ou formato da transmissão;
- frequência de transmissão;
- condição determinística ou probabilística;
- custo;
- valor; e
- validade.

A estruturação do SIG pode ser efetuada visando aos relatórios gerenciais, que representam os resumos consolidados e estruturados das informações necessárias ao processo decisório, considerando a realidade de cada executivo envolvido no processo.

A informação deve estar em nível otimizado de qualidade; e essa qualidade deve ser a *perna* do tripé, conforme apresentado na Figura 2.3:

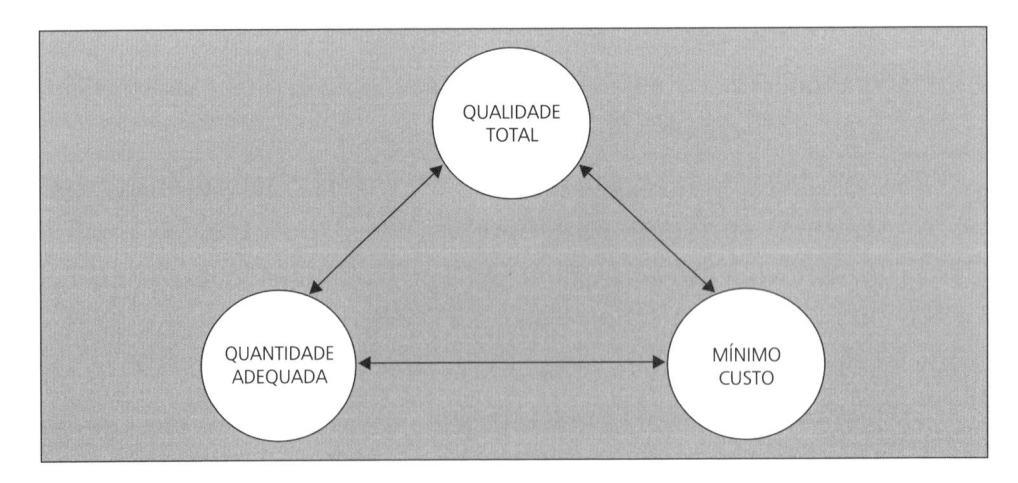

Figura 2.3 Tripé da qualidade da informação.

O executivo catalisador do SIG deve considerar que a qualidade total da informação é a satisfação e a manutenção do usuário da informação, ou seja, o executivo decisor.

A *perna* inerente à qualidade total da informação pode ser melhor entendida pela Figura 2.4, na qual aparece um quadrante com as seguintes situações:

a) Qualidade ilusória: quando a informação procura apenas satisfazer o executivo decisor sem atender à qualidade de conformação com aspectos realísticos. Nesse caso, o executivo decisor está sendo iludido e a tendência é que ele se exclua do SIG.

b) Qualidade insatisfatória: que é a mais problemática de todas, pois proporciona insatisfação ao executivo decisor, bem como está baseada em uma insuficiência de conformação. É o tipo da informação que não *serve para nada*.

c) Qualidade técnica: quando a informação apresenta uma qualidade de conformação, ou seja, determinado nível de suficiência, mas proporciona uma insatisfação para o executivo decisor. Portanto corresponde a uma informação inadequada às necessidades específicas do executivo decisor.

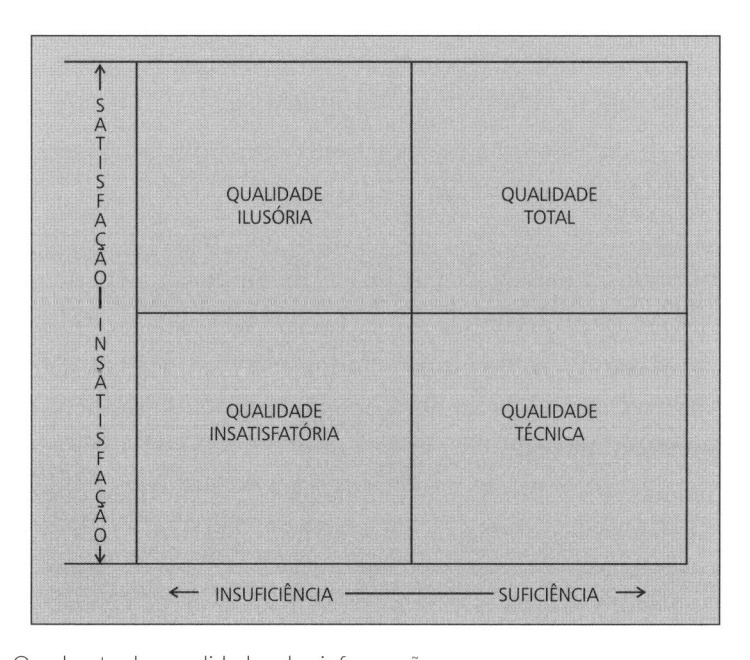

Figura 2.4 Quadrante das qualidades das informações.

d) Qualidade total: quando a informação atende às necessidades específicas do executivo decisor, ou seja, proporciona elevada satisfação, bem como tem elevada qualidade de conformação, ou seja, tem suficiência em sua estrutura lógica.

No processo de estruturação e delineamento do SIG, o executivo catalisador deve evitar a ocorrência de alguns aspectos que podem prejudicar o seu desenvolvimento.

Alguns desses aspectos podem estar correlacionados com as seguintes situações (Drizin, 1988, p. 62):

- estabelecimento de metas irrealistas, pelo fato de tentar fazer mais do que realmente é possível, considerando os recursos, condições e tempo existentes;
- não estimar corretamente o tempo necessário para realizar as tarefas, pois, como, em geral, as tarefas levam mais tempo do que o previsto, convém deixar uma margem de folga;
- não prever possíveis obstáculos, dificuldades, falhas e atrasos que podem ocorrer na realização de uma atividade;
- reação exagerada e desproporcional aos fatos, tratando todos os problemas como crises, deixando assim de ter uma perspectiva correta da situação e perdendo o controle emocional;
- gostar de ser *bombeiro*, de *apagar incêndios*, esquecendo que prevenir é mais eficaz do que corrigir;
- alteração frequente de prioridade, tendo como consequências deixar trabalhos inacabados e soluções incompletas, além de prejudicar o moral e a motivação;
- adiar, deixando para o último momento a realização de tarefas que poderiam ser resolvidas na hora, acumulando assim serviços e atividades desnecessariamente;
- relutância dos subordinados em trazer as más notícias que podem debelar um problema logo no início, impedindo que se transforme em crise; e
- informação inadequada, inexata ou atrasada, impedindo a otimizada decisão e a ação oportuna.

Outro aspecto a ser considerado pelos executivos das empresas é que a estruturação do SIG deve estar sustentada em pré-projetos e projetos. O pré-projeto tem a finalidade de estruturar uma ideia para posterior debate. O projeto tem a finalidade de estruturar um compromisso de ação para posterior *venda* a quem de direito.

Quando da estruturação do SIG, é válido, e necessário, que o executivo defina alternativas de soluções que operacionalizem o objetivo final do SIG.

Essas alternativas, além de considerar equipamentos – computadores, microfilmagem etc. – devem abordar diferentes formas de desenvolver e implementar o SIG.

Nessa situação, o executivo deve:

- avaliar a relação custos *versus* benefícios;
- avaliar os benefícios intangíveis;
- eleger a alternativa mais exequível e preparar programa de trabalho detalhado; e
- apresentar recomendações e o programa ao usuário.

Entretanto, para que o SIG proporcione resultados otimizados para as empresas, é necessário que exista qualidade sustentada para o mesmo, o que só ocorre se as partes do tripé, apresentado na Figura 2.5, tenham elevada qualidade.

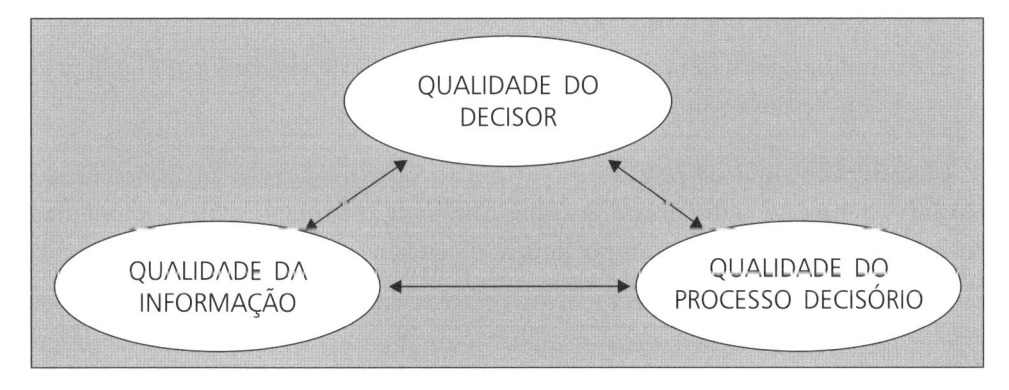

Figura 2.5 Sustentação da qualidade do SIG.

Pela Figura 2.5, observa-se que a qualidade do SIG depende:

- da qualidade da informação que é disponibilizada ao executivo decisor;

- da qualidade do processo decisório onde a informação é alocada para ser utilizada pelo executivo decisor; e
- da qualidade do executivo decisor quanto a saber, efetivamente, tomar boas decisões.

Verifica-se, pelas três frases anteriores, que a qualidade do executivo decisor é a grande questão e a principal sustentação para o otimizado SIG nas empresas.

Ao final da fase de estruturação do SIG, o executivo deve:

- completar o fluxo geral do sistema de informações, os componentes das informações e as suas interações;
- identificar o processo de tratamento dos arquivos;
- determinar os arranjos físicos (*layouts*);
- especificar a formatação dos documentos e relatórios de entrada, sua frequência etc.;
- definir a necessidade de relatórios, volumes, frequências, distribuição;
- desenvolver a estrutura lógica geral do sistema de informações;
- determinar procedimentos e momentos de controle e avaliação;
- estabelecer a estimativa do custo do sistema de informações;
- elaborar um plano detalhado para a implantação;
- documentar todos os aspectos dessa fase do projeto ao coordenador do sistema e aos usuários; e
- estabelecer a decomposição do sistema em subsistemas para facilitar o seu desenvolvimento e implementação.

O resultado final da fase de estruturação do SIG deve ficar consolidado em um relatório escrito, pois essa situação possui as vantagens de apresentação completa de todos os fatos importantes, da ausência de possível interpretação pessoal inadequada, da situação de redação estruturada que ajuda a esclarecer pontos obscuros, bem como da sustentação para o aprimoramento do sistema considerado.

Esse relatório deve ter um esquema geral que considere, pelo menos, o enunciado do problema, a amplitude do projeto considerado, a descrição resumida do sistema e também dos subsistemas integrantes, o resumo das conclusões, as recomendações com resultados e benefícios previstos, bem como o cronograma de desenvolvimento e implementação.

Algumas sugestões inerentes à elaboração desse relatório são:

- redigir em consonância com o nível de conhecimento dos usuários, para evitar divergências de entendimento;
- ser de tamanho apropriado, para não se tornar cansativo ou mesmo não lido;
- evitar anexos que não sejam totalmente necessários;
- não criticar, desnecessariamente, os sistemas existentes, bem como as pessoas envolvidas, para não incentivar resistências; e
- não esconder os pontos fracos do novo sistema, para não criar uma situação de expectativa exagerada.

Mais detalhes a respeito da fase de estruturação do SIG são apresentados no Capítulo 4.

2.1.4 Fase da implementação e avaliação do SIG

O autor deste livro tem observado que, em muitas empresas, essa fase é a mais problemática, pelo simples fato de envolver elevada intensidade de aspectos comportamentais. Na seção 5.3, são apresentadas algumas resistências que podem ocorrer em relação ao SIG e como o executivo catalisador pode tratar esses assuntos.

Na fase de implementação e avaliação do SIG, o executivo deve:

- preparar a documentação informativa necessária para os diversos usuários;
- treinar todos os usuários do SIG;
- supervisionar a implementação das diversas partes do sistema de informações gerenciais (SIG); e
- acompanhar a implementação do SIG consolidando um adequado processo de avaliação, tendo em vista a sua otimização ao longo do tempo.

O executivo deve desenvolver todo esse processo para verificar como e onde o SIG pode ser melhorado, compará-lo com os objetivos originais, bem como analisar as boas e as más qualidades do SIG.

Todo esse procedimento está orientado para o teste do SIG dentro da realidade da empresa. Nesse contexto, o executivo catalisador do SIG deve:

- analisar e testar cada subsistema separadamente, tendo em vista consolidar o todo de maneira otimizada;
- executar, se for o caso, um processamento em paralelo, antes do processamento definitivo;
- fazer com que o usuário teste o sistema com a área catalisadora do SIG; e
- ter efetivo processo de avaliação do sistema.

A implementação do SIG pode ser desenvolvida de duas grandes maneiras alternativas, a saber: implantação parcial em vários tempos ou implantação total em um só tempo.

Nesse aspecto não existe uma realidade única e o executivo catalisador do SIG deve ter o discernimento necessário para decidir adequadamente, considerando, principalmente, os objetivos gerais que o sistema de informações gerenciais deve proporcionar para a empresa.

Quando da implementação do SIG, podem ocorrer dois tipos de problemas:

- operacionais: normalmente de responsabilidade única da área responsável pela execução do sistema considerado; e
- de sistemas: com provável envolvimento da atividade de O&M – Organização e Métodos – ou de administração de processos, tendo em vista a sua maior abrangência sistêmica.

Um item a ser considerado quando da implementação e avaliação do SIG é o inerente ao seu custo, o qual pode ser lançado na principal área envolvida, quando for um SIO – Sistema de Informações Operacionais – e abordar uma única área, ou ser rateado entre várias áreas da empresa, quando for o SIT – Sistema de Informações Táticas – e envolver várias áreas da empresa. No caso do SIE – Sistema de Informações Estratégicas –, normalmente, o seu custo é alocado na alta administração da empresa.

No contexto da implementação do SIG, o executivo catalisador deve considerar o esquema geral de avaliação, abordando, no mínimo, os seguintes aspectos:

- periodicidade da avaliação;
- amplitude da avaliação, podendo considerar o sistema como um todo ou os subsistemas; e
- nível da avaliação, que pode ser elevado, médio ou baixo.

Algumas perguntas básicas para a avaliação de SIG podem ser:

- os relatórios do SIG estão sendo, periodicamente, analisados e avaliados?
- os relatórios fornecidos são adequados quanto ao conteúdo, formato, periodicidade etc.?
- qual a influência que as informações fornecidas pelo SIG estão tendo na tomada de decisões?
- quais as contribuições do SIG para a empresa, para o departamento etc.?

O controle e a avaliação voltados ao processo decisório nas empresas devem ser:

- motivadores e atender às necessidades recíprocas de informação sobre desempenho e resultados entre áreas que se tornam interdependentes;
- uniformes nos critérios de mensuração e registro dos eventos;
- avaliados, direcionados e organizados;
- contínuos;
- direcionados para resultados e desempenho;
- segmentados por centros de responsabilidade sem perder a visão do todo;
- ágeis, claros e objetivos;
- aceitos e fazendo parte da cultura da empresa; e
- viáveis economicamente.

A fase de implementação e avaliação do SIG é abordada com mais detalhes no Capítulo 5 deste livro.

Para que o SIG seja repensado de maneira adequada, os executivos devem analisar os seus hábitos atuais.

Drizin (1988, p. 68) apresenta algumas considerações a respeito dos hábitos das pessoas. E, para que um executivo efetue uma revisão periódica de seus hábitos, é necessário:

a) Reconhecer e entender os hábitos atuais

Para avaliar os hábitos e revisá-los, deve-se, em primeiro lugar, ter consciência deles, saber quais são eles; e isso só é possível se forem anotados à medida que vão ocorrendo.

b) Pensar nos benefícios que um novo hábito proporcionará e planejar passo a passo sua mudança

Depois de avaliar seus hábitos e atitudes atuais, deve-se planejar a mudança: saber o que mudar e como mudar. E deve-se fazer isso de forma organizada, sistemática e persistente. Ninguém muda hábitos da noite para o dia. Você deve, não apenas estar disposto a investir tempo e energia no seu novo hábito, mas principalmente pensar nos benefícios que essa mudança lhe trará, já que ninguém muda seus hábitos sem estar motivado.

Então, é importante pensar sempre nos benefícios de uma mudança, ou seja, no que realmente se ganhará mudando determinados hábitos.

c) Como incorporar novos hábitos ao seu dia a dia

Hábitos, basicamente, são adquiridos pela repetição. É assim que se adquirem os hábitos atuais e é assim que se terá de mudá-los.

Para isso, pode-se lançar mão de alguns expedientes práticos, fáceis e, geralmente, eficazes:

- comprometer-se publicamente. Para reforçar a prática de um novo hábito, experimentar contar às pessoas aquilo que se está mudando;
- fazer uma lista de verificação ou conferência, cuja função é lembrar das novas práticas a que você mesmo se propôs e fazendo com que reflita, criticamente, sobre os prejuízos da não prática de determinados hábitos. Essa lista representa também uma forma de cobrança que você fará a si mesmo;
- associar um novo hábito a um velho hábito;
- quebrar radicalmente sua rotina atual. Quando se altera de forma radical alguma velha rotina, acaba-se ficando mais desperto, aguçado e atento para novos conhecimentos, para novos hábitos, porque as velhas rotinas e os velhos hábitos nos tornam, geralmente, semiconscientes e semiadormecidos;

- autogratificar-se. Sempre que adquirir um novo hábito, comemorar essa aquisição fazendo algo que proporcione prazer. Enfim, recompensar-se pelo tento que conseguiu; e
- perseverar, nunca desistir. Haverá momentos em que você terá recaídas, deixará de praticar seus novos hábitos. Mas é importante insistir, voltar imediatamente à prática de seu novo hábito ainda que o tenha interrompido por algum tempo. É somente através de perseverança que poderá incorporar um novo hábito ao seu dia a dia.

No processo de desenvolvimento e implementação do SIG nas empresas, o executivo catalisador pode ou não ter um problema referente à qualidade interativa da equipe heterogênea que executa os vários trabalhos inerentes ao referido SIG.

Como é um trabalho que envolve várias pessoas que o executivo catalisador do SIG não deve conhecer de maneira adequada, e como a qualidade do SIG vai depender, e muito, da atuação interativa dos vários profissionais da referida equipe, é válido efetuar debate de avaliação conforme explicado a seguir.

Nesse contexto, pode-se identificar determinados assuntos que servem de sustentação para a autoavaliação, bem como a avaliação pelos colegas, e cuja definição é apresentada a seguir:

- Planejamento: capacidade de diagnosticar e analisar situações atuais, de articular objetivos de forma harmoniosa aos objetivos da empresa e de delinear estratégias – inclusive alternativas – para alcançar esses objetivos.
- Visão do negócio: capacidade de dominar e manusear informações relativas à situação e ao negócio da empresa e de planejar de forma coerente com essa visão.
- Inovação: capacidade de perceber, idealizar, estruturar e operacionalizar situações novas.
- Estilo empreendedor: capacidade de administrar situações novas e de assumir os riscos decorrentes das decisões tomadas.
- Negociação: capacidade de concluir, oportunamente, situações desejadas e necessárias aos resultados da empresa, de forma interativa, com a consequente minimização do desgaste interno.
- Ação: capacidade de tomar as decisões necessárias para a solução das situações diagnosticadas, otimizando os recursos disponíveis.

- Postura para resultados: capacidade de orientar-se e direcionar os recursos disponíveis para o alcance e a melhoria dos resultados previamente estabelecidos.
- Atuação para o mercado: capacidade de alcançar os resultados que melhorem e perenizem, harmoniosamente, a satisfação dos diversos públicos da empresa (clientes, fornecedores, comunidade, acionistas, funcionários etc.).
- Organização: capacidade de ordenação, estruturação e apresentação de um processo, de um sistema, de um trabalho, de uma equipe de trabalho e dos recursos alocados.
- Competência tecnológica: capacidade de deter o conjunto de conhecimentos e instrumentos que se aplicam à sua área de atuação.
- Liderança: capacidade de obter o engajamento das pessoas no desenvolvimento e na implantação dos trabalhos necessários ao alcance dos objetivos e metas da empresa.
- Avaliação: capacidade de comparar, objetiva e oportunamente, resultados obtidos a resultados previamente negociados e aceitos, bem como de estabelecer suas causas e consequências.

Os vários assuntos abordados podem ser alocados em um formulário, conforme apresentado na Figura 2.6:

PLANOS			AVALIAÇÃO DA ATUAÇÃO DA EQUIPE DO SIG				DATA:_/_/_	Nº_
ASSUNTO	PESO	AUTO-AVALIAÇÃO	AVALIAÇÃO DOS COLEGAS				AÇÕES PARA MELHORIA	

Figura 2.6 Avaliação da atuação da equipe do SIG.

A conceituação dos assuntos anteriormente apresentados deve ser amplamente debatida, tendo em vista a sua efetiva incorporação pelos vários participantes no processo de desenvolvimento do SIG na empresa. Esse debate deve ser efetuado em sua amplitude maior, pois o conjunto de 12 assuntos apresentados é apenas um referencial para o início da análise.

A seguir, os pesos de cada um dos assuntos devem ser estabelecidos pela equipe, podendo-se considerar a seguinte situação:

PESO	IMPORTÂNCIA DO ASSUNTO
5	Assunto extremamente importante
4	Assunto muito importante
3	Assunto importante
2	Assunto relativamente importante
1	Assunto de baixa importância

As notas de avaliações, tanto para autoavaliações quanto para avaliações dos colegas, podem ser de 1 a 10.

Todas as avaliações devem ser amplamente debatidas, segundo o seguinte procedimento:

- todos preenchem as avaliações (autoavaliações e avaliações dos colegas);
- o avaliado apresenta a sua avaliação, item por item, com justificativas (sem interrupções pelos colegas);
- os colegas escutam as avaliações, com justificativas, e podem, se necessário, alterar as suas avaliações;
- cada colega apresenta a sua avaliação, com justificativas (inclusive apresentando possíveis alterações efetuadas, com as devidas explicações); e
- cada colega explica, ao final de sua avaliação da pessoa avaliada, como irá contribuir para que ocorra uma evolução profissional do avaliado e, consequentemente, da equipe.

Verificam-se que muito mais importantes do que as notas atribuídas ou estabelecidas pelos colegas, são as várias explicações e justificativas das avaliações.

O estabelecimento de pesos para os fatores e das notas para os participantes da equipe, dentro do princípio apenas referencial, pode ser simplificado para posteriores debates em grupo para os casos de alguns participantes ficarem *fora* da maioria.

Existe, também, o aspecto do debate geral e dos debates *dois a dois*, em que o avaliado se dirige ao avaliador e debate, com o máximo de profundidade possível, as causas das avaliações efetuadas, tanto para as avaliações boas como para as ruins.

Esse procedimento pode fortalecer o conhecimento intragrupo e representa uma forma específica de a equipe ter condições de crescer, com forte sustentação de autoconhecimento.

O resultado final desse trabalho é a possibilidade de a equipe, efetivamente, interagir com o catalisador do SIG, e a qualidade final dos trabalhos é de elevada validade para todos os envolvidos.

Naturalmente, esse tipo de atuação só é válido se a equipe já tiver um nível de maturidade profissional; caso contrário, *o tiro pode sair pela culatra*. Entretanto, quando devidamente aplicada, essa forma de avaliação proporciona resultados altamente válidos para a empresa, para a equipe e para os indivíduos.

Para você se divertir: faça a avaliação da atuação de sua equipe de estudo ou de trabalho, sempre com veracidade e humildade. Esteja certo que toda a equipe vai crescer profissionalmente.

Seja esperto: se você gostou da metodologia apresentada, comece a detalhar a sua aplicação. Se não gostou, comece a elaborar a sua metodologia para trabalhar com o SIG.

Resumo

Neste capítulo foi apresentada uma metodologia básica que o executivo da empresa pode utilizar para desenvolver e implementar o SIG – Sistema de Informações Gerenciais.

As fases básicas dessa metodologia são: conceituação, levantamento e análise, estruturação, e implementação e avaliação. O conhecimento dessas quatro fases, bem como de seus conteúdos, pode, em muito, facilitar os trabalhos do executivo administrador do SIG.

Questões para debate

1. Com base em uma empresa que você conhece, debater a metodologia utilizada para o desenvolvimento e a implementação do SIG.

2. Através da leitura bibliográfica, identificar outra metodologia de desenvolvimento e implementação do SIG e efetuar amplo debate quanto às suas vantagens e desvantagens em relação à metodologia apresentada neste capítulo.

3. Realizar uma autoavaliação quanto a sua atuação como coordenador de SIG.

Caso:
Desenvolvimento e implementação do SIG no Pronto-Socorro Novo Mundo

O Pronto-Socorro Novo Mundo é uma instituição médica fundada em 1983 por dois médicos e um administrador. É um pronto-socorro bem equipado e com uma privilegiada localização no bairro de Perdizes – São Paulo-SP –, de fácil acesso e com adequadas instalações físicas.

Os dois médicos fundadores são Antônio da Silva, clínico-geral, e Matsumoto Nakai, ortopedista. O administrador chama-se Nelson Alves. Os três sócios, mais o Dr. Amaury Nunes, sócio de um hospital da região, formam o Conselho Diretor.

A Direção-Geral tem sido exercida, de forma rotativa, a cada dois anos, entre os três sócios.

A Diretoria Médica tem sido exercida, também, de forma rotativa a cada dois anos, pelos Drs. Silva e Nakai.

A Diretoria Administrativa e Financeira abrange os serviços de Contabilidade e Tesouraria, Contas Médicas, Pessoal, Material, Cozinha e Copa, Lavanderia, Comunicações Internas, Serviços Auxiliares (manutenção, zeladoria, jardinagem, portaria etc.).

A Diretoria Médica compreende todos os serviços auxiliares para a prática de Medicina, como laboratório, raio X, salas de pequenas cirurgias, instrumental, medicamentos, serviço de arquivo médico e estatístico etc. Enfim, todos os serviços ligados à parte médica, bem como todos os controles de pessoal médico e paramédico, como médicos, enfermeiros, auxiliares de enfermagem e atendentes. Esse controle vai desde a organização de escalas de trabalho, plantões, capacitação técnica, até a verificação constante da qualidade do trabalho.

Pela própria formação dos dois últimos diretores-gerais, cargos exercidos pelos dois sócios médicos, a área administrativa e financeira não mereceu, nesse período de tempo, maior atenção na sua atualização técnica. Também porque, pela primeira vez, a empresa tinha alguém especializado em estruturação organizacional, que é o Sr. Nelson Alves.

Assim, na gestão do Sr. Nelson, deu-se atenção especial ao sistema contábil, até então sempre atrasado, e aos sistemas de contas a receber e de contas a pagar.

A partir desses estudos, o Sr. Nelson teve a oportunidade de verificar o crescente aumento das contas a pagar do hospital e, para tanto, fez um empréstimo bancário relativamente alto e solicitou, também, providências para aumentar a sua receita e a sua relação de leitos ocupados, que oscilava em torno de 60%. Para tanto, procurou-se ampliar a atuação de pronto-socorro para um pequeno hospital.

Também foram tomadas medidas relativas à falta de medicamentos, a melhores remunerações, para ficarem acima da tabela oficial, e pagamentos em dia para os médicos.

Entretanto, passados os três primeiros meses em que o número de pacientes chegou quase a lotar o Pronto-Socorro Novo Mundo, todos trazidos por médicos, o número de leitos ocupados passou a decrescer até se estabilizar em torno da média anterior.

Ao fechar o balanço anual, o Sr. Nelson sentiu que as coisas estavam *ficando feias*. As decisões não surtiram efeito e o passivo da empresa estava aumentando assustadoramente. As pressões começaram a ser sentidas: os fornecedores ameaçavam cortar o fornecimento de medicamentos e materiais, alguns médicos ameaçavam não trazer mais clientes, além das várias demandas internas de serviços e materiais, as quais somente poderiam ser atendidas com recursos financeiros significativos.

O Sr. Nelson via o processo fugir-lhe ao controle e, no mês seguinte, começou a procurar outro local de trabalho, sendo que se retirou da sociedade e foi trabalhar em uma indústria na cidade de Campinas – São Paulo.

Nesse contexto, assumiu o novo diretor administrativo e financeiro, Sr. Álvaro José, um profissional contratado, que constatou uma situação bem pior do que lhe foi explicado, embora tivesse ampla liberdade de ação.

Sem qualquer experiência em administrar hospitais, mas baseado no que o bom-senso lhe ordenava, o Sr. Álvaro José começou a tomar *pé da situação*. Ele decidiu reunir-se inicialmente com o Conselho Diretor, quando verificou que pouco ou nada tinha condições de resolver.

A seguir, reuniu-se com o diretor médico, quando concluiu que essa área estava sob controle, assim como a área técnica, sendo que essas sentem que existem problemas financeiros e de falta de material, mas não sabiam da profundidade dos mesmos.

Depois reuniu-se com as chefias administrativas, quando identificou falta de controle de custos e de fluxo de caixa, atraso no pagamento das contas médicas, bem como de alguns encargos de pessoal, de fornecedores e ainda alguns problemas nos serviços de lavanderia.

A análise global do Pronto-Socorro Novo Mundo revelou, portanto, uma situação muito crítica.

As providências que se seguiram nos próximos meses foram várias e a principal solução encontrada foi igualmente o incremento na receita. Iniciaram-se os estudos para a montagem de um sistema de custos, implementou-se o demonstrativo de fluxo de caixa, renegociaram-se os empréstimos bancários com pagamento de parte da dívida, foi conseguido um escalonamento dos créditos a receber, até uma atualização dos mesmos. Contudo, a situação com os fornecedores foi a mais crítica. Alguns protestos puderam ser levantados mediante a composição da dívida, outros tiveram de ser pagos.

Para tentar amenizar os problemas, o Sr. Álvaro José propôs, com a aprovação rápida da maioria absoluta, que todos iriam trazer mais clientes ao Pronto-Socorro Novo Mundo – incrementar a filosofia do hospital –, os honorários seriam reajustados às tabelas anteriores – padrão oficial –, bem como seria feita uma padronização de medicamentos e somente esses seriam utilizados.

Entretanto, essas propostas não consolidaram uma mudança significativa nos resultados do Pronto-Socorro Novo Mundo e, portanto, o Sr. Álvaro José sentiu que era chegada a hora de grandes soluções e não mais de pequenas tentativas paliativas.

Ele considerou que, independentemente dos vários problemas apresentados no Pronto-Socorro Novo Mundo, o problema que seria atacado prioritariamente seria o sistema de informações, principalmente as gerenciais. Isso porque o processo decisório estava a maior *bagunça*.

Quanto aos aspectos comportamentais envolvidos, o Sr. Álvaro José abordaria em outro momento, após o desenvolvimento e a implementação de adequado SIG no Pronto-Socorro Novo Mundo.

Diante desse contexto, você deve desenvolver um plano de trabalho para atender às expectativas do Sr. Álvaro José.

Capítulo 3
Componentes, condicionantes, níveis de influência e níveis de abrangência do SIG

"Se você não consegue, no final das contas, contar a qualquer um o que esteve fazendo, então seu trabalho terá sido inútil."

Erwin Schroedinger

Neste capítulo são apresentados os componentes, os condicionantes e os níveis de influência e de abrangência do SIG. A identificação e o tratamento desses aspectos podem, em muito, facilitar e otimizar o processo decisório dos executivos nas empresas.

O executivo, em suas tarefas diárias, tem de ajustar as informações, pois, em geral, essas nunca são suficientes ou abundantes de forma absoluta; o que ocorre é a escassez de algumas informações relevantes e o excesso de outras dispensáveis.

À medida que aumenta a complexidade interna nas empresas e no ambiente em que elas atuam, o processo de tomada de decisão tende a tornar-se também mais complexo. Para atender a essa situação de maneira adequada, os executivos necessitam de sistemas de informações eficientes, eficazes e efetivos, que processem grande volume de dados gerados e produzam informações válidas.

Essas informações devem propiciar a identificação dos problemas e das necessidades organizacionais nos vários níveis da empresa – estratégico, tático e operacional –, bem como fornecer subsídios para avaliar o impacto das diversas decisões a serem tomadas pelos executivos. Entretanto, nem sempre esse ideal tem sido obtido, apesar do volume de recursos aplicados à concepção desses sistemas.

A identificação dos fatores envolvidos no desenvolvimento de sistemas de informações tem sido objeto de inúmeros estudos. Isso porque as sistemáticas alterações nos planos econômico, social, político e fiscal, entre outros, têm provocado a necessidade de constante evolução do conceito dos instrumentos organizacionais, que permita contínua e efetiva adaptação e aperfeiçoamento do processo administrativo das empresas.

Para facilitar esse processo, têm sido desenvolvidos alguns modelos que possibilitam melhor entendimento das empresas. Inclusive, é apresentado um modelo na seção 3.1 com essa finalidade, pois o mais importante para esse entendimento é verificar quais são as informações necessárias e como elas fluem dentro de um processo estruturado e lógico.

Naturalmente, esse, como a maioria dos modelos existentes, não é completo e sua parcialidade decorre da própria complexidade que caracteriza uma empresa, dada sua condição de sistema dinâmico e aberto, sujeito a mutações a cada instante, pela sua contínua interação com seu ambiente, onde estão os fatores não controláveis.

Apesar das limitações que os modelos apresentam na caracterização de qualquer sistema, a grande vantagem de seu uso reside no fato de que eles propiciam um quadro de referências a partir do qual se pode desenvolver uma análise e se ter uma visão abrangente do objeto em estudo.

Ao final desse capítulo, você estará em condições de responder a algumas perguntas, tais como:

Quais o significado e a importância do sistema de informações gerenciais nas empresas?

- Como pode ser estruturado o sistema de informações gerenciais?
- Quais são os fatores componentes de um SIG?
- Quais são os fatores condicionantes de um SIG?
- Quais são os níveis de influência de um SIG?
- Quais são os níveis de abrangência de um SIG?

3.1 Modelo básico

Modelo é a representação abstrata e simplificada de uma realidade em seu todo ou em partes. Portanto, um modelo representa a descrição simplificada de um sistema explicando o seu funcionamento.

Antes de apresentar o modelo básico de um sistema de informações gerenciais – SIG, é necessário enfocar o modelo geral, que procura alocar o SIG dentro de um processo administrativo, conforme pode ser visualizado na Figura 3.1.

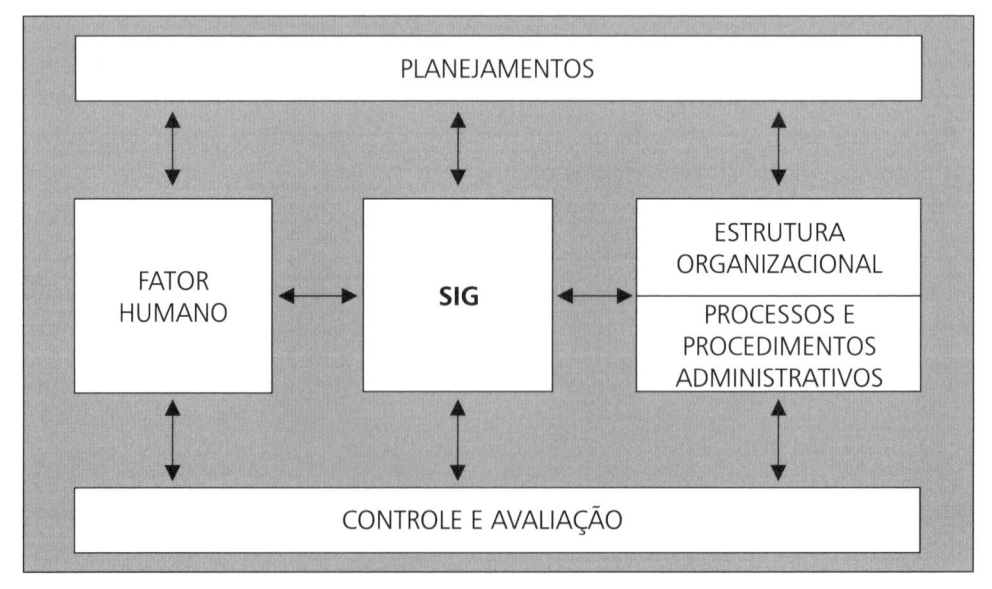

Figura 3.1 Modelo geral do SIG.

O modelo geral evidencia perfeita interação do SIG com os objetivos, estratégias e políticas estabelecidos por meio dos processos de planejamento – estratégicos, táticos e operacionais –; com as unidades organizacionais estabelecidas pelo delineamento da estrutura organizacional e com os processos e os procedimentos administrativos formalizados; com o fator humano, principalmente quanto à sua capacitação e comportamento, bem como com o processo de controle e avaliação como um todo.

Naturalmente, existe também a função de coordenação dessas várias funções apresentadas no modelo geral de SIG, sem a qual nada, ou praticamente nada, irá acontecer.

Portanto, procurou-se, no modelo geral de SIG, respeitar as funções básicas de um executivo, que são as inerentes a planejamento, organização, direção, gestão e desenvolvimento de pessoas e controle.

Embora essa possa parecer uma situação simples e evidente, o autor deste livro procura salientar esse modelo geral porque, na sua vida profissional como consultor de empresas no assunto considerado, não tem encontrado o processo de desenvolvimento e implementação do SIG integrado e interativo com as funções do executivo; e os problemas que essa situação pode provocar são bastante complexos.

Quanto ao modelo específico, que é tratado de forma mais detalhada neste capítulo, pode ser delineado considerando os níveis de abrangência e de influência, os condicionantes e os componentes do SIG. Quando se considera o modelo geral de desenvolvimento de um SIG nas empresas, é necessário que os executivos tenham uma visão bastante abrangente.

Através do enfoque matricial ao modelo apresentado na Figura 3.2, é possível o executivo visualizar uma situação em que as informações da empresa apresentam várias fontes de origem, desde os fatores ambientais – externos à empresa – até a interação e posterior detalhamento dos fatores internos da empresa, sendo estes últimos controláveis pelos executivos da empresa.

Nesse contexto, o executivo pode visualizar o sistema de informações gerenciais desenvolvendo-se, por exemplo, desde a estruturação até posterior análise e debate de cenários estratégicos que são interessantes insumos para os objetivos da empresa, os quais deverão ser operacionalizados pelas estratégias empresariais, as quais devem ser estruturadas em projetos que são importantes insumos do sistema orçamentário.

Ao longo desse pequeno processo exemplificado de entrada e saída de dados e informações, o executivo pode desenvolver os relatórios gerenciais que representam o foco básico do SIG nas empresas.

```
┌─────────────────────────────────────────────────────┐
│   ┌──────────────┐                                  │
│   │   CENÁRIOS   │──────────────────────────┐       │
│   └──────┬───────┘                          │       │
│          ▼                                  │       │
│   ┌──────────────┐                          │       │
│   │  OBJETIVOS   │──────────────────────┐   │       │
│   └──────┬───────┘                      ▼   ▼       │
│          ▼                       ┌──────────────┐   │
│   ┌──────────────┐               │  RELATÓRIOS  │   │
│   │  ESTRATÉGIAS │──────────────▶│  GERENCIAIS  │   │
│   └──────┬───────┘               └──────────────┘   │
│          ▼                              ▲   ▲       │
│   ┌──────────────┐                      │   │       │
│   │   PROJETOS   │──────────────────────┘   │       │
│   └──────┬───────┘                          │       │
│          ▼                                  │       │
│   ┌──────────────┐                          │       │
│   │  ORÇAMENTOS  │──────────────────────────┘       │
│   └──────────────┘                                  │
└─────────────────────────────────────────────────────┘
```

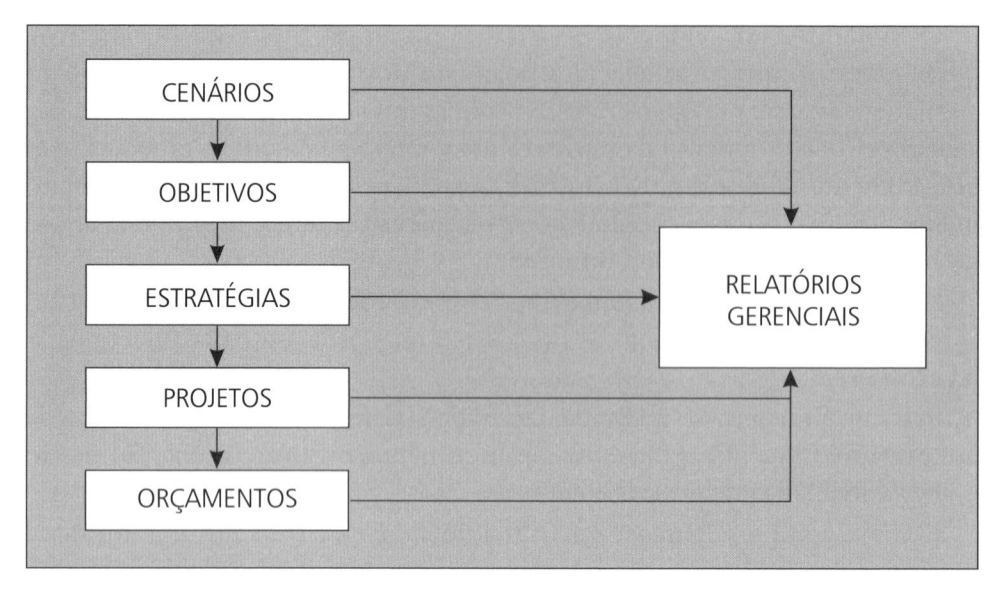

Figura 3.2 Exemplo simplificado de entradas e saídas do SIG.

Neste livro não existe a preocupação em estabelecer relatórios para cada uma das possibilidades em uma empresa e, muito menos, apresentar detalhes a respeito de cada uma das atividades empresariais que envolvem relatórios gerenciais, tais como cenários, objetivos, estratégias, projetos e orçamentos, conforme exemplo específico apresentado na Figura 3.2.

Essas atividades apresentam situações específicas e tive a oportunidade de escrever livros que abordam, com maior ou menor nível de detalhamento, cada um dos assuntos exemplificados, bem como de outras situações inerentes à realidade decisória dos executivos nas empresas.

Entretanto, algumas considerações básicas podem ser feitas, tendo em vista facilitar a atuação dos executivos em contexto mais amplo e estruturado do SIG.

Nesse caso, o instrumento administrativo inicial a ser considerado corresponde aos cenários, quer esses estejam ou não alocados em um processo completo e estruturado de planejamento estratégico. Isso porque, mais importante do que uma estruturação global do processo estratégico é uma situação em que os executivos da empresa tenham pensamento estratégico.

> **Pensamento estratégico** é a postura do executivo voltada para a otimização interativa da empresa com o seu ambiente, em *tempo real*.

Na prática, corresponde à situação de um executivo ler uma notícia no jornal do dia, que pode estar apresentando uma oportunidade ou ameaça à sua empresa e, imediatamente, inserir essa nova situação no processo decisório estratégico de sua empresa.

Os executivos da empresa podem trabalhar com cenários projetivos, em que a situação futura idealizada é resultante de uma projeção de dados e informações presentes e passadas, com influência de algumas premissas básicas ou, preferencialmente, também com cenários prospectivos, em que a situação futura idealizada interage com pontos de ruptura que caracterizam novas possibilidades ambientais ou externas com elevadas transformações.

É necessário reforçar a importância dos cenários, pois significativa quantidade – ou maioria – das empresas não tem a disciplina de trabalhar com os cenários de maneira perfeitamente inserida em seu modelo de administração. Outros aspectos a respeito de cenários são apresentados na seção 2.1.2.

Com base no delineamento dos cenários, os executivos podem estabelecer seus objetivos, ou seja, seus resultados a serem alcançados perfeitamente quantificados – prazos e quantidades – e com os responsáveis identificados.

Além da definição dos objetivos com base nos cenários idealizados, aqueles também podem ser estabelecidos com base no cruzamento dos fatores externos – não controláveis pela empresa – e fatores internos – controláveis pela empresa – e ainda pela percepção e pela experiência dos executivos. Mas pode-se considerar a primeira forma – interação com cenários – como a que apresenta a abordagem estratégica mais pura.

Para que os objetivos estabelecidos sejam concretizados, é necessário que os executivos estabeleçam as estratégias; portanto, os objetivos correspondem a "o quê", e as estratégicas correspondem a "o como". E não se pode esquecer que os relatórios gerenciais se referem tanto a "o quê" como a "o como".

Com base no estabelecimento das estratégias, os executivos podem estruturar seus projetos, que correspondem ao detalhamento das estratégias, com a definição de seus responsáveis, seus recursos, seus prazos de realização, bem como seus resultados finais.

Portanto, os projetos tanto necessitam de adequados relatórios gerenciais para sua elaboração, como são importantes fornecedores de informações para os relatórios gerenciais.

E, como os executivos devem acreditar, preferencialmente, em números, os projetos devem ser os insumos básicos para a elaboração do orçamento, com suas contas de receitas, despesas e investimentos.

Portanto, os relatórios gerenciais devem ser interagentes com todos os instrumentos administrativos das empresas.

> **Para você pensar:** comece a pensar na estruturação geral do SIG e dos relatórios gerenciais conforme evidenciado nas Figuras 3.1 e 3.2; aprimore essa análise ao final deste capítulo.

3.1.1 Níveis de abrangência do SIG

Abordando-se, com relativo detalhe, os níveis de abrangência do SIG, têm-se:

a) Nível corporativo do SIG

Esse nível de abrangência refere-se ao sistema de informações inerente ao negócio ou ao grupo de negócios em que a corporação atua e/ou poderá atuar.

Pela sua própria abrangência, esse SIG deve ter sustentação em questionamentos de elevada validade estratégica e, portanto, o processo de planejamento estratégico deve ser muito fortalecido e respeitado.

b) Nível de UEN do SIG

Nesse caso, o SIG está correlacionado a uma UEN – Unidade Estratégica de Negócio.

> **Unidade Estratégica de Negócio – UEN** – é uma unidade ou divisão da empresa responsável pelo desenvolvimento de uma ou mais Áreas Estratégicas de Negócios – AEN.

> **Área Estratégica de Negócios – AEN** – é uma parte ou segmento do mercado com o qual a corporação ou a empresa, através de suas UEN, se relaciona de maneira otimizada.

Uma UEN pode compreender diversas empresas de uma corporação ou, de maneira mais simples, engloba apenas uma divisão de produto ou algumas poucas linhas de produtos.

Para Abell (1980, p. 183), um negócio é definido através da seleção de grupos e funções de consumidores sendo, normalmente, baseado em uma tecnologia central.

Para mais informações a respeito de UEN e de nível corporativo, ver o livro *Holding, administração corporativa e unidade estratégica de negócio: uma abordagem prática*, dos mesmos autor e editora.

c) Nível de empresa do SIG

Nesse caso, o SIG tem a abrangência de uma empresa atuando de forma interativa com o seu ambiente.

Embora este livro se refira, na maior parte das vezes, ao SIG empresarial, está se referindo também, nesse caso, às situações de abrangência corporativa e de UEN.

Os três níveis de abrangência do SIG podem ser visualizados na Figura 3.3:

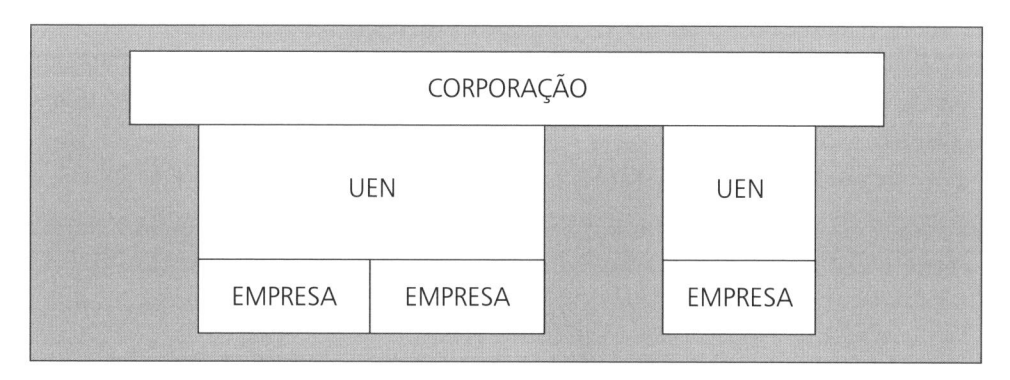

Figura 3.3 Níveis de abrangência do SIG.

Embora na Figura 3.3 a representação gráfica evidencie as UENs constituídas por uma ou mais empresas, pode-se ter, nesses dois níveis de abrangência, uma situação inversa, ou seja, cada uma das empresas que fazem parte de uma corporação sendo divididas em diferentes UENs. Entretanto, o autor admite que essa hipótese é bem menos frequente do que a representada na Figura 3.3, inclusive quando se consideram os aspectos fiscais e tributários.

Outro aspecto a ser evidenciado é que o autor considera que o menor nível de abrangência do SIG é o de empresa ou de UEN, se ocorrer a situação de uma empresa ser dividida em algumas UENs. Isso porque se tem observado que, na prática, é irrisória a validade de sistemas de informações gerenciais que tenham a abrangência de uma função específica da empresa (por exemplo, orçamentos, recursos humanos, produção etc.).

Esses são os chamados pseudo – SIG; ou seja, se o executivo não considerar um todo interativo, o seu esforço em estruturar um SIG vai valer muito pouco como resultado efetivo.

3.1.2 Níveis de influência do SIG

Os níveis de influência do SIG são:

a) Nível estratégico, que considera a interação entre as informações do ambiente empresarial – estão fora da empresa – e as informações internas da empresa. Corresponde ao SIE – sistema de informações estratégicas.

b) Nível tático, que considera a aglutinação de informações de uma área de resultado e não da empresa como um todo. Corresponde ao SIT – sistema de informações táticas.

c) Nível operacional, que considera a formalização, principalmente através de documentos escritos, das várias informações estabelecidas na empresa. Corresponde ao SIO – sistema de informações operacionais.

Esses três níveis de influência do SIG podem ser visualizados na Figura 3.4:

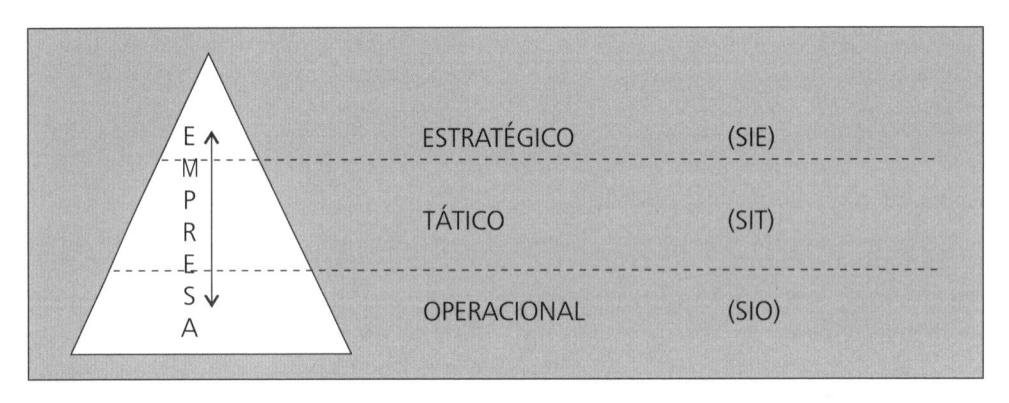

Figura 3.4 Níveis de influência do SIG.

A razão básica de se considerar, de forma separada, esses três níveis de influência é que cada um deles pode ter um tipo e amplitude de influência sobre o SIG. Por exemplo, a análise estruturada da conjuntura econômica pressupõe um SIG com elevado nível de influência estratégica. Já um plano de marketing pressupõe um SIG tático, com seus aspectos de produtos, serviços, preços, mercados, distribuição etc. Por outro lado, um plano de controle de pagamentos pressupõe um SIG de influência operacional.

Na realidade, essa separação dos três níveis de influência do SIG também tem a vantagem de propiciar uma situação de interligação com os três tipos ou níveis de planejamento nas empresas, a saber: planejamento estratégico, planejamento tático e planejamento operacional.

Vale a pena considerar alguns detalhes sobre esses três tipos de planejamento, porque eles podem ser considerados como o foco inicial do processo no modelo geral do SIG, conforme apresentado na Figura 3.1.

> **Planejamento** é a função administrativa de se estabelecer uma situação futura desejada e os meios – inclusive alternativos – de se chegar à situação idealizada.

A definição da função *planejamento* pode ser incorporada na definição de cada um dos tipos de planejamento.

> **Planejamento estratégico** é a metodologia administrativa que permite estabelecer a direção a ser seguida pela empresa, visando maior interação com o ambiente.

> **Planejamento tático** é a metodologia administrativa que tem por finalidade otimizar uma situação futura desejada de determinada parte da empresa.

> **Planejamento operacional** é a formalização das metodologias de desenvolvimento e de implementação de resultados específicos a serem alcançados pelas áreas funcionais da empresa.

Salienta-se que mais detalhes inerentes a esses três tipos de planejamento, principalmente ao primeiro, podem ser verificados no livro *Planejamento estratégico: conceitos, metodologia e práticas*, dos mesmos autor e editora.

3.1.3 Condicionantes do SIG

Os condicionantes do SIG são oito:

a) **Objetivos, estratégias e políticas da empresa**

> **Objetivo** é o alvo ou situação que se pretende alcançar.

Se o objetivo for, por exemplo, aumentar a participação da empresa no mercado, essa situação condiciona o delineamento do SIG.

> **Estratégia** é a ação ou o caminho mais adequado – inclusive alternativo – a ser executado para alcançar os objetivos estabelecidos.

Se a estratégia for, por exemplo, o lançamento de um novo produto, ela condiciona a formulação do SIG, para que o mesmo seja adequado para a implementação da referida estratégia.

> **Política** é definição dos níveis de delegação, faixas de valores e/ou quantidades-limite e de abrangência das estratégias e das ações para a consolidação dos objetivos e das metas da empresa.

Se a política for, por exemplo, só trabalhar com distribuidores exclusivos, o SIG deve ser delineado respeitando essa premissa, lei ou política.

Esses condicionantes – objetivos, estratégias e políticas – são itens provenientes dos processos de planejamentos, quer eles sejam estratégicos, táticos ou operacionais.

O autor deste livro tem percebido, em suas atuações como consultor de empresas, que é válido o executivo analisar o condicionamento desses três itens sobre o SIG conforme a ordem apresentada, ou seja: primeiro deve ser analisado o condicionamento dos objetivos estabelecidos sobre o SIG; depois a análise do condicionamento das estratégias; e, finalmente, a análise do condicionamento das políticas.

Outra *dica* é que o momento ideal dessa análise ocorra quando for consolidado o *fechamento* dos vários objetivos, estratégias e políticas provenientes dos diferentes tipos de planejamento. Ou seja, não é considerado válido deixar esse trabalho, por exemplo, quando da consolidação dos projetos e planos de ação provenientes dos processos de planejamento, pois o SIG poderá ficar muito *amarrado* em seu desenvolvimento.

b) Fatores ambientais da empresa

> **Fatores ambientais** são os aspectos externos e não controláveis pela empresa que, dentro de um limite específico, se possam conceber como tendo alguma influência sobre a operação da empresa.

São exemplos de fatores ambientais: fornecedores, clientes, governos, concorrentes etc. Cada um desses fatores ambientais tem maior ou menor condicionamento sobre o delineamento do SIG.

Embora esse condicionamento seja apresentado neste livro, em nível do ambiente da empresa, acredita-se ser evidente que seu tratamento possa ser feito em nível de ambiente de corporação e em nível de UEN, bem como em nível do que é externo ao foco do sistema considerado. Por exemplo, se o SIG tiver o foco concentrado no sistema de controladoria da empresa, pode-se considerar, em uma situação de exemplo, como partes internas os subsistemas de contabilidade, custos, orçamentos e tesouraria e, como partes externas, os subsistemas de recursos humanos, suprimentos, produção etc.

Portanto, a identificação do que é externo ou ambiental ao sistema depende, basicamente, da abrangência do sistema considerado. É por isso que se pode ter um quarto nível de abrangência do SIG – ver seção 3.1.1 – que seria o do sistema considerado (contabilidade, custos, orçamentos, recursos humanos, suprimentos, produção etc.).

O autor deste livro não gosta de evidenciar esse quarto nível de abrangência do SIG porque tem verificado que, toda vez que não se considera o todo – corporação, UEN ou empresa –, a qualidade do SIG fica prejudicada.

E, nesse momento, apresenta-se outra *dica* para o executivo catalisador do SIG. Embora o SIG possa ser desenvolvido considerando-se, de forma separada, os níveis de influência estratégico (SIE – considerando-se a empresa como um todo), tático (SIT – considerando-se uma parte da empresa) e operacional (SIO – considerando-se uma parte específica e detalhada do SIT), o ideal é sempre considerar o todo.

Portanto, o ideal é o SIG ser desenvolvido de "cima para baixo" e de "baixo para cima", ou seja, o SIE ser detalhado em SIT e esses em tantos SIO quanto necessário. Da mesma forma, consolidar os vários SIO existentes e, posteriormente, aglutiná-los em tantos SIT quantos forem necessários; e, finalmente, fechar os SIT em um único SIE.

Essa forma interativa de trabalhar com o SIG é, seguramente, a que melhor resultado proporciona para o processo decisório nas empresas.

Na atual realidade ambiental, as empresas vivem em constante e intenso nível de concorrência; entretanto, as empresas saudáveis sabem e gostam de atuar em regime de elevada concorrência.

Porter (1990, p. 17) afirma que as empresas e seus executivos conseguem melhores resultados quando a competição é intensa. As outras empresas podem atuar em uma situação de concordância e confiança alta ou baixa, conforme apresentado na Figura 3.5 (Motomura, 1980, p. 19):

Figura 3.5 Níveis de concordância e confiança entre as empresas.

A alocação de outras empresas do mesmo setor de atuação da empresa considerada nos quadrantes da Figura 3.5 pode proporcionar uma situação interessante de análise de posicionamento estratégico e, consequentemente, de melhor estruturação e utilização do SIG.

c) Qualidade dos profissionais

As pessoas que trabalham na empresa condicionam o SIG pelo seu nível de envolvimento e entendimento, pela sua capacitação profissional, pelos seus comportamentos e atitudes, pela sua atuação, pela sua interação etc.

Na prática, verifica-se que os profissionais da empresa, através de seu nível de qualidade, são um dos fatores que mais condicionam o SIG nas empresas; sendo que algumas dessas qualidades são apresentadas na seção 6.1.

E, o principal momento em que esse condicionamento se torna mais visível é quando o executivo decisor operacionaliza a sua decisão e os resultados qualitativos do SIG começam a aparecer de maneira mais enfática.

Na realidade, pouco adianta um SIG muito bem estruturado se não existir elevada qualidade profissional envolvida em cada um dos momentos do sistema de desenvolvimento e implementação do SIG, bem como do processo decisório.

O conteúdo básico deste livro procura proporcionar aos executivos das empresas otimizada capacitação para conceituar, desenvolver, implementar e avaliar o SIG.

Com referência aos aspectos comportamentais, os seus principais comentários são apresentados na seção 5.3, quando do tratamento das possíveis resistências ao SIG.

Os Capítulos 6 e 7, com a apresentação de várias *dicas*, também pode contribuir para a melhor atuação das pessoas relativamente ao SIG. De qualquer forma, cada profissional que trabalha na empresa é um dos principais aspectos dos vários instrumentos administrativos existentes, tal como o SIG.

d) Qualidade da informação

A qualidade da informação é outro condicionante importante a ser considerado. Isso porque de muito pouco adianta um SIG bem estruturado e com boa sustentação na qualidade profissional das pessoas, se não existir efetiva qualidade nos insumos do SIG, que são representados pelas várias informações necessárias.

e) Qualidade dos processos estabelecidos

Na Figura 1.4 foram apresentadas a estrutura dos processos e a sua interligação com o SIG.

Isto porque cada processo se divide em partes – que são as atividades do processo – e as informações necessárias são identificadas de acordo com as necessidades operacionais dessas atividades.

Portanto, para que as informações *nasçam bem* e, consequentemente, o SIG seja bem estruturado, é necessário que exista a sustentação de otimizados processos.

Neste momento pode surgir uma dúvida: o que deve vir em primeiro lugar, o SIG ou os processos administrativos?

A prática tem demonstrado que o ideal é que o SIG e os processos tenham os seus desenvolvimentos de forma simultânea e interativa, com um instrumento administrativo auxiliando na qualidade do outro.

f) Tecnologia da empresa

> **Tecnologia** é o conjunto de conhecimentos que são utilizados para operacionalizar as atividades da empresa, para que seus objetivos possam ser alcançados.

Por exemplo, o nível de tecnologia inerente à informática condiciona o desenvolvimento e a implementação de um SIG.

g) Relação custos *versus* benefícios

Outro fator condicionante a ser abordado é a relação custos versus benefícios do SIG, a qual deve ser bem analisada e entendida pelos vários executivos envolvidos.

É natural que os benefícios devam ser maiores do que os custos e a sua forma de avaliação, ainda que problemática em algumas situações, deve ser perfeitamente aceita na empresa.

Essa dificuldade está correlacionada, em boa parte das vezes, com a mensuração dos benefícios que podem ser intangíveis. Nesse caso, ainda que os critérios e os parâmetros de mensuração sejam desestruturados, são válidos o seu estabelecimento e suas posteriores análises e debates, o que deverá possibilitar uma posterior estruturação adequada de análise e avaliação do SIG.

h) Risco envolvido e aceito

O foco básico do SIG como um processo é o momento da decisão, a qual sempre envolve determinado nível de risco. É importante que esse nível de risco seja, naturalmente, aceito por todos os executivos envolvidos no SIG e, consequentemente, no processo decisório.

> **Para suas considerações:** faça comentários a respeito de cada um dos oito condicionantes do SIG, explicitando as suas possíveis facilidades e dificuldades de trabalhar com eles.

3.1.4 Componentes do SIG

Os componentes do SIG podem ser apresentados em forma de um processo, conforme pode ser visualizado na Figura 3.6.

A seguir são apresentados os conceitos de cada um dos componentes do SIG, a saber:

> **Dado** é o elemento identificado em sua forma bruta que, por si só, não conduz a uma compreensão de um fato ou situação.

> **Tratamento** é a transformação de um insumo (dado) em um resultado administrável (informação).

> **Informação** é o dado trabalhado que permite ao executivo tomar decisões.

> **Alternativa** é a ação sucedânea que pode levar, de forma diferente, ao mesmo resultado.

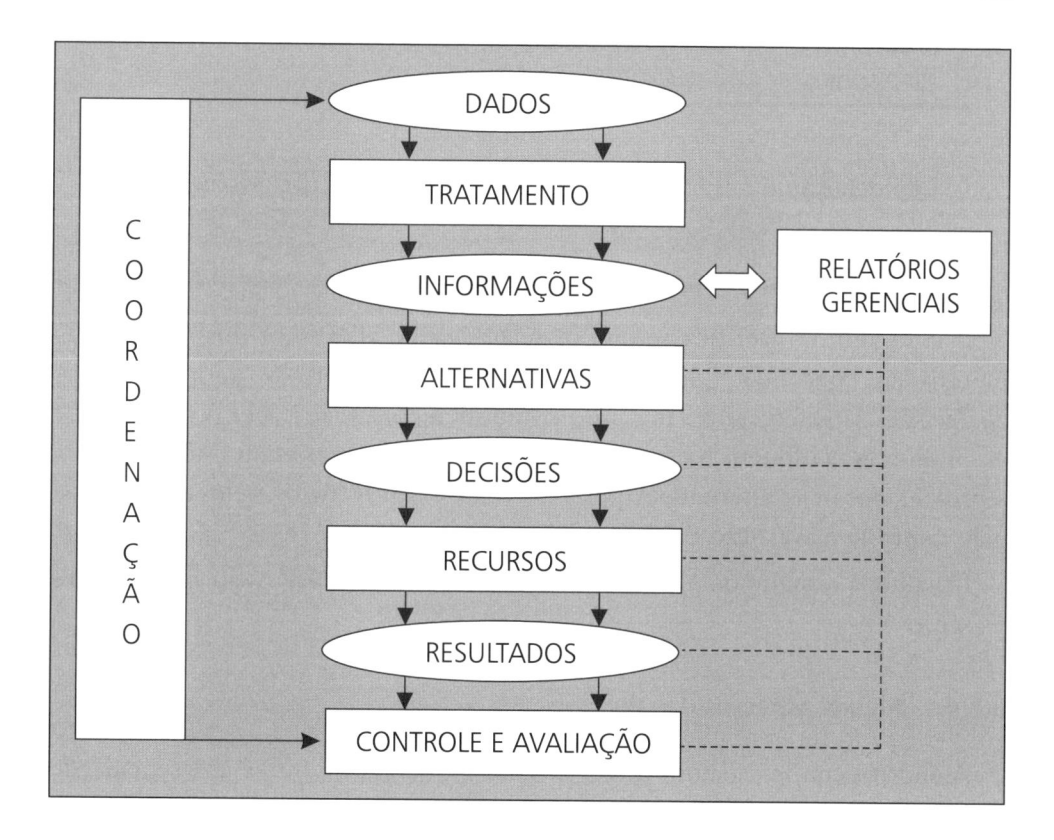

```
    ┌─────────────────────────────────────────────┐
    │                  DADOS                       │
C   │                    ↓                         │
O   │              TRATAMENTO                      │
O   │                    ↓                         │
R   │             INFORMAÇÕES  ⇔  RELATÓRIOS       │
D   │                    ↓          GERENCIAIS     │
E   │             ALTERNATIVAS                     │
N   │                    ↓                         │
A   │              DECISÕES                        │
Ç   │                    ↓                         │
Ã   │              RECURSOS                        │
O   │                    ↓                         │
    │             RESULTADOS                       │
    │                    ↓                         │
    │         CONTROLE E AVALIAÇÃO                 │
    └─────────────────────────────────────────────┘
```

Figura 3.6 Componentes do SIG.

> **Decisão** é a escolha entre vários caminhos alternativos que levam a determinado resultado.

> **Recurso** é a identificação das alocações ao longo do processo decisório (equipamentos, materiais, financeiros, pessoas).

> **Resultado** é o produto final do processo decisório.

> **Controle e avaliação** são as funções do processo administrativo que, mediante a comparação com padrões previamente estabelecidos, procuram medir e avaliar o desempenho e o resultado das ações, com a finalidade de realimentar os tomadores de decisão, de forma que possam corrigir, reforçar e aprimorar esse desempenho.

> **Coordenação** é a função do processo administrativo que procura aproximar, ao máximo, os resultados apresentados com a situação anteriormente planejada.

Pela Figura 3.6, verifica-se que os relatórios gerenciais, os quais são documentos que consolidam, de forma estruturada, as informações para o tomador de decisões, são efetivados a partir do componente *informação*, bem como recebe ou proporciona influência direta em todos os outros componentes subsequentes, representados pelas alternativas, pelas decisões, pelos recursos, pelos resultados e pelo controle e avaliação do SIG.

Detalhes a respeito da estruturação dos relatórios gerenciais são apresentados na seção 4.4.

3.1.4.1 Alguns aspectos das decisões

A abordagem de cada um desses dez componentes do SIG é apresentada, de forma diluída, ao longo dos vários capítulos deste livro. Entretanto, os aspectos inerentes à decisão são abordados com algum nível de detalhamento no presente capítulo, visando facilitar o processo de assimilação de conceitos.

Pela Figura 3.6, verifica-se a grande interligação do sistema de informações gerenciais com o processo decisório. O executivo é, antes de tudo, um tomador de decisões, independentemente de seu nível hierárquico na empresa.

Portanto, esse executivo ou tomador de decisões precisa de elementos que lhe permitam:

- caracterizar o problema que está exigindo uma ou mais decisões para a sua solução;
- compreender o ambiente que cerca as decisões; e
- identificar os impactos inerentes que essas decisões poderão provocar para a empresa.

Como consequência, o processo administrativo apresenta a tomada de decisões como elemento básico; e, para um adequado processo decisório, é necessário ter um sistema de informações eficiente.

Quando se seleciona, em um processo decisório, um estado futuro de coisas, essa escolha é feita em detrimento de qualquer outro estado alternativo, ao mesmo tempo que se estabelece uma orientação rumo à alternativa escolhida. E esse processo implica em racionalidade objetiva por parte dos executivos das empresas.

O processo de tomada de decisão pode ser caracterizado pelos seguintes momentos:

Momento 1: monitoramento do processo decisório, que corresponde à identificação de uma situação que exige uma tomada de decisão.

Momento 2: análise do processo decisório, que corresponde à verificação da situação.

Momento 3: concepção do processo decisório, que corresponde ao estabelecimento dos cursos de ações possíveis.

Momento 4: delineamento do processo decisório, que corresponde à escolha de um curso específico de ação.

Momento 5: aplicação do processo decisório, que corresponde à implementação do curso de ação escolhido.

Cada um desses momentos do processo decisório se caracteriza como um complexo processo de tomada de decisão em si.

A tomada de decisão como ação executiva é a essência da administração. Basicamente, consiste na busca e no caminho a ser perseguido e que seja viável, bem como propicie o melhor resultado final.

Decisão é o encaminhamento que se dá antes das ações práticas; portanto, a decisão está sempre voltada para o futuro.

A teoria da decisão pode ajudar, em muito, o processo administrativo nas empresas, pois evidencia o estabelecimento de um processo de como chegar a uma decisão racional, ajudando a resolver os problemas inerentes à administração, cujas soluções decorrem do questionamento constante dos fatos. A tomada de decisão é, exatamente, o fim desse processo de questionamento que culmina com o direcionamento da ação a ser realizada para a eliminação do problema.

A teoria da decisão é descritiva, ao procurar explicar como as decisões são tomadas, e normativa, quando busca esclarecer como as decisões deveriam ser tomadas através do estabelecimento de padrões, de modo a permitir a comparação do melhor caminho a ser seguido.

O processo decisório implica uma racionalidade objetiva que traz como consequência a necessidade de o tomador de decisão ajustar seu comportamento a um sistema integrado, por meio de uma visão ampla de alternativas que se lhe afiguram antes da tomada de decisão, da consideração de todo o conjunto complexo de consequências que poderá ser gerado como fruto da escolha de uma alternativa e da própria escolha em face das alternativas disponíveis.

O processo de tomada de decisão também implica o conhecimento prévio das condições básicas da empresa e de seu ambiente, bem como uma avaliação das consequências futuras advindas das decisões tomadas; e esse conhecimento é propiciado pelas informações de que o tomador dispõe sobre as operações da empresa, seus concorrentes, fornecedores, mercado financeiro, mercado de mão de obra, decisões governamentais etc. Ou seja, de todo o conjunto de fatores internos – controláveis – e fatores externos – não controláveis – que a empresa estabelece para a realização do diagnóstico empresarial em seu processo de planejamento estratégico.

A forma de apresentação da informação pode afetar a sua utilização e, portanto, a própria utilização de um sistema para tomada de decisão. Para tanto, são necessárias algumas considerações sobre o sistema de informações gerenciais e o uso da tecnologia da informação e da informática.

Com referência ao uso da informática nas empresas, podem ser identificadas duas situações extremas:

- empresas em que a informática se situa como uma intrusa, causando muito mais problemas e conflitos às empresas do que as soluções esperadas; ou
- empresas que possuem a informática totalmente integrada aos seus objetivos, que a utilizam na melhoria da eficiência e eficácia organizacionais e que consideram a informação como importante ativo, não só para as atividades operacionais e de controle, mas como, principalmente, para suporte das decisões táticas e estratégicas.

Embora não seja a única inovação tecnológica dos últimos anos, a informática constitui-se no fator comum que permite e acelera todas as demais. Mais que isso, à medida que transforma o tratamento e o armazenamento da informação, modifica o sistema nervoso das empresas e da sociedade inteira.

De qualquer forma, a informática é um importante fator de condicionamento tecnológico no desenvolvimento e na implementação do SIG nas empresas.

Uma das modificações conceituais mais significativas que têm ocorrido no âmbito das empresas é a que trata a informação como um recurso vital, pois ela afeta e influencia a produtividade, a lucratividade e as decisões estratégicas das empresas.

Diante desse enfoque da informação e da evolução tecnológica, novas formas de planejamento, coordenação e controle serão necessárias para uma administração adequada dos recursos humanos e tecnológicos envolvidos no processamento das informações gerenciais nas empresas.

Quando se consideram as decisões nas empresas, é necessário verificar alguns aspectos que facilitam o seu melhor entendimento.

O sucesso de uma decisão pode depender de um processo de escolha adequado, inclusive quanto às suas fases básicas.

Uma forma de estabelecer as fases do processo decisório é apresentada a seguir:

- identificação do problema;
- análise do problema, a partir da consolidação das informações sobre o problema. Para tanto, é necessário tratar o problema como um sistema (ver detalhes na seção 1.1);
- estabelecimento de soluções alternativas;
- análise e comparação das soluções alternativas, através do levantamento das vantagens e das desvantagens de cada alternativa, bem como da avaliação de cada uma dessas alternativas em relação ao grau de eficiência, eficácia e efetividade e no processo decisório;
- seleção da alternativa mais adequada, de acordo com critérios preestabelecidos;
- implementação da alternativa selecionada, incluindo o devido treinamento das pessoas envolvidas; e
- avaliação da alternativa selecionada e implementada, através de critérios devidamente aceitos pela empresa.

O executivo também deve considerar que as decisões podem ser classificadas em decisões programadas e não programadas (Simon, 1965, p. 17):

> **Decisões programadas** são as caracterizadas pela rotina e pela repetitividade.

É possível estabelecer um procedimento-padrão para ser acionado cada vez que ocorra sua necessidade. São decisões permanentes e caracterizam-se por situações bem definidas, muito repetitivas e rotineiras para as quais existem informações adequadas e, geralmente, servem como guia das atividades administrativas, tais como objetivos, metas, políticas e procedimentos.

> **Decisões não programadas** são as caracterizadas pela não estruturação e, basicamente, pela novidade.

Nesse caso não é possível estruturar o procedimento-padrão para ser acionado, dada a inexistência de referenciais precedentes ou então porque o problema a ser resolvido, devido à sua estrutura, é ambíguo e complexo, ou ainda porque é importante que sua solução implique a adoção de medidas específicas. Normalmente, estão inseridas em um contexto de ambiente dinâmico, que se modifica rapidamente com o decorrer do tempo.

As decisões também podem ser de tipos diferenciados, a saber:

- decisão *de per si*: é a decisão isolada que independe de qualquer outra decisão;
- decisão dependente: é a decisão que depende de uma ou mais decisões, pois se trata de um conjunto interdependente e inter-relacionado;
- decisão normatizada: é a decisão que é tomada em função dos resultados apresentados por algum critério de rotina estabelecido nos procedimentos internos da empresa; e
- decisão especial: é a decisão que foge à normatização e, geralmente, refere-se à escolha entre cursos alternativos de ação.

Alguns dos elementos que o executivo pode considerar no processo decisório são:

a) A incerteza, que ocorre tanto no conhecimento da situação do ambiente que envolve a decisão, quanto na identificação e na valoração das consequências decorrentes da opção por um curso de ação em detrimento de outros alternativos.

b) Os recursos do tomador de decisão, os quais, normalmente, são limitados, prejudicando a correspondente ação. Essa é uma das razões da necessidade de se estabelecer planos de ação inerentes às principais decisões da empresa. Isso porque os cursos alternativos de que a empresa dispõe competem entre si, apesar de, hipoteticamente, estarem voltados para o mesmo propósito, objetivo, meta ou projeto estabelecido.

Na realidade, o executivo tem visualizado uma situação de crescente dificuldade no processo de tomada de decisão. Uma tomada de decisão pode ser considerada como uma seleção criteriosa de um curso preferencial de ação a partir de duas ou mais alternativas viáveis.

O processo de tomada de decisão tem alguns fatores de influência, dentre os quais podem ser citados:

- complexidade evolutiva do mundo moderno, apresentando cada vez mais variáveis complexas;
- redução do tempo disponível para a tomada de decisão pela influência de algumas variáveis, tais como a concorrência;
- velocidade das comunicações; e
- melhoramentos nos processos de informações, com expectativas de resultados a curto prazo.

Nesse contexto, a decisão pode ser tomada sob determinadas condições. Considera-se a tomada de decisão como a busca de alternativas que satisfaçam determinado nível mínimo objetivo ou subjetivo, não buscando, necessariamente, a maximização daquela situação.

As decisões podem ser tomadas em três contextos:

Tomada de decisão em condições de certeza, em que cada curso de ação possível conduz, invariavelmente, a um resultado específico.

> **Tomada de decisão em condições de risco**, na qual cada alternativa possível conduz a um conjunto de resultados específicos associados a probabilidades conhecidas.

> **Tomada de decisão em condições de incerteza**, quando as possibilidades associadas aos resultados são desconhecidas.

O executivo deve envidar todos os esforços possíveis para fugir de situações de tomada de decisão em condições de incerteza, pois as consequências são, na maior parte das vezes, bastante desagradáveis para a empresa.

O ideal é que as decisões, em níveis tático e operacional, sejam, na maior parte das vezes, na condição de certeza. Embora as incertezas não sejam eliminadas, o valor das informações sobre as quais se fazem as projeções pode ser avaliado no momento em que se reduz o nível das incertezas quando as decisões são tomadas pelos executivos das empresas.

Com referência às decisões em nível estratégico, como as decisões sob condições de certeza são basicamente impossíveis, elas também podem ocorrer em condições de risco. Aliás, o executivo que tem espírito empreendedor exercita muito bem a tomada de decisões sob condições de risco. A esse respeito pode ser analisado o livro *Executivo estadista: uma abordagem evolutiva para o executivo estrategista e empreendedor*, dos mesmos autor e editora.

Existem outros conceitos válidos para o desenvolvimento do SIG que estão correlacionados a certo grau de conhecimento, considerando o SIG capaz de assumir determinadas condições no instante presente t_o, a saber: incerteza não estruturada, incerteza estruturada, chance e certeza (Kaufmann, 1975, p. 116):

> **Incerteza não estruturada** ocorre quando os estados do sistema são desconhecidos a qualquer tempo $t > t_o$.

Pode corresponder ao número total de veículos das estradas de um município, à clientela de uma loja ou a uma batalha em que nenhuma situação pode ser especificada.

> **Incerteza estruturada** ocorre quando os estados dos sistemas são conhecidos, mas não se sabe quais serão os estados do sistema a qualquer tempo $t > t_o$.

É o caso de uma batalha na qual possíveis resultados podem ser declarados ou de uma crise financeira em um país sem informação estatística de fenômenos econômicos.

> **Chance** ocorre quando os estados do sistema são conhecidos, assim como as leis de probabilidade a qualquer tempo $t > t_o$. Se eles não variam com t, a chance é chamada *estacionária*; caso contrário, ela é *não estacionária*.

Pode corresponder a uma roleta, leis da genética, mortalidade de seres humanos sob certas condições ou a radiação de partículas.

> **Certeza** ocorre quando os estados são conhecidos e pode-se descrever aquele em que o sistema estará a qualquer tempo $t > t_o$.

É o caso de numerosas leis macroscópicas, linha automática de produção supostamente sem panes, greves ou quaisquer outros incidentes, bem como a posição dos astros.

Dentro do processo decisório, o executivo também deve considerar o sistema de comunicação como insumo para a decisão, bem como partir da decisão tomada; ou seja, a comunicação pode ser considerada como a entrada e como a saída do processo decisório.

Os itens do sistema de comunicação podem ser visualizados na Figura 3.7. Não são apresentados detalhes desses vários itens neste momento, porque os mesmos são abordados, de maneira geral, ao longo dos vários capítulos deste livro.

Entretanto, para que a comunicação seja eficaz, é necessário que, no mínimo, respeite os princípios de clareza e de integridade, bem como de utilização adequada da estrutura informal, ou seja, deve ser incorporada pela empresa.

Outro aspecto a ser considerado no processo decisório é o inerente ao balanceamento entre as áreas funcionais de uma empresa. Um desbalanceamento pode provocar problemas no processo decisório, inclusive o executivo ficando em dúvidas sobre qual decisão tomar.

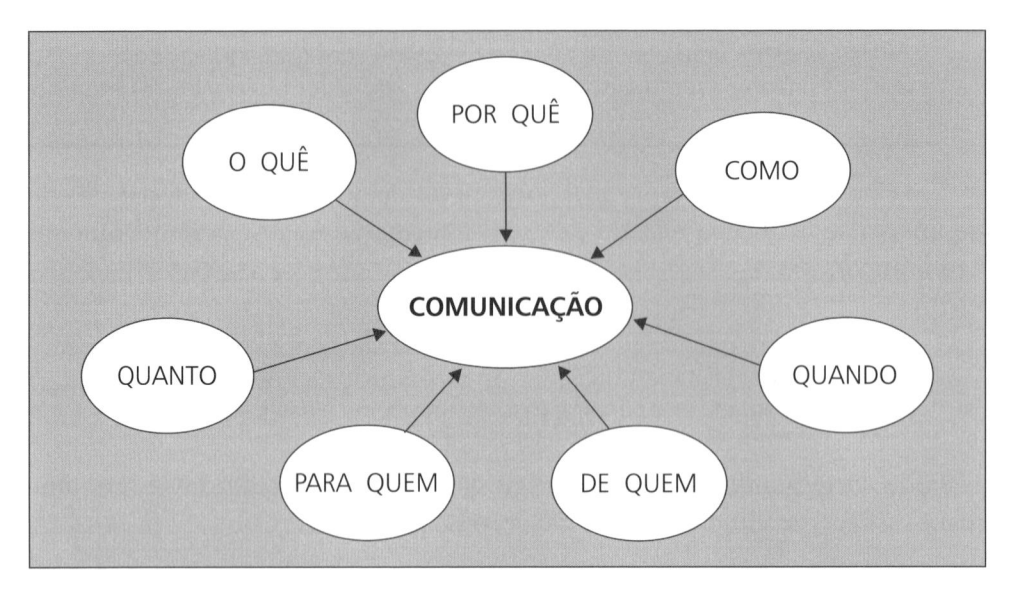

Figura 3.7 Itens do sistema de comunicação.

Uma situação desse tipo de desbalanceamento pode ser visualizada no exemplo apresentado no Quadro 3.1, cujo foco do problema é: "Quais produtos e em que quantidades?":

Quadro 3.1 Desbalanceamento decisório.

Área funcional	Expectativa
PRODUÇÃO	POUCOS PRODUTOS EM GRANDES QUANTIDADES (GRANDES ESTOQUES)
VENDAS	MUITOS PRODUTOS DIFERENTES EM ESTOQUE (PRONTA ENTREGA DE QUALQUER PRODUTO)
FINANÇAS	ESTOQUES TOTAIS BAIXOS
RECURSOS HUMANOS	NÍVEIS CONSTANTES DE PRODUÇÃO (NÍVEIS CONSTANTES DO QUADRO DE PESSOAL)

A empresa deve ter um banco de dados para facilitar o seu processo decisório. Isso porque o executivo, em significativa parte das vezes, exercita o seu processo decisório utilizando a mesma fonte de dados. Essas fontes de dados podem – e talvez devam – estar diluídas entre as várias unidades organizacionais da empresa.

Componentes, condicionantes, níveis de influência e níveis de abrangência do SIG | 153

O importante é que cada um dos executivos saiba onde estão esses vários dados da empresa. E, para que isso ocorra, o executivo catalisador do SIG deve estruturar um sistema de informações junto aos vários usuários inerentes às diversas fontes de dados na empresa.

A situação ilustrativa da diluição dos dados na empresa pode ser verificada na Figura 3.8.

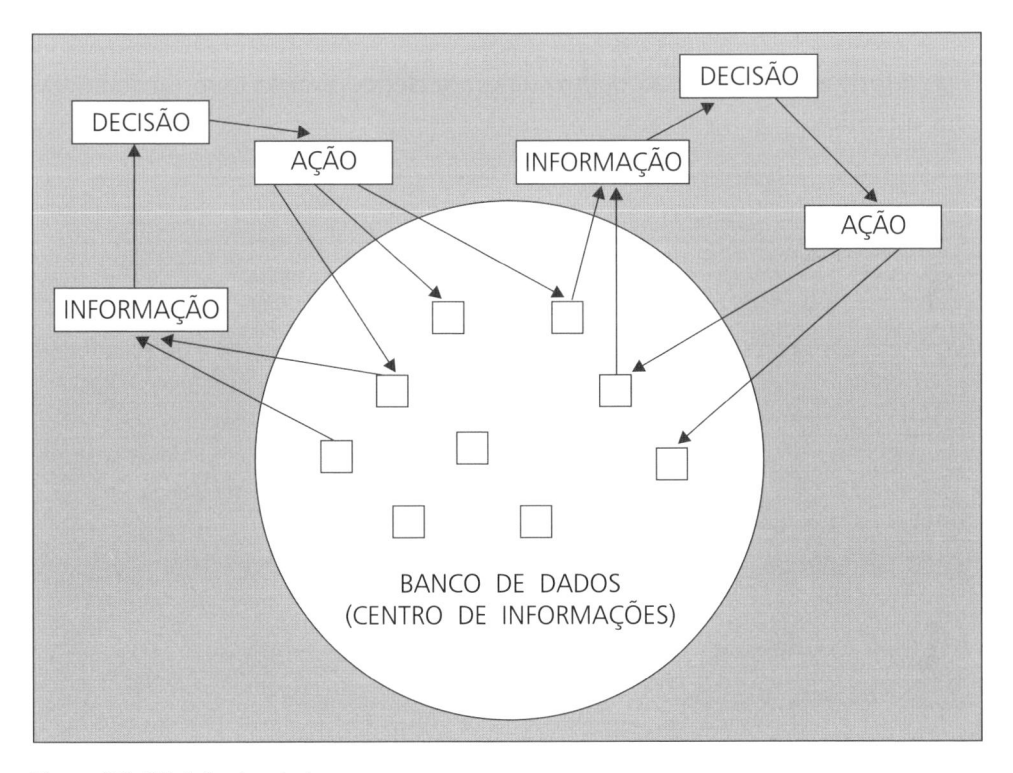

Figura 3.8 Diluição dos dados na empresa.

Esse banco de dados deve ter algumas características gerais, tendo em vista o seu nível de eficácia.

São elas:

- estrutura flexível de dados própria a cada aplicação (hierarquia da rede);
- variedade de métodos de acesso e de pesquisa;
- controle centralizado da organização física dos dados;
- armazenamento hierárquico de dados em relação à frequência de acesso e requisitos de resposta;

- independência dos dados de programas e dispositivos;
- integridade do banco de dados contra a distribuição indiscriminada e/ou falta de segurança;
- recuperação e reinício em caso de falha;
- interação do usuário com o banco de dados via sistema de consulta; e
- atualização e recuperação múltipla de dados do banco de dados.

A informação se processa dentro de um ciclo, de acordo com uma abordagem sistêmica.

Esse ciclo de informações pode ser visualizado na Figura 3.9:

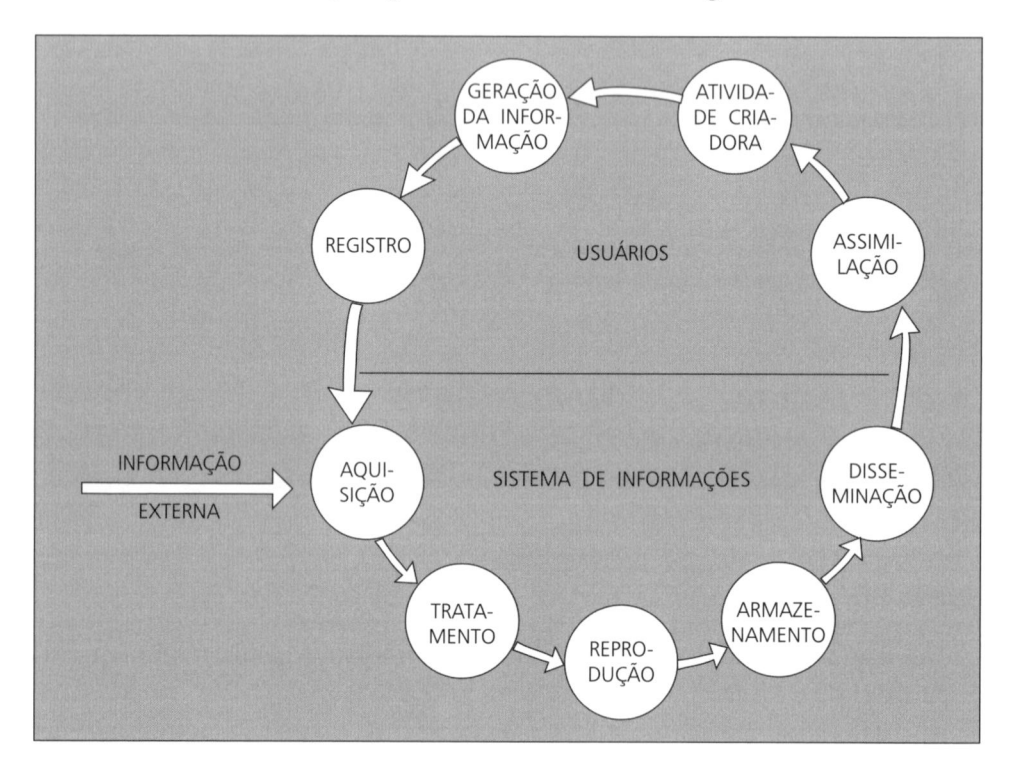

Figura 3.9 Ciclo de informações.

De maneira resumida, pode-se afirmar que, em um processo decisório, o executivo deve considerar quatro interações ou trocas que podem influenciar a qualidade final da decisão (Hickling, 1976, p. 8).

A primeira interação refere-se ao equilíbrio entre simplificação e reconhecimento da complexidade, até o limite em que se pode simplificar um problema para alcançar sua complexidade inerente, sem sacrificar a validade da solução. Isso é particularmente importante para o reconhecimento dos impactos múltiplos que devem ser representados em um processo decisório.

A segunda interação é o conflito entre urgência e falta de informação, ou seja, entre a pressão para tomar uma decisão e a necessidade de colher suficiente informação para poder torná-la científica.

A terceira interação tem a ver com o comprometimento e a flexibilidade, isto é, o equilíbrio que tem de ser encontrado entre a necessidade de se comprometer e o desejo de manter a opção em aberto.

A quarta interação ocorre entre a implementação e a abrangência na tomada de decisões. Mais frequentemente, as decisões não são tomadas individualmente; os problemas não são sempre resolvidos de uma só vez, pois, geralmente, decidem-se partes de um plano, deixando o resto para ser examinado mais adiante, como parte de um processo global de reciclagem.

Depois de identificar essas características fundamentais, é importante que as dificuldades inerentes ao equilíbrio entre elas sejam mais claramente entendidas. Para esse fim, deve-se considerar algo que é comum a todas elas – uma parte integral de todo o processo – que é a incerteza.

Essa pode ser caracterizada pelo seguinte modelo tridimensional: há uma decisão a ser tomada e muita dificuldade para tomá-la. Isso se deve a incertezas de três tipos: a incerteza com relação ao ambiente da empresa, caracterizada por "precisamos de mais informações, mais pesquisas, mais levantamentos"; a incerteza quanto a valores políticos, caracterizada assim: "precisamos de objetivos mais claros", "precisamos de orientação política", e, finalmente, existe a incerteza sobre as escolhas das áreas de decisão correlacionadas, caracterizada por "precisamos ter uma visão mais ampla", "precisamos de mais coordenação".

Essas podem ser decisões necessárias a serem tomadas, mas para as quais os executivos se sentem incapacitados nesse momento; ou podem ser decisões afetas a algum fator externo à empresa, tal como um órgão governamental. Esses tomam decisões que incidem sobre a empresa, sem que seja possível saber o resultado.

Também, de forma resumida, verifica-se que o processo de decisão e ação apresenta os seguintes passos principais:

- a identificação do problema, pela qual se consegue delinear o foco de análise;

- a formatação do problema, pela qual se verifica se o problema é relevante ou não, bem como se foi considerado na sua amplitude adequada; e
- o delineamento das respostas alternativas para o problema.

Nesse momento também é necessário estabelecer a área de atuação, que corresponde a qualquer área de escolha com alternativas mutuamente exclusivas, dentre as quais o executivo deve escolher uma delas.

Para tanto, o executivo deve considerar:

- a comparação entre as alternativas possíveis e a escolha da alternativa ideal;
- a identificação das ações necessárias; e
- o acompanhamento e a avaliação do processo decisório.

Para seu posicionamento: explique, com justificativas e exemplos, a sua atuação em processos decisórios, nos contextos pessoal, estudantil e profissional.

Resumo

Neste capítulo foram apresentados os componentes, condicionantes, níveis de influência e níveis de abrangência do SIG.

Os níveis de abrangência do SIG são: corporativo, UEN e empresarial.

Os níveis de influência do SIG são: estratégico (SIE), tático (SIT) e operacional (SIO).

Os condicionantes do SIG são os objetivos, estratégias e políticas, os fatores ambientais (externos), a tecnologia, os processos, o fator humano, a qualidade da informação, a relação custos *versus* benefícios e o risco envolvido.

Os componentes são: dado, tratamento do dado, informação, decisão – com alternativas –, ação, recursos, resultados, controle/avaliação, coordenação, bem como os decorrentes relatórios gerenciais.

O executivo catalisador do SIG deve tratar esses vários aspectos de forma equilibrada e interativa, tendo em vista alcançar resultados otimizados na empresa.

Questões para debate

1. Com base em uma empresa que você conhece ou na faculdade onde você estuda, analisar e debater o tratamento inerente aos níveis de abrangência e de influência, bem como os condicionantes e os componentes do SIG.

2. Aplicar e debater os resultados da utilização do modelo apresentado neste capítulo em um SIG de seu conhecimento.

Caso:
Administração corporativa na empresa Brocafo

A Brocafo Indústria e Comércio Ltda. é uma empresa do segmento de autopeças que fabrica e comercializa três linhas de produtos: faróis, bombas de combustível e filtros.

A sua participação no mercado, em relação às suas concorrentes, pode ser visualizada no quadro a seguir:

Produto	Participação no mercado		
	Montadoras	Atacado (reposição)	Exportação
Faróis	50%	30%	10%
Bombas	40%	35%	5%
Filtros	20%	40%	0%

A estrutura de faturamento e de lucratividade dos produtos no *mix* total da empresa é apresentada no quadro a seguir:

Produto	Participação no *mix*	
	Faturamento	Lucratividade global
Faróis	40%	40%
Bombas	40%	35%
Filtros	20%	25%

A estrutura organizacional resumida pode ser visualizada na figura a seguir:

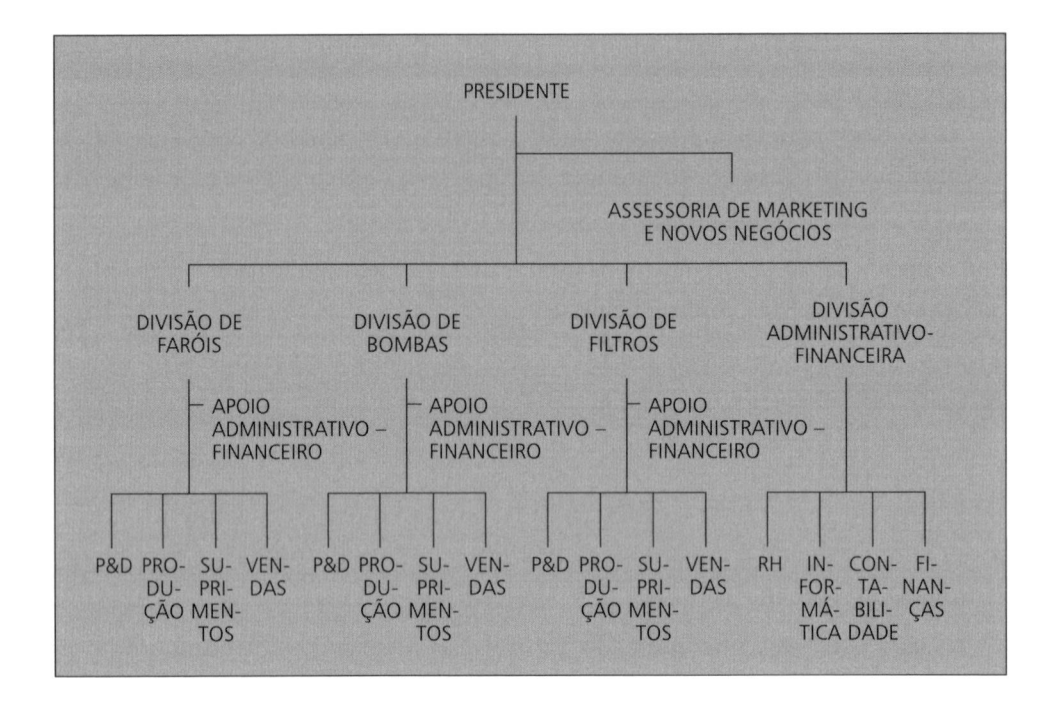

```
                           PRESIDENTE
                               |
                               |──────────── ASSESSORIA DE MARKETING
                               |             E NOVOS NEGÓCIOS
        ┌──────────────┬───────┴───────┬──────────────┐
    DIVISÃO DE     DIVISÃO DE      DIVISÃO DE      DIVISÃO
     FARÓIS         BOMBAS          FILTROS     ADMINISTRATIVO-
                                                  FINANCEIRA
      APOIO          APOIO           APOIO
  ADMINISTRATIVO-ADMINISTRATIVO- ADMINISTRATIVO-
    FINANCEIRO    FINANCEIRO      FINANCEIRO

  P&D PRO- SU- VEN-  P&D PRO- SU- VEN-  P&D PRO- SU- VEN-  RH IN-  CON- FI-
      DU- PRI- DAS       DU- PRI- DAS       DU- PRI- DAS      FOR- TA-  NAN-
      ÇÃO MEN-           ÇÃO MEN-           ÇÃO MEN-          MÁ-  BILI- ÇAS
          TOS                TOS                TOS           TICA DADE
```

Algumas das decisões que a Diretoria Executiva da Brocafo já definiu são:

- fortalecer as UEN – Unidades Estratégicas de Negócios – como centros de resultados;
- fortalecer a Diretoria Executiva como o fórum de decisões corporativas;
- criar empresas para cada uma das divisões, tendo em vista otimizar o planejamento fiscal e tributário, sendo que, no caso da Divisão de Faróis, serão constituídas duas empresas com as mesmas finalidades; e
- consolidar a Brocafo como uma empresa *holding*.

Com base nas informações apresentadas, você deve desenvolver a estrutura básica de um sistema de informações gerenciais – SIG – que proporcione alguns aspectos para a Diretoria Executiva da Brocafo, a saber:

1. Consolide a *holding* Brocafo, incluindo efetiva interação com os cinco membros da alta administração.
2. Consolide as três divisões (UEN) inerentes às atividades-fins – faróis, bombas e filtros – como áreas independentes de atuação em busca de resultados, mas respeitando as decisões – políticas – corporativas.

3. Consolide a divisão de atividade-meio – administrativa e financeira – como área catalisadora e controladora das atividades corporativas.
4. Facilite a atuação das diversas empresas dentro das UEN (divisões de faróis, de bombas e de filtros).
5. Facilite à *holding* da Brocafo buscar, de forma ativa, novas oportunidades de negócios dentro do segmento de autopeças.
6. Facilite à Brocafo ampliar a sua participação nos mercados que forem considerados mais interessantes, sob o ponto de vista de lucratividade dos produtos.

Para a adequada estruturação do SIG, você pode – e deve – complementar o conteúdo do caso com todos os aspectos e as premissas que julgar necessários, desde que respeite as informações básicas apresentadas pelo autor.

Capítulo 4

Estruturação do SIG

"Os líderes do presente têm de renascer e recriar suas maneiras de empreender seus negócios se desejam competir e permanecer vivos."

H. Watermann Jr.

Neste capítulo são apresentados os aspectos básicos que os executivos das empresas devem considerar para a adequada estruturação do SIG.

A estruturação do SIG representa uma das fases da metodologia de desenvolvimento e implementação do SIG, conforme apresentado no Capítulo 2.

Na estruturação do SIG, é válido o executivo considerar o processo de delineamento de objetivos, que correspondem aos resultados a serem obtidos com a posterior operacionalização de um adequado SIG. Também é válido debater alguns aspectos inerentes ao PDSI – Plano Diretor de Sistemas de Informações –, que corresponde à consolidação dos vários sistemas que devem constituir o SIG.

A apresentação de alguns aspectos inerentes às reuniões de trabalho pode facilitar a estruturação do SIG de maneira otimizada.

Os relatórios gerenciais representam o resultado final da estruturação do SIG, correspondendo ao instrumento administrativo em que os executivos tomam as suas decisões estratégicas, táticas e operacionais.

E, finalmente, algumas considerações a respeito do processo de negociação nas empresas podem ser de valia para os executivos administradores do SIG.

Ao final da leitura deste capítulo, você poderá responder a algumas questões, a saber:

- Como deve ser efetuada a estruturação do SIG?
- Como estruturar o Plano Diretor de Sistemas de Informações?
- Como estruturar de forma adequada as reuniões de trabalho?
- O que representam e como devem ser estruturados os relatórios gerenciais, para que o processo decisório seja otimizado?
- Quais os aspectos básicos a serem considerados nas negociações envolvendo o SIG?

4.1 Administração por objetivos

No tratamento de um sistema de informações gerenciais, é necessário identificar, antecipadamente, quais são os objetivos e os resultados que os executivos das empresas pretendem alcançar. Nesse momento, surge a necessidade de o executivo trabalhar com algum processo estruturado inerente ao sistema de objetivos da empresa; e, um dos mais simples para se trabalhar é o inerente à técnica de administração por objetivos.

A questão do estabelecimento prévio dos objetivos a serem alcançados é fundamental, pois somente desta forma é possível identificar as informações que serão necessárias no processo decisório da empresa e, portanto, em seu SIG – Sistema de Informações Gerenciais.

Esse processo iniciou-se em 1954, a partir dos conceitos estabelecidos por Peter Drucker, que preconizava uma nova filosofia administrativa pela qual a avaliação deveria basear-se na APO – Administração por Objetivos.

Os principais aspectos dessa metodologia são apresentados a seguir, de forma resumida:

- os objetivos individuais são estabelecidos, periodicamente, por cada um dos profissionais da empresa e discutidos com os seus superiores, com base em um contexto de condições, restrições, políticas etc. especificadas por estes últimos;
- os objetivos individuais devem ser operacionais e mensuráveis, com base em alguma medida. Tomados em conjunto, entretanto, os objetivos individuais têm prioridade, importância e prazos de realização variáveis;
- o profissional subordinado é, basicamente, livre para escolher o caminho que achar mais conveniente para alcançar seus objetivos, dentro dos limites de tempo previamente estabelecidos. O superior, entretanto, pode e deve aconselhar o subordinado sobre a viabilidade e a conveniência das linhas alternativas de ação, com base nas maiores – ou melhores – informações de que ele dispõe;
- embora cada objetivo tenha um prazo de consecução, são estabelecidos pontos de controle e critérios de medição, tendo em vista avaliar, periodicamente, o progresso alcançado; e
- ao terminar o período de avaliação, superior e subordinado devem reunir-se para revisar até que ponto os objetivos preestabelecidos foram alcançados, sob que condições e com quais consequências.

A técnica de administração por objetivos apresenta algumas características, a saber:

- atuação proativa em vez de ser reativa, ou seja, propicia condições da empresa se colocar em posição de direcionamento às questões futuras;
- orientação voltada mais para os resultados a serem alcançados do que para o esforço despendido ou o processo utilizado;
- participação de todos os níveis hierárquicos da empresa; e
- método estruturado com quatro aspectos interdependentes:
  - estabelecimento de objetivos adequados;
  - estabelecimento de planos realistas para a concretização dos objetivos;
  - processo de autocontrole, ou seja, avaliação sistemática e em tempo real; e
  - postura ativa de iniciativa para correções de cursos de ação.

A técnica de administração por objetivos pode auxiliar o executivo a desenvolver o SIG, pois a referida técnica – APO – propicia condições para o delineamento da rede escalar de objetivos, através da qual os diversos objetivos da empresa são decompostos e alocados nas suas várias unidades organizacionais.

Essa situação pode ser visualizada na Figura 4.1:

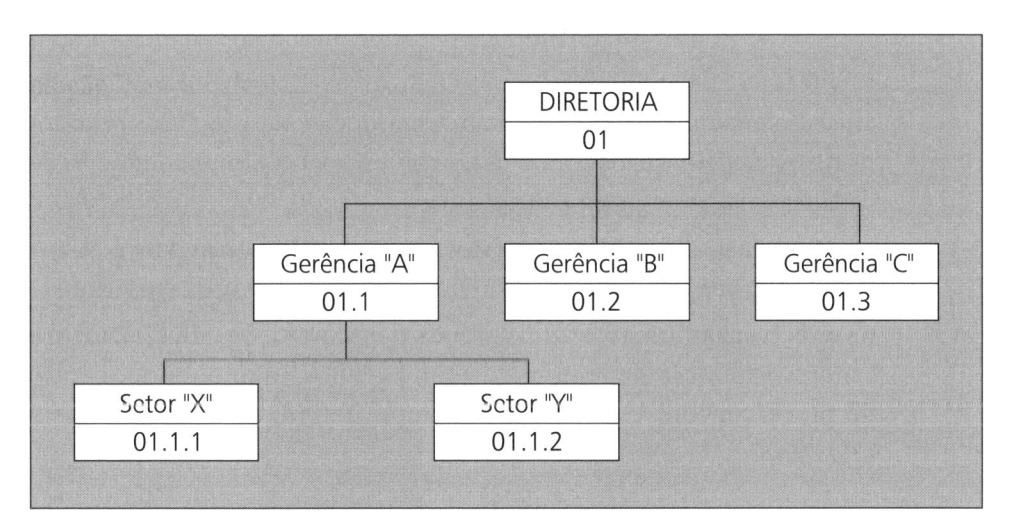

Figura 4.1 Rede escalar de objetivos.

A Figura 4.1 também mostra a interligação da estrutura de decomposição dos objetivos pela empresa com a decomposição do SIG pelas unidades organizacionais da empresa (ver Figura 2.2).

4.2 Estruturação do plano diretor de sistemas de informações

Esta seção visa apresentar um roteiro de trabalho e os critérios básicos para o desenvolvimento e a implementação de um Plano Diretor de Sistemas de Informações – PDSI – na empresa.

O PDSI é, também, um instrumento que possibilita a obtenção de uma visão global da empresa. Por essa razão, deve-se procurar, na elaboração desse plano, a participação efetiva das várias unidades organizacionais usuárias na definição da rede de sistemas, visto a interdependência que existe entre elas.

De maneira mais detalhada, considera-se Plano Diretor de Sistemas de Informações – PDSI – o estudo que contém, no mínimo, os seguintes aspectos:

- identificação, através de adequado levantamento, junto aos vários usuários da empresa, de todos os sistemas administrativos;
- estabelecimento da situação atual e, principalmente, da situação futura desejada pelos usuários e necessária para a empresa, tendo em vista seus negócios, produtos e serviços, bem como seu modelo de administração;
- estabelecimento da interligação operacional de todos os sistemas identificados, proporcionando a operacionalização de maneira lógica e oportuna para a empresa;
- alocação estruturada, através de administração de projetos, de todos os recursos necessários para o desenvolvimento e a implementação de cada sistema na empresa considerada;
- estabelecimento dos vários critérios técnico-operacionais para a elaboração do cronograma de desenvolvimento dos sistemas da empresa; e
- promoção da interligação dos sistemas de informações afins, racionalizando a utilização de arquivos e equipamentos, minimizando o custo de processamento e reduzindo o tempo de tratamento dos dados e informações da empresa.

Ao final de sua estruturação, o PDSI deve ter identificado um conjunto de projetos a serem desenvolvidos e implementados, contendo, no mínimo, as prioridades e sequências de desenvolvimento, os prazos estimados, os custos de desenvolvimento, a análise de custos e benefícios, bem como o modelo global do sistema de informação voltado para a otimização do processo decisório da empresa.

Além disso, deve se preocupar com a identificação de alguns aspectos gerais, tais como a estrutura organizacional da equipe de profissionais responsável pelos sistemas, projetos, processos e informações, a adequação dos profissionais da empresa – responsabilidades, quantidades e qualidade –, o processo de recrutamento, seleção e treinamento, a metodologia de desenvolvimento e implantação de projetos, bem como a política de administração de projetos, de documentação, de distribuição dos manuais etc.

Esses vários projetos inerentes ao PDSI devem passar por um processo de seleção dentro de uma matriz de objetivos *versus* projetos *versus* recursos.

Esse esquema geral pode ser visualizado na Figura 4.2:

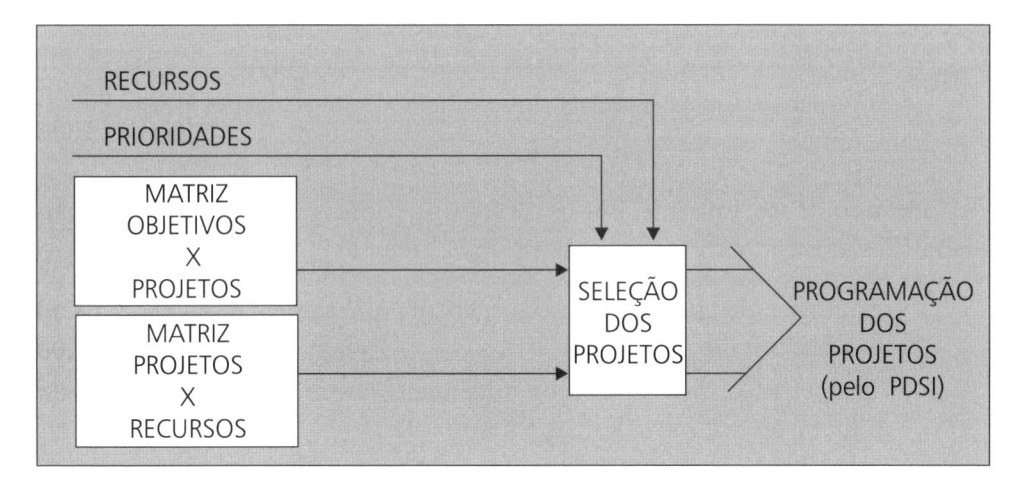

Figura 4.2 Seleção de projetos do PDSI.

Portanto, esse trabalho proporciona as condições básicas para o processo de planejar, desenvolver e manter o sistema de informações da empresa, de forma a propiciar a todos os níveis hierárquicos um desempenho operacional eficiente, racional, eficaz e efetivo.

4.2.1 Comitê de informações

A empresa pode utilizar um levantamento participativo através de um comitê de informações, evitando, dessa forma, as possíveis resistências e frustrações quanto aos prazos e/ou às expectativas inerentes ao conteúdo dos sistemas considerados.

As principais finalidades de um comitê de informações são:

- fornecer informações básicas para a elaboração do PDSI (fase inicial);
- analisar e propor, para a alta administração da empresa, as prioridades dos sistemas;
- verificar os prazos de desenvolvimento e implantação dos sistemas, de acordo com os padrões de qualidade estabelecidos;
- informar as necessidades de novos sistemas, bem como de alterações ou de extinções dos atuais sistemas;
- debater as necessidades e as dúvidas sobre os sistemas;
- avaliar as necessidades de desenvolvimento e manutenção dos sistemas (fase posterior);
- analisar e propor eventual necessidade de treinamento de usuários; e
- integrar os vários usuários dos sistemas de informações gerenciais da empresa.

Todo comitê de informações deve ter um coordenador, cujas principais atribuições são:

- orientar e dirigir os trabalhos, de forma que fique garantido seu bom funcionamento;
- coordenar as discussões e os julgamentos, sem impor sua vontade e tolher a atuação dos demais participantes;
- selecionar os assuntos a serem julgados;
- colher dados e informações, para estudo nas diversas unidades organizacionais da empresa;
- estabelecer contatos com as diversas chefias das unidades organizacionais da empresa;
- consultar opiniões de terceiros, com a finalidade de preparar um esquema preliminar de assunto a ser debatido;
- proceder à leitura da ata de reunião anterior, incentivar os demais membros a apresentarem seus pontos de vista sobre os assuntos da ordem do dia e, conforme ocorram debates, fornecer os elementos e esclarecimentos necessários;
- redigir a ata, assimilar e transformar em relatório a súmula dos julgamentos aprovados; e
- providenciar a execução das tarefas que lhe forem confiadas.

As principais atribuições dos membros do comitê de informações são:

- comparecer à reunião munido de toda a documentação que possa facilitar os trabalhos, bem como estar perfeitamente ciente do assunto a ser tratado;
- cultivar o método de, partindo de várias ideias dissociadas, reuni-las sob uma forma utilizável, proveitosa e, sobretudo, impessoal;
- contribuir durante os trabalhos para que seja alcançado o julgamento coletivo; e
- ter como objetivo soluções, e não apenas acordos ou fórmulas para os problemas discutidos.

O executivo da empresa deve estar atento às vantagens do uso de comitês pelas empresas, para que não ocorram problemas de má utilização.

De maneira resumida, pode-se apresentar a seguinte situação:

a) Vantagens (condições favoráveis para o uso de comitês):
- para tomada de decisões e julgamentos em equipes multidisciplinares;
- para coordenação e alcance de objetivos em atividades multidisciplinares;
- para transmissão de informações;
- para restringir a delegação de autoridade a um único indivíduo, o que pode representar um problema sério; e
- para treinamento *em tempo real* e de forma interativa dos diversos participantes do comitê.

b) Desvantagens:
- pode levar à perda de tempo na tomada de decisões;
- normalmente, representa elevado custo em tempo e dinheiro;
- tira a iniciativa de comando do executivo;
- absorve tempo útil de numerosos participantes;
- proporciona a divisão da responsabilidade; e
- exige um coordenador eficiente, o qual nem sempre é fácil de ser encontrado.

Se forem observados esses aspectos, o comitê de informações da empresa poderá alcançar um resultado altamente satisfatório.

Na dúvida, é sempre preferível ter um comitê de informações e investir em seu desenvolvimento, a atuar sem essa importante equipe de trabalho.

4.2.2 Formulários de levantamento e análise

Sob a orientação geral do executivo catalisador do SIG, o usuário pode identificar as suas necessidades, conforme formulário apresentado na Figura 4.3:

PLANOS	IDENTIFICAÇÃO DAS NECESSIDADES DE SISTEMAS DE INFORMAÇÕES	DATA ___/___/___	N°
SISTEMA: GRAU DE PRIORIDADE: FINALIDADE(S):			
USUÁRIO PRINCIPAL: USUÁRIOS SECUNDÁRIOS:			
SUBSISTEMAS:		FINALIDADES:	
SAÍDAS (RELATÓRIOS ETC.):	PERIODICIDADES:	COMENTÁRIOS:	
ENTRADAS:		COMENTÁRIOS:	
INTERLIGAÇÕES COM OUTROS SISTEMAS:			
SOLICITANTES:		DIVISÃO DE INFORMAÇÕES	

Figura 4.3 Identificação das necessidades de sistemas de informações.

Através do formulário de identificação das necessidades de sistemas de informações – Figura 4.3 – são desenvolvidas análises no seguinte contexto:

a) Finalidade:
- Identificar os sistemas que serão desenvolvidos ou revistos.

b) Identificação dos campos:
- Sistema: nome do sistema proposto (sistema a ser desenvolvido ou sistema que deverá sofrer um processo de manutenção).
- Grau de prioridade: estabelecimento do grau de prioridade do sistema a ser proposto pelo comitê de informações.
- Finalidade do sistema: detalhamento das finalidades identificadas pelo usuário principal e pelos usuários secundários para o sistema proposto. Corresponde à informação básica para a análise da validade do sistema pelo comitê de informações.
- Usuário principal: nome e sigla da unidade organizacional do usuário principal do sistema proposto.
- Usuários secundários: nomes e siglas das unidades organizacionais dos usuários secundários do sistema proposto.
- Subsistemas: nome dos subsistemas identificados, até o nível de maior detalhamento, bem como a explicação de suas finalidades.
- Saídas: identificação das saídas – relatórios – que o sistema deverá proporcionar:
  - detalhamento das finalidades de cada saída identificada;
  - determinação das datas ideais de emissão dos relatórios de saídas; e
  - determinação da periodicidade ideal para cada relatório de saída.
- Entradas: identificação, com o melhor nível de detalhamento, das possíveis referências de entradas que serão necessárias para o processamento do sistema proposto.
- Interligação com outros sistemas: identificação das várias interligações com outros sistemas (existentes e/ou propostos).

A sistemática de administração de projetos é a sustentação metodológica e administrativa do PDSI; para tanto, a empresa pode utilizar o formulário conforme Figura 4.4.

Através do conteúdo dos dois formulários, verifica-se que o PDSI – Plano Diretor de Sistemas de Informações – é um relatório que contém, no mínimo, os seguintes itens:

- identificação de todas as necessidades de sistemas, a partir da análise das áreas usuárias, incluindo uma análise visando à otimização das necessidades atuais;
- interligação operacional dos mesmos;
- cronograma de desenvolvimento, implementação e documentação; e
- recursos necessários por projeto de sistema.

PLANOS	PROJETO DE DESENVOLVIMENTO DE SISTEMA		DATA ___/___/___		Nº
SISTEMA:					
RESULTADO FINAL:					
ATIVIDADE	RESPONSÁVEL	DATA DE INÍCIO		DATA DE TÉRMINO		OBSERVAÇÃO
		PREVISTA	REAL	PREVISTA	REAL	
RECURSOS HUMANOS ALOCADOS:						
FUNÇÃO	Nº	HORAS PREVISTAS	HORAS REAIS	VALOR UNITÁRIO	VALOR TOTAL	
OUTRAS DESPESAS PREVISTAS:						
PREVISÃO DE TEMPO DE EQUIPAMENTOS:						
USUÁRIO (DE ACORDO)			DIVISÃO DE INFORMAÇÕES			

Figura 4.4 Projeto de desenvolvimento de sistema.

Alguns dos elementos que podem contribuir para a otimização do Plano Diretor de Sistema de Informações – PDSI – nas empresas são:

- um planejamento adequado e efetivo, sendo que se está considerando os três tipos ou níveis de planejamento que uma empresa deve ter, a saber: estratégico, tático e operacional;
- um claro, entendido e aceito estilo administrativo, que facilite o processo decisório dos vários recursos da empresa que se direcionarem aos objetivos previamente estabelecidos;
- um efetivo programa de treinamento que seja, ao mesmo tempo, abrangente e específico, bem como direcionado a otimizar a atuação dos profissionais da empresa;
- uma adequada estruturação de processos, métodos e procedimentos que facilitem a consolidação de um elevado nível de produtividade global e setorial na empresa;
- um adequado clima empresarial, propiciando condições para um agradável ambiente de trabalho, no qual não ocorram melindres, desentendimentos e resistências;
- um conjunto adequado de políticas e diretrizes que orientem o processo decisório dos executivos da empresa;
- uma equipe interativa de executivos, cada um conhecendo sua responsabilidade e contribuindo para o todo (empresa);
- um conjunto equilibrado, justo e estruturado de objetivos, incentivos e recompensas;
- um adequado sistema de acompanhamento e avaliação dos resultados parciais e totais estabelecidos pelo Plano Diretor de Sistemas de Informações – PDSI; e
- um efetivo sistema de comunicações envolvendo todos os canais da empresa

4.3 Estruturação de reuniões de trabalho

Nesse momento, torna-se válido debater alguns aspectos básicos inerentes às reuniões de trabalho. Isso porque de nada adianta a empresa estruturar de forma adequada o SIG, nem cuidar dos aspectos comportamentais dos profissionais envolvidos, se não houver uma otimizada situação de estrutura e desenvolvimento de reuniões de trabalho para debate, análise, disseminação, aceitação e consolidação dos vários aspectos do SIG.

As reuniões de trabalho podem ser classificadas em:

- informativas, quando o coordenador responsável transmite determinadas informações aos demais participantes da reunião. Alguns exemplos podem ser: apresentação de resultados, apresentação de um novo produto, recomendação de determinado comportamento desejado, apresentação de técnicas de trabalho etc.; ou
- consultivas, quando o coordenador responsável solicita informações, conselhos, sugestões, estímulos, ideias, opiniões a respeito de determinado assunto.

Para o adequado desenvolvimento das reuniões de trabalho, pode-se considerar, no mínimo, a estruturação de dois aspectos: os formulários envolvidos e o processo de condução da reunião.

Com referência aos formulários envolvidos, esses podem ser os três apresentados a seguir:

FORMULÁRIO: PAUTA DE REUNIÃO DE TRABALHO (Figura 4.5)
Finalidades:

- identificar e ordenar os assuntos que serão analisados na reunião;
- identificar os horários de início e término da reunião; e
- identificar os relatores dos assuntos e os tempos previstos de apresentação.

PLANOS	PAUTA DE REUNIÃO DE TRABALHO	DATA ___/___/___	Nº
LOCAL:		INÍCIO:	TÉRMINO:
Nº	ASSUNTOS	RELATORES	TEMPOS PREVISTOS

Figura 4.5 Pauta de reunião de trabalho.

FORMULÁRIO: REUNIÃO DE TRABALHO – ASSUNTOS PARA DECISÃO (Figura 4.6)

Finalidades:

- identificar o assunto que deverá ser analisado e decidido pela equipe de trabalho;
- identificar o relator do assunto;
- identificar, de forma sucinta, como o assunto em questão se encontra no momento atual, incluindo seus aspectos positivos e negativos;
- identificar a decisão básica proposta pela alta administração da empresa, bem como os resultados esperados;
- identificar a unidade responsável pela execução das ações inerentes à decisão básica proposta pela equipe de trabalho, bem como seu prazo de realização;
- identificar as decisões alternativas que poderão ser adotadas, caso a decisão básica proposta se torne inviável em determinado momento do processo. E estabelecer os resultados esperados a partir dessas decisões alternativas; e
- identificar os documentos de apoio – relatórios, formulários, manuais etc. – pelos quais o responsável pela execução das ações deve orientar-se.

PLANOS	REUNIÃO DE TRABALHO – ASSUNTOS PARA DECISÃO –	DATA ___/___/___	Nº
ASSUNTO:			
RELATOR:			
DESCRIÇÃO SUCINTA DA SITUAÇÃO ATUAL DO ASSUNTO:			
DECISÃO PROPOSTA:			
RESULTADOS ESPERADOS:			
UNIDADE RESPONSÁVEL PELA EXECUÇÃO:		PRAZO:	
DECISÕES ALTERNATIVAS PROPOSTAS:			
RESULTADOS ESPERADOS:			
DOCUMENTOS DE APOIO:			

Figura 4.6 Reunião de trabalho – Assuntos para decisão.

FORMULÁRIO: REUNIÃO DE TRABALHO – AVALIAÇÃO DOS RESULTADOS APRESENTADOS (Figura 4.7)

Finalidades:

- identificar, para cada um dos assuntos analisados e decididos pela equipe de trabalho, as unidades responsáveis pela sua operacionalização;
- identificar os prazos previsto e real de operacionalização do assunto considerado;
- identificar os resultados esperados e realizados, em termos de qualidade, quantidade e de recursos administrativos; e
- propiciar condições para um sistema de controle e avaliação das decisões da equipe de trabalho da empresa.

PLANOS		REUNIÃO DE TRABALHO – AVALIAÇÃO DOS RESULTADOS APRESENTADOS –			DATA ___/___/___	Nº
Nº	ASSUNTO	UNIDADE RESPONSÁVEL	PRAZO		RESULTADOS	
			PREVISTO	REAL	ESPERADOS	APRESENTADOS

Figura 4.7 Reunião de trabalho – Avaliação dos resultados apresentados.

Com referência à condução da reunião de trabalho, é válida a utilização da técnica vivencial de liderança, cujos aspectos básicos ajustados à realidade dos SIG nas empresas são apresentados a seguir (Bachir et al., 1976, p. 1-26).

As pessoas são, frequentemente, dominadas por um sentimento muito forte de insatisfação e de frustração quanto àquilo que realizam em contraposição àquilo a que aspiram. O que tem sido feito em relação ao trabalho diz respeito, principalmente, aos aspectos técnicos, à formação técnico-profissional de uma pessoa, colocando em segundo plano, ou mesmo ignorando, a necessidade de considerar o profissional como uma pessoa com problemas e aspirações, as quais, ao não serem atendidas, terminam por comprometer o todo.

A abordagem da TVL – técnica vivencial de liderança – trabalha os profissionais do ponto de vista humano, procurando atendê-los, realisticamente, nas suas necessidades mais profundas. Não apenas acrescentando informações estratégicas, táticas e operacionais, mas também buscando, ativamente, desenvolver as suas potencialidades e os seus recursos.

Existem pessoas que têm, intuitivamente, esse senso de lidar com os outros. Parecem reconhecer a realidade psicológica das pessoas e, por isso, são capazes de ter certa sensibilidade para lidar com problemas humanos. Conseguem, com isso, abrandar as dificuldades e obter produtividade maior.

Acresce a isso o fato de que algumas empresas alavancam o empenho em conseguir que seu funcionário aumente de fato a sua produtividade e, também, o de criar-lhe condições para que se sinta mais feliz e consolide melhor qualidade de vida. Sentir-se feliz não é algo secundário; e quando se trata de problemas humanos, o sentir-se feliz é absolutamente imprescindível.

A abordagem TVL, como técnica de desenvolvimento de reuniões de trabalho, tem sua sustentação enfocada em dois conceitos básicos:

- conceito do profissional como pessoa humana, que integra o desempenho de sua tarefa específica em um contexto mais amplo, no qual também estão presentes e atuantes importantes necessidades e atitudes emocionais, desejo de reafirmação etc.; e
- conceito de liderança, fundamentado na ideia de transação social e pelo qual o exercício da liderança é visto como um fenômeno grupal e não como a expressão isolada e quase aleatória do talento inato de alguns indivíduos. Além disso, dentro dessa ideia de liderança, considera-se que ela é um atributo treinável e que profissionais capazes de melhor integração às necessidades e aspirações humanas estão, também, mais bem capacitados para receber, da equipe, a delegação de liderá-la dentro da transação social.

Vivencial significa não teórico, não falado, não intelectualizado, mas vivido, em outras palavras, é um processo de conhecimento realizado na vida real. Ao viver determinada situação, a pessoa conhece essa situação de modo profundo e mais próximo do real e isso acrescenta à experiência do aprendizado o caráter de um processo absolutamente pessoal e intransferível.

Essa técnica de reunião tende a desenvolver e reforçar características tais como objetividade, combatividade, criatividade e empatia.

A técnica TVL facilita a montagem de reuniões, as quais transcorrem em mínimo período de tempo, obtendo-se a participação ativa e responsável da parte de todos. Não há conversas paralelas, nem referências de ordem pessoal. A discussão é objetivamente centrada no problema a ser resolvido, sendo que todas perguntas, dúvidas e contribuições se referem, diretamente, à questão proposta pelo expositor à equipe de trabalho.

A técnica não impõe limitações quanto à natureza do problema a ser discutido ou à montagem específica da equipe em termos de escalões hierárquicos presentes à reunião; ou seja, a equipe tanto pode ser formada por pessoas da mesma hierarquia ou de hierarquias diferentes, desde que possam contribuir para a solução do problema discutido.

A técnica TVL obedece à seguinte dinâmica:

a) Definição do tema

Embora isso possa parecer, a princípio, óbvio, convém lembrar os resultados frequentemente desastrosos das reuniões sem agenda. É necessário que o tema da reunião seja importante para a empresa ou para a pessoa que vai convocá-la.

A definição prévia do tema é absolutamente indispensável por diversas razões:

- conhecendo, com antecedência, o tema da reunião, os participantes têm condições para se preparar adequadamente, estudar o assunto e já ir pensando em soluções;
- não havendo tema definido, os participantes perdem tempo em considerações de ordem geral, até chegar ao ponto que interessa discutir; e
- fazer reunião só para cumprir calendário, sem que haja um problema importante a ser solucionado, é tempo perdido, gerando dispêndio inútil de energias, bem como conflitos extras.

b) Seleção dos participantes

Não se deve convocar pessoas para uma reunião sem que haja motivo determinado. Os participantes devem estar diretamente correlacionados com o assunto em discussão ou ser capazes de contribuir para sua solução.

Pessoas dissociadas do problema ou sem condições para colaborar perturbam a reunião e representam gasto inútil de tempo, especialmente na técnica TVL, quando todos são levados a contribuir.

c) Definição dos papéis

A reunião com o uso da técnica TVL conta com os seguintes tipos de participantes:

- coordenador, que normalmente é o líder formal da equipe, o qual dirige a reunião;
- expositor, que é a pessoa encarregada de apresentar o problema em discussão; e
- participantes, com a responsabilidade de conhecer a realidade dos assuntos da reunião e de apresentar propostas de solução.

Portanto, é necessário determinar, antes da reunião, quem será o expositor e o coordenador; além de selecionar a equipe de participantes.

Em alguns casos, pode haver rodízio do expositor ou do coordenador. No caso de uma equipe que se reúne periodicamente, o mais comum é que esse rodízio exista, pois o assunto a ser debatido varia de reunião para reunião, e a seleção para os *papéis* de coordenador e de expositor deverá atender a um critério de adequação ao tema.

Dependendo do número de participantes e da abrangência e complexidade dos assuntos a serem debatidos, pode existir também o secretário da reunião, que pode ser um de seus membros.

d) Organização formal da equipe

Sempre que possível, os participantes se sentam formando um círculo, pois isso permite que todos se vejam uns aos outros sem esforço. A forma circular tem, também, um significado em termos de comunicação e que facilita a interação dos participantes.

Durante a rodada de esclarecimentos ou de contribuições, o coordenador dá a palavra a cada participante, a partir da pessoa que está imediatamente à sua esquerda e mantendo até o fim o sentido horário, pois isso implica economia de energia e protege a equipe do risco de saltar algum participante.

e) Exposição do tema

A partir da constituição da equipe, o coordenador dá início aos trabalhos, indicando o tema e passando a palavra ao expositor. Esse tem, no máximo, dez minutos para expor o tema; portanto, ele deve ir direto ao ponto, ser simples e objetivo.

Se o tema for demasiadamente amplo para ser exposto dentro do limite de tempo previsto, convém dividi-lo em mais de uma exposição. Havendo tempo reduzido e determinado, os expositores se autodisciplinam no sentido da objetividade, evitando-se a perda de tempo com comportamentos e assuntos que não interessam, diretamente, aos participantes da reunião.

Do ponto de vista do conteúdo, o que se espera da exposição é que ela providencie dados e informações para a equipe trabalhar; portanto, ela é o arcabouço que será revestido ou finalizado pela ação da equipe de trabalho.

Em sua apresentação, o expositor deve preocupar-se, não em convencer a equipe de uma solução, mas em convencê-la a envolver-se o mais possível na busca de soluções viáveis. Deve, em suma, motivar a equipe, *vender* o problema aos participantes, fazendo com que se sintam corresponsáveis por sua superação.

A exposição deve terminar com uma pergunta clara, que defina o tipo de problema que é preciso resolver como, por exemplo:

- Deve-se ampliar a empresa?
- Como será enfrentada a queda de vendas?
- Qual a melhor alternativa para aumentar a participação de mercado?

f) Rodada de esclarecimentos

Encerrada a exposição, é possível que alguma dúvida subsista. Para o encontro de soluções eficazes, é necessário que o problema possa ser corretamente enfocado por cada um dos participantes.

Assim sendo, o coordenador faz uma rodada de esclarecimentos. Indaga, um a um dos participantes, da esquerda para a direita, se têm alguma pergunta a fazer, alguma dúvida a esclarecer, podendo fazer quantas perguntas quiserem.

As perguntas devem ser claras e precisas, diretamente correlacionadas ao tema apresentado, colaborando para a compreensão do tema, mas não ainda para a solução do problema.

O expositor anota todas as perguntas, respondendo, por fim, a cada uma delas. Sendo necessário, são realizadas outras rodadas até a equipe considerar-se plenamente esclarecida; entretanto, mais de duas rodadas de esclarecimentos é indício de que a exposição não foi suficientemente clara.

g) Rodada de contribuições

Em seguida, o coordenador solicita contribuições por parte dos participantes. Cada um deles, sempre em ordem sequencial e a partir da esquerda para a direita, tem oportunidade de apresentar suas ideias para resolver o problema em questão. Todos devem ser chamados a contribuir; se necessário, outras rodadas de contribuição serão efetuadas.

Se forem necessárias mais do que três rodadas para esgotar contribuições da equipe, é provável que o tema tenha sido colocado de forma muito ampla, merecendo ser subdividido e, se necessário, marca-se outra reunião.

Ao término da rodada de contribuições, o coordenador efetua uma síntese dos pontos de vista apresentados. Caso não se chegue a uma solução final, por falta de dados e informações, caberá ao expositor a responsabilidade de coletar esses itens faltantes. Será, então, marcada uma nova reunião para se retomar a discussão no ponto em que se parou.

Se, porém, o assunto tiver sido esgotado, tendo a equipe apresentado diversas soluções, o coordenador deve definir qual a tendência dominante.

h) Elenco de regras

Para que a referida técnica possa funcionar com eficácia, torna-se necessário o respeito a uma série de regras referentes à sua finalidade e ao seu conteúdo.

Com referência ao aspecto de sua finalidade, devem ser observadas as seguintes regras:

- Quanto ao tempo de reunião: os limites não são rígidos, mas a equipe deve disciplinar-se no sentido de que seu tempo não se distancie muito daquele considerado ideal – dez minutos de exposição e dois minutos para cada pergunta ou contribuição. Cabe ao coordenador controlar os limites de tempo da equipe, chamando a atenção dos participantes quando tais limites forem desrespeitados. A colocação de limite de tempo implica maior economia e torna possível avaliar, previamente, qual será a duração da reunião.
- Quanto à sequência referente à ordem de atuação dos participantes em seus diversos *papéis* (exposição, rodada de perguntas da esquerda para a direita, respostas às perguntas, rodada de contribuições, síntese): essa sequência de procedimentos, garantindo acesso às informações necessárias, possibilita a expressão individual de todos os participantes, bem como significativa economia de tempo.

- Quanto ao nível de contribuição: não é admissível que algum participante permaneça alheio, nem que seja para dizer "entendi", na rodada de esclarecimentos. Todos são corresponsáveis pelo resultado final e, assim sendo, não é possível aceitar a não participação de um membro da equipe, pois isso o tornaria isento de sua parcela de responsabilidade nesse trabalho realizado em conjunto com outras pessoas.

- Quanto às interrupções: é fundamental que ninguém interrompa o outro participante, pois, com isso, protegem-se os tímidos e inibidos. Eles podem falar sem o risco de se verem, constantemente, interrompidos pelos mais agressivos. Como nem sempre inibição é sinal de falta de ideias, estimular os inibidos a falar resulta em algo válido por ser, extremamente, operacional e eficiente, bem como, em alguns casos, criativo.

- Quanto às críticas de qualquer tipo: as pessoas precisam sentir-se livres para dizer o que bem entendem. Se ficarem com medo de errar e serem criticadas, acabam por se autorreprimir. Passam a contribuir o mínimo possível, a fim de se arriscarem o mínimo. Perdendo a espontaneidade, os participantes bloqueiam o seu processo criativo, que tende a tornar-se restrito e tímido. É preciso considerar, ainda, que mesmo ideias em si pouco eficientes podem abrir caminho para que outros partam para boas soluções. Portanto, as críticas aos outros, de qualquer tipo, são proibidas.

- Quanto às referências emocionais: referências do tipo "estou cansado da leviandade do departamento comercial" ou "o setor de finanças é excessivamente rígido" deslocam o centro das discussões. As pessoas atingidas veem-se na obrigação de se defenderem ou de revidar as agressões sofridas. Isso é indesejável porque, em vez de se discutir o problema, passa-se a debater a postura das pessoas, bem como o clima da reunião se deteriora e os participantes tendem, a partir das discussões emocionais, a recusar as opiniões daqueles que os atingiram e a preocupar-se em competir, não em contribuir.

- Quando da explicitação de nomes, é importante que, ao fazer a síntese das contribuições, o coordenador nunca mencione seus autores; igualmente o expositor e os demais participantes não podem referir-se pessoalmente a qualquer dos participantes, quer para contestar, quer para apoiar suas opiniões. O objetivo dessa proibição é tornar a discussão objetiva evitando que as pessoas personalizem os debates. O que se discute são os caminhos a serem seguidos e não a deficiência ou qualidade de cada um dos participantes. Não importa quem falou, mas o que foi falado. Com isso, evita-se que os participantes se sintam envolvidos pessoalmente e se vejam na obrigação de se defender ou fazer valer seu ponto de vista, quando o que se deseja é, simplesmente, encontrar soluções que representem o consenso da equipe multidisciplinar de trabalho.

Com referência ao conteúdo, também existem algumas regras a serem observadas. Do ponto de vista do conteúdo, o ideal, para o resultado da equipe de trabalho, é que os participantes possam estudar previamente o assunto; daí o interesse de marcar, com antecedência, a reunião.

Quando não for possível tal estudo prévio, cada participante deverá contribuir com seu parecer, com enfoque específico de sua própria área de atuação na empresa. Ao dar a sua visão, com o enfoque específico de sua área, o participante está resolvendo o problema junto com a equipe e, mesmo na ausência de um estudo prévio da equipe, a somatória de pontos de vista produz uma visão geral do assunto tendente a uma solução mais objetiva.

De qualquer maneira, havendo ou não estudo prévio, é desejável que os participantes deem, sempre que possível, uma contribuição que resulte de elaboração criativa, emergente do "aqui e agora" da situação da reunião, integrando e respondendo, criativamente, tanto os dados da realidade de que dispunham antes da reunião, como aqueles que lhes estão sendo acrescentados pelo trabalho em equipe multidisciplinar.

A técnica TVL tem sido de elevada importância para a otimizada condução das reuniões de trabalho, o que provoca, como consequência, maior facilidade no desenvolvimento do SIG nas empresas.

Portanto, no processo de levantamento e delineamento do SIG, é importante o executivo considerar o adequado desenvolvimento das reuniões de trabalho. Essas reuniões só devem ser realizadas quando necessárias, ou seja, em situações de ocorrência de um fato inerente ao SIG e que seja válida a divulgação uniforme e com debates junto aos vários profissionais envolvidos.

Quando do desenvolvimento dessas reuniões de trabalho, o executivo catalisador do SIG deve evitar alguns problemas, como (Leite, 1987, p. 2):

- a reunião não era necessária e não foi previamente planejada;
- o início e o fim da reunião além do horário fixado;
- muitos participantes presentes à reunião sem contribuição significativa, definida previamente;

- transferência de horário ou de agenda não comunicada aos participantes anteriormente;
- local inadequado, sem conforto mínimo e praticidade;
- ausência de participante sem substituto, assistente ou representante;
- falta de participação de algum determinado funcionário nas discussões;
- discussão de assuntos paralelos concomitantemente, ou que não se referem ao assunto abordado;
- participante-ouvinte, por interferência indevida em assuntos que não lhe são pertinentes;
- apresentação de alternativas não analisadas previamente à reunião;
- falta de informação durante a reunião;
- delegação de responsabilidade de execução da tarefa não muito claramente definida;
- ausência de acompanhamento das decisões da ata;
- anotações incompletas e não claras transcritas na ata;
- ausência de prioridades por importância ou urgência do assunto;
- falta de controle de tempo intermediário máximo para análise de cada assunto;
- interrupções telefônicas ou pessoais através de bilhetes;
- falta de preparo dos participantes para a reunião;
- falta de atualização nos assuntos já discutidos e/ou atividades já executadas;
- falta de confiança sobre as alegações dos participantes com relação à conclusão da tarefa;
- ritmo lento de andamento da reunião;
- ausência de anotações de fatos novos ou decisões tomadas em seus instrumentos de controle e/ou agendas;
- não identificação da tarefa como sendo de sua responsabilidade, ou confusão dela;
- permissão de transformar a reunião em confessionário, em psicoterapia de grupo ou em desculpas e lamentações coletivas;
- atas de reunião muito extensa ou redigida em forma e/ou conteúdo não adequados;

- horário de almoço não respeitado pelo atraso das reuniões;
- não confirmação da tarefa com o responsável designado;
- desconhecimento do tempo dos participantes e planejamento de agenda individual, no dia da reunião;
- distribuição da ata além de 48 horas da reunião;
- provocar a resistência dos participantes por falta de comunicação dos objetivos da reunião, gerando pouca participação; e
- discussão repetitiva de assuntos já abordados, decididos e delegados anteriormente.

O entendimento desses problemas, bem como de suas amplitudes de impacto sobre o resultado da reunião de trabalho, é de elevada validade para os executivos catalisadores do SIG nas empresas.

Como o assunto é reunião de trabalho, vale a pena encerrar esta seção apresentando os tipos clássicos de comportamento em uma reunião, através de uma descrição *zoológica*:

- *Leão*: é o rei da reunião, o dono do assunto. Quando urra, todos os participantes se calam. Os ratinhos tremem, quando falam frente ao leão. Mas o leão não é agressivo; está certo de sua superioridade, e pode mostrar-se tranquilo e senhor de si.
- *Papagaio*: fica no pau-de-arara falando por todos os poros. Comenta tudo. Tem um caso a contar a propósito de tudo o que se diga. Fala alto. Mas ninguém dá importância ao que ele diz. Fala por falar.
- *Coruja*: é a antípoda do papagaio. Não fala, mas presta muita atenção. Olha com doçura para cada um que intervém, mas não protesta. Toma susto quando alguém a interpela. Pede desculpa quando tem de participar.
- *Carcará*: não gosta de discussão. Quer decisões rápidas. Intervém só para liquidar o assunto. Dá a impressão de que está ali para sanear o ambiente. Às vezes, não se contém e se retira em sinal de protesto. Mas volta. Por ele, não haveria discussão.
- *Pavão*: está sempre de leque aberto mostrando a policromia de sua cultura. Não se interessa pela equipe e nem pelo objetivo da reunião. A equipe para ele é apenas plateia para quem desfila na passarela. Não perde ocasião de mostrar conhecimentos.

- *Girafa*: pela maneira de sentar-se e de sorrir ironicamente vê-se que acha a equipe indigna de sua participação. Está, em sua sabedoria, com a cabeça muita além das fronteiras que se estão discutindo.
- *Macaco*: é o festivo do grupo. Anedoteiro, espirituoso, bagunceiro, inteligente e superficial. Sempre que intervém, provoca riso. Todos esperam dele uma gracinha. Ninguém o leva a sério. Anima, mas termina irritando.
- *Pombo*: é um pavãozinho frustrado. Fica arrulhando com o companheiro ao lado. Só vive de par. Cata pedrinhas para ele próprio e para o vizinho. Se o interpelam, bate as asas assustado, mas volta a arrulhar com o companheiro.
- *Camaleão*: está de acordo com a maioria; é ele mesmo que afirma isso. A discussão, para ele, é uma oportunidade de verificar para que lado está soprando o vento. Pretende estar de acordo com todos os participantes por mais divergentes que sejam as posições tomadas.
- *Esquilo*: acanhado, fugidio, embaraçado. Fica "quebrando sozinho suas nozes". Se o interpelam, enrubesce e se retrai. Dificilmente participa, apesar de estar muito interessado. Se insistirem muito, não volta mais às reuniões seguintes.
- *Elefante*: sem sutilezas. Não percebe as nuanças. Leva tudo no peito. Seria ótimo executivo, mas não dá para discussões. É pesado demais para viver em equipe. Quando intervém, é para acabar a reunião; quer iniciar a ação.
- *Raposa*: está sempre surpreendendo a equipe com suas artimanhas. Quando quer, faz a equipe toda correr em sua perseguição. Desvia a equipe do tema, sem que ninguém perceba. Sofista, torce os argumentos, envolve a equipe. Jamais caminha em direção aos objetivos da reunião.
- *Hiena*: não tem opinião própria. Adora o leão. Aprova tudo o que o leão diz. Lembra, de vez em quando, à equipe, o que disse o leão. Acha o leão espirituoso e ri de tudo o que ele diz.
- *Tigre*: é um leão ressentido por não ter suas hienas e não ser reconhecido pela equipe como rei. Geralmente é mais competente que o leão, mas não tem o charme do rei dos animais. Por natureza é agressivo e irônico, provocando irritações na equipe, que não toma conhecimento de sua presença.

É válido cada um dos participantes da reunião de trabalho efetuar uma autoanálise realística com base nos tipos apresentados. E desenvolver um plano para melhorar a sua atuação nas reuniões de trabalho.

4.4 Estruturação dos relatórios gerenciais

Pode-se considerar bastante normal e óbvio você identificar que este livro, ao tratar do assunto inerente ao sistema de informações gerenciais, procura contribuir, de maneira efetiva, para a otimização do processo decisório nas empresas. E, para que isso seja uma realidade operacional nas empresas, é necessário que algumas coisas aconteçam, e duas das mais importantes são a estruturação e a operacionalização dos relatórios gerenciais.

> **Relatórios gerenciais** são os documentos que consolidam, de forma estruturada, as informações para o tomador de decisões.

Para a estruturação dos relatórios gerenciais, o executivo pode considerar alguns aspectos básicos:

A – Números

Os números devem apresentar a situação atual, e outros aspectos, tais como o período anterior, o mesmo período no ano – exercício – anterior, bem como a situação desejada.

Os números sempre devem apresentar uma situação de relatividade, principalmente percentual.

B – Gráficos

Um aspecto de grande valia para os relatórios gerenciais são os gráficos, pois os mesmos têm a finalidade de facilitar o entendimento do assunto através de melhor visualização.

Devem apresentar os níveis da tomada de decisão, através da indicação das situações máxima, média ou mínima.

C – Comentários

As pessoas podem ter, algumas vezes, diferentes interpretações dos relatórios gerenciais, o que pode gerar problemas no processo decisório. Portanto, são válidos os comentários sobre o conteúdo apresentado pelo relatório.

Esses comentários devem, preferencialmente, apresentar análises comparativas com momentos passados e/ou outras empresas.

D – Decisões e ações

De acordo com o modelo proposto neste trabalho, as decisões e as ações tomadas representam o ponto mais importante para o relatório gerencial. A explicação das decisões e das ações tomadas em relação a determinado assunto força o executivo a tornar claro o seu procedimento. Fica evidente a necessidade de explicitar os recursos de que as decisões e as ações vão necessitar.

Outro aspecto a ser considerado é o das decisões e das ações alternativas que o executivo poderá adotar no desenvolvimento dos trabalhos.

E – Resultados

O executivo está em constante busca da otimização dos resultados. Portanto, deve explicitar os resultados que pretende alcançar através das decisões e das ações tomadas com base nas informações apresentadas através de números e gráficos.

De forma esquematizada, os relatórios gerenciais da empresa devem apresentar o conteúdo básico conforme a Figura 4.8. Fica evidente que a figura não apresenta todos os aspectos e, em alguns casos, os números ou os gráficos podem ser suprimidos, mas nunca os comentários, as decisões, as ações e os resultados.

PLANOS	RELATÓRIO GERENCIAL – MODELO GERAL –	DATA ___/___/___	Nº
ÁREA:			
ASSUNTO:			
	NÚMEROS		
	GRÁFICOS		
COMENTÁRIOS (com análises comparativas)			
	DECISÕES E AÇÕES	RESULTADOS	

Figura 4.8 Relatório gerencial (modelo geral).

4.5 Processo de negociação no desenvolvimento do SIG

Na conceituação, desenvolvimento e implementação do SIG existe todo um processo de negociação.

Esse processo de negociação envolve, de um lado, os *vendedores* das informações e, de outro lado, os *compradores* das informações. O ideal é que os *vendedores* e os *compradores* das informações tenham os mesmos objetivos, tais como crescimento dos lucros, redução dos investimentos etc.

Entretanto, nem sempre isso acontece, porque a abordagem dos *vendedores* é, em significativa parte das vezes, diferente da abordagem dos *compradores* das informações. E pode-se considerar que, na maior parte das vezes, o executivo administrador do SIG se coloca no meio, entre essas divergências operacionais, ou mesmo, conceituais.

Pode-se considerar que o *comprador* de informações, em significativa parte das vezes:

- não aceita as análises efetuadas pelos *vendedores* das informações;
- não aceita verificações intermediárias, mas só o resultado final do processo;
- não aceita interrupções para acertos no SIG, pois considera que sairá muito caro e problemático; e
- envolve grande número de pessoas para tornar o processo irreversível.

Entretanto, o *vendedor* de informações, em significativa parte das vezes:

- aceita análises e avaliações no SIG, apenas quando existe um resultado concreto para ser avaliado;
- aceita reclamações, apenas com justificativas bem estruturadas; e
- coloca os pontos de divergências em um projeto a ser desenvolvido.

Outro problema que pode ocorrer é quanto aos momentos considerados. Muitas vezes, depois que o desenvolvimento e, principalmente, a implementação do SIG começa, os objetivos podem mudar; e, geralmente, ficam menos ambiciosos, o que pode representar um sério problema para a empresa.

O processo de negociação nas empresas está em constante evolução e, atualmente, observa-se um conjunto de características gerais que não eram sentidas em décadas passadas.

Essas características gerais atuais são:

- mais autonomia dos envolvidos no processo decisório;
- mais espaço para os indivíduos externarem as suas opiniões;

- menor hierarquia e menos diferenças em termos de poder dentro da estrutura organizacional formal da empresa;
- mais descentralização do poder de decisão;
- mudança de valores, o que permite às pessoas se integrarem mais adequadamente com as novas realidades dos fatores externos da empresa;
- mais consciência dos direitos e do potencial de contribuição de cada indivíduo e de cada unidade organizacional para com os resultados globais da empresa;
- administração mais participativa e colaborativa; e
- mais compromisso com os resultados por parte de cada um dos envolvidos no processo de negociação.

Entretanto, surgem algumas divergências naturais na abordagem do problema de mudança, que é um dos resultados da negociação, entre as quais podem ser mencionadas:

- por que mudar? Nesse momento surge a questão de mudar *versus* não mudar;
- divergências quanto aos diagnósticos efetuados;
- opiniões diferentes quanto à maneira de atacar o problema, pois parece que cada um quer ser o dono da verdade;
- opiniões diferentes sobre quem deve ser envolvido e responsabilizado pelo resultado do processo; e
- opiniões diferentes quanto às probabilidades de sucesso, bem como aos momentos de concretização.

E, perante os conflitos que as mudanças provocam, as pessoas podem apresentar diferentes atitudes, a saber:

- ignorar o conflito;
- colocar *panos quentes* para não ferir as pessoas ou por pura incompetência de decisão; ou
- controlar o problema, que pode ser desenvolvido de duas maneiras distintas:
  - usar autoridade para acabar com o conflito; ou
  - negociar para resolver o conflito.

Parece evidente que esta última situação é a mais adequada para indivíduos envolvidos no conflito, bem como para a empresa como um todo.

Entretanto, surge uma questão: quantas pessoas efetivamente exercitam adequadamente o processo de negociação?

No processo de negociação, ocorre uma série de suposições de diferentes amplitudes, as quais podem provocar alguns problemas para a qualidade final do referido processo.

Essas suposições – e até fantasias – ocorrem em três dimensões:

- no mundo exterior (ambiente, espaço, tempo);
- no mundo interno próprio (emoções, motivações, conhecimentos); e
- no mundo interno do outro, o que envolve elevado nível de empatia, ou seja, é necessário se colocar na posição do outro.

Entretanto, todo esse tratamento pode provocar uma variedade de preconceitos para os quais os executivos devem estar atentos.

Para que esses preconceitos não tomem conta da situação, alguns cuidados devem ser tomados, como:

- evitar generalizações excessivas;
- lembrar que cada pessoa é diferente da outra;
- saber que o conhecimento profundo de uma pessoa requer tempo e vontade;
- ter predisposição ao diálogo e ao entendimento sobre o que as pessoas pensam e querem;
- ter disciplina na diferenciação entre suposições e fatos;
- ter identificação efetiva e não preconceitos sobre pessoas; e
- apresentar avaliações pessoais em fórum privado, ou seja, não ter confronto público da imagem de uma pessoa.

Pelo apresentado, verifica-se que, para o adequado processo de mudança, a negociação ganha elevada importância. O executivo pode optar por negociações um a um, que envolvem mais as pessoas, são mais informais e mais autênticas, ou por negociações em grupo, que são mais impessoais, mais formais e mais teatrais.

De qualquer forma, os envolvidos devem ser bem preparados, de tal maneira que tenham tempo para orientarem e se apresentarem no processo; oportunidade para pensarem em alternativas melhores; oportunidade para refletirem sobre as consequências do não mudar e tempo para pensarem sobre o que realmente os afeta, tais como preocupações e esperanças, inclusive pessoais.

Outro item a ser abordado no processo de mudanças são os limites a serem estabelecidos, os quais devem considerar as faixas de satisfação dos envolvidos, os limites do agente de mudanças, bem como do cliente da mudança, da empresa e do indivíduo, e a ética no processo de mudanças.

Ienaga (1990, p. 1) apresenta cinco grandes habilidades que devem ser consideradas em qualquer processo de negociação:

- ter alto nível de comunicação interpessoal, por parte do líder e do intermediário da equipe de negociação;
- ter habilidade para analisar situações e desenvolver um entendimento compreensível sobre as questões complexas;
- ter capacidade de pensar claramente e agir estrategicamente sem ofender o outro lado;
- ter capacidade de trabalhar em equipe de forma efetiva em cada estágio da negociação, porque há sempre necessidade de preparação e planejamento adequados; e
- manter, constantemente, um estado de alerta e reflexão sobre os fatos da negociação, de modo que os membros da equipe estejam sempre conscientes do que está ocorrendo, em termos humanos e estratégicos.

Para Grisi (1990, p. 1), existem quatro perfis de um executivo negociador, a saber:

- analítico: é minucioso, usa regras e comportamentos muito bem definidos para a negociação. Em função da obediência a esses parâmetros, estabelece penas e recompensas;
- persuasivo: é um *malhador*, um vendedor por excelência. Argumenta exaustivamente até (con)vencer o outro pelo cansaço. De uma atividade verbal exuberante, nunca entrega os pontos;
- sedutor: é envolvente, procura se apresentar como alguém igual ao outro. Elogia o ego alheio para induzi-lo a uma decisão. É astuto e trabalha antes e após o fechamento do contrato; e

- associativo: é afável, gosta de trabalhar em equipe. Preserva muito as relações e os valores. É difícil lhe dizer "não". Usa muito a intuição e as relações afetivas.

E, também, apresenta os dez mandamentos do bom negociador, a saber:

- definir os objetivos: antes de se sentar à mesa, é preciso saber como e até onde se pretende chegar, sem esquecer as limitações que possam ser impostas pela outra parte;
- avaliar o perfil ideal: é necessário identificar as características do negociador. Não adianta colocar uma pessoa com conhecimentos genéricos para tratar de um contrato com cláusula muito específica;
- preparar-se bem: quanto mais extensa for a preparação, maiores as possibilidades de sucesso. Bem municiado, um negociador mediano tem todas as chances de superar um brilhante, mas despreparado, executivo sentado do outro lado da mesa;
- ter coerência: é preciso estabelecer previamente critérios e parâmetros consistentes para ceder ou impor. Mas é preciso ser firme o bastante para que a negociação seja objetiva e flexível o suficiente para que não pareça aleatória;
- trabalhar em equipe: uma negociação não deve ser tocada por uma só pessoa. Se o encarregado deixar a empresa, tudo pode ir *por água abaixo*. E duas ou mais cabeças pensam melhor do que uma;
- ser informado: é impossível ter sucesso em uma negociação sem um bom sistema de informações;
- comunicar-se: o contato e a troca de ideias entre os negociadores e seus superiores e, se for o caso, seus subordinados, têm de ser constantes e transparentes;
- ter autonomia: a equipe de negociação deve ter condições de tomar decisões a qualquer momento. Para isso, é essencial que ela tenha grande influência sobre seus superiores;
- controlar a emoção: a razão deve imperar nas negociações. Caso contrário, ceder vira sinônimo de perder, sentimento que acaba por diminuir a outra parte. Aí, a negociação vira confronto; e
- colocar tudo no papel: todas as cláusulas e decisões devem ser incorporadas ao contrato. Em uma boa negociação, inexistem acordos verbais.

Além dos aspectos estruturais e da abordagem negocial inerentes aos relatórios gerenciais, o executivo deve considerar o seu conteúdo, de acordo com o assunto básico a ser tratado.

Para cada assunto a ser analisado, o executivo deve ter perfeito e profundo conhecimento de todas as suas partes integrantes. Por exemplo: se o assunto for econômico-financeiro, o executivo deve possuir, além do conhecimento conceitual e prático da administração financeira, também deve ter o entendimento de todos os índices econômico-financeiros que uma empresa deve considerar em seu processo decisório. E, assim por diante, quanto aos assuntos de marketing, recursos humanos, produção etc.

Resumo

Neste capítulo foram apresentados os aspectos básicos que o executivo deve considerar na estruturação do SIG.

No Capítulo 2 foi evidenciado que a estruturação corresponde a uma das fases principais da metodologia de desenvolvimento e implementação do SIG nas empresas.

Para apresentar uma abordagem mais detalhada a respeito desse assunto, no presente capítulo a preocupação foi evidenciar os principais itens para o desenvolvimento e a implementação do Plano Diretor de Sistemas de Informações – PDSI.

Foi possível verificar que o PDSI representa um importante instrumento administrativo para o executivo catalisador do SIG nas empresas.

Para fortalecer esse processo, também foram apresentadas algumas considerações a respeito da estruturação das reuniões de trabalho.

Outro item abordado neste capítulo foi a estruturação dos relatórios gerenciais, que representam, em última instância, o resultado final do SIG nas empresas, pois é através desses relatórios que os executivos tomam as suas decisões.

O processo de negociação no desenvolvimento do SIG também recebeu atenção específica neste capitulo, pois a otimizada interação dos executivos da empresa pode, em muito, contribuir para o elevado nível de qualidade das informações e do processo decisório nas empresas.

Questões para debate

1. Debater o processo geral de desenvolvimento e implementação do PDSI nas empresas.

2. Com base em uma empresa que você conhece ou da faculdade onde você estuda, fazer uma análise da equipe de reunião de trabalho na abordagem *zoológica*. E não esquecer de fazer a autoavaliação (preferencialmente real).

3. Estruturar dois relatórios gerenciais para a sua atividade decisória. E depois, estruturar outros dois relatórios gerenciais, para os mesmos assuntos, para um executivo de seu conhecimento, lembrando que os relatórios gerenciais recebem elevada influência da abordagem pessoal de cada executivo. E depois, fazer uma análise comparativa desses relatórios.

Caso:
Reuniões de Diretoria na M & M Comércio e Representações Ltda.

A M & M Comércio e Representações Ltda. é uma empresa familiar que atua no segmento de equipamentos náuticos – barcos e utensílios – de mergulho, bem como tem uma grife de roupas esportivas. Essa grife é a única parte industrial da M & M. As outras atividades são operacionalizadas através da comercialização e da representação de equipamentos náuticos.

O organograma simplificado pode ser visualizado na figura a seguir:

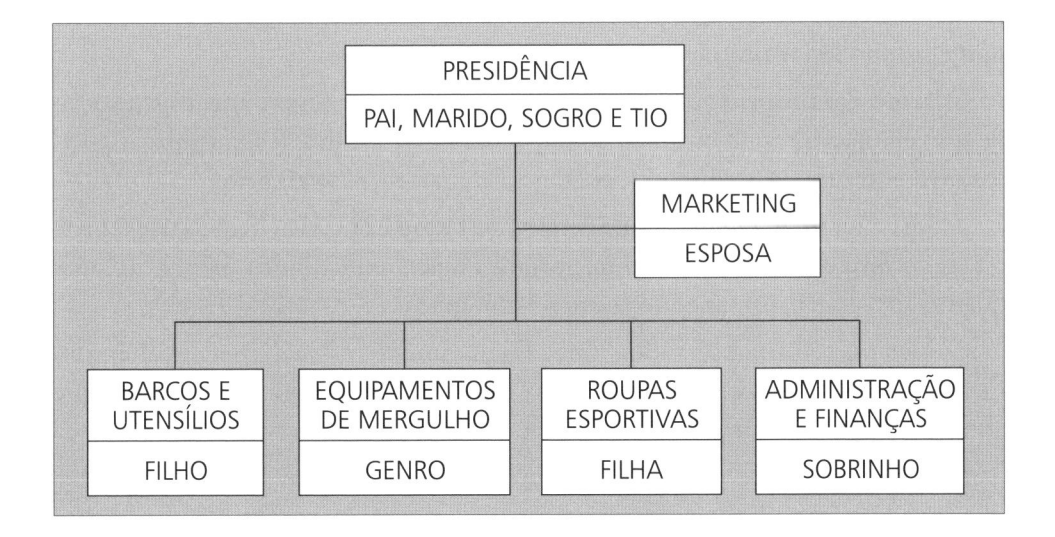

```
                    PRESIDÊNCIA
              PAI, MARIDO, SOGRO E TIO
                         |
                     MARKETING
                      ESPOSA
                         |
   ┌─────────────┬───────────────┬──────────────┐
   BARCOS E    EQUIPAMENTOS    ROUPAS      ADMINISTRAÇÃO
  UTENSÍLIOS   DE MERGULHO   ESPORTIVAS     E FINANÇAS
    FILHO         GENRO         FILHA        SOBRINHO
```

Para facilitar o entendimento da estrutura organizacional da M & M, não são apresentados os nomes das pessoas, mas sua função familiar.

O pai/marido/sogro/tio foi, durante toda a sua existência, uma pessoa autoritária. Entretanto, por influência de sua esposa e pelo fato de estar querendo se aposentar – e ir velejar –, decidiu abrir as portas e começou a permitir que os filhos, sobrinho e genro se aproximassem dele, inclusive para auxiliar no processo decisório.

Na realidade, o que ele estava querendo era conhecer melhor cada um de seus subordinados e ter condições de decidir, adequadamente, sobre quem vai ser o seu sucessor na presidência da M & M.

Ele quer tomar essa decisão de forma independente sobre os direitos de quotas dos herdeiros naturais.

A seguir são apresentadas algumas características das personagens desse *caso*.

A esposa é a *boazinha* do grupo e julga que marketing é um processo administrativo de fazer as pessoas da família mais felizes. Entretanto, não se preocupa com as necessidades dos clientes e do mercado. Ela quer contemporizar tudo, mas no fundo só cria e desenvolve confusões. No entanto, como toda pessoa boazinha, a esposa tem as melhores das intenções.

O filho é um engenheiro naval com pós-graduação em administração nos EUA. Entretanto, não se enquadra no grupo familiar e quer que a sua área – barcos e utensílios – seja uma empresa específica e tenha o seu próprio caminho. E tem certeza de que vai dar certo, pois tem bons conhecimentos das técnicas náutica e de vendas. O seu ponto fraco é finanças; contudo, a sua inteligência pode proporcionar um rápido aprendizado desse assunto.

O genro é o próprio *genro*. Não é um jogo de palavras, mas uma classificação de que ele não quer saber de nada que se refira a trabalho. A sua titulação profissional é de um ex-surfista fracassado. Sem maiores comentários.

A filha é a própria *hippie*. Entretanto, tem o dom da criatividade e a sua grife está indo muito bem. Basicamente, porque a mãe auxilia muito, principalmente quanto aos aspectos financeiros e mercadológicos.

O sobrinho é um observador, pois se sente um *peixe fora d'água* nessa família. Procura fazer o melhor. Pelo menos boa vontade ele tem. Entretanto, assim que conseguir outro emprego, cai fora da M & M.

Nesse contexto, e com outras colocações que você julgar válido acrescentar, respeitando as realidades colocadas ao longo do *caso*, o pai/marido/sogro/tio solicita que você estruture um processo de condução das reuniões de Diretoria na M & M tendo em vista, principalmente, os seguintes aspectos:

- o seu sucessor seja designado de forma natural pelo grupo;
- o nível de aceitação desse profissional seja elevado; e
- reduza-se a possibilidade de o grupo se desfazer.

Essa é uma situação hipotética e talvez bastante difícil, mas solicita-se amplo e exaustivo debate a respeito.

Capítulo 5

Implementação e avaliação do SIG

"Todas as mudanças são incômodas para a mente humana, especialmente as que vêm acompanhadas de grandes perigos e efeitos incertos."

John Adams

Neste capítulo são apresentados os aspectos básicos inerentes à implementação e à avaliação do SIG nas empresas.

Esse assunto aparece em capítulo específico neste livro, pois o autor tem observado, através de seus trabalhos de consultoria em empresas, que os executivos têm proporcionado o mínimo de atenção a esse assunto. Inclusive, provocam uma situação, facilmente encontrada nas empresas, em que adequados SIG não são bem implementados e nem avaliados, provocando total perda do SIG e dos recursos que foram alocados para o seu desenvolvimento. É quase uma situação de *morrer na praia*.

Para tanto, são apresentadas algumas técnicas e aspectos de avaliação do SIG, bem como abordagens para o executivo administrar possíveis resistências, as quais podem destruir todo o processo.

Ao final da leitura deste capítulo, você poderá responder a algumas perguntas, como:

- Quais são os vários aspectos que o executivo deve considerar para as adequadas implementação e avaliação do SIG?
- Quais são as técnicas que o executivo pode utilizar para controlar e avaliar o SIG?
- Como o executivo pode melhor administrar possíveis resistências – passivas ou ativas – ao SIG?

5.1 Itens do controle e avaliação do SIG

Não é uma tarefa fácil elencar o conjunto de itens que os executivos das empresas devem considerar quando do controle e da avaliação do SIG. Entretanto, é válido apresentar alguns desses itens, principalmente para propiciar condições de análise mais efetiva desse processo.

Existem alguns passos que podem ser seguidos, sendo apresentados os principais:

- analisar o planejamento estratégico e verificar os pontos de contribuição e/ou envolvimento de cada unidade organizacional;

- estabelecer, em conjunto com seus subordinados, as metas para o período de avaliação. Essas metas devem ter a mesma hierarquização das metas das unidades organizacionais e dos objetivos empresariais, dentro do princípio da rede escalar de objetivos – ver Figura 4.1 –, bem como essas metas devem ser operacionais e mensuráveis;
- estabelecer, em conjunto com seus subordinados, os procedimentos a serem operacionalizados, visando o alcance das metas individuais. Na realidade, a maior responsabilidade do estabelecimento dos procedimentos – "o como" – para alcançar as metas é do funcionário envolvido no processo;
- transferir aos subordinados os modelos básicos de procedimentos, os quais ficarão responsáveis até a data da avaliação;
- recolher os formulários básicos e efetuar a avaliação;
- adotar as medidas necessárias; e
- arquivar as avaliações nos prontuários dos subordinados.

Esses são alguns itens gerais do processo de administração por objetivos, os quais devem ser detalhados e adequados para cada realidade da empresa. Mais detalhes a respeito desse assunto foram abordados na seção 4.1.

No desenvolvimento dos trabalhos inerentes ao SIG, é necessário que o executivo catalisador considere alguns itens, como:

A – Quando o sistema será concluído e entregue aos usuários.
B – Qual será o custo de desenvolvimento e implementação do SIG.
C – Quais serão as funções a serem desempenhadas pelo SIG.
D – Qual a intensidade de resolução dos problemas existentes pelo SIG.
E – Qual o nível de redução de despesas que o SIG proporcionará para a empresa.

Através do balanceamento entre esses aspectos, pode-se considerar que:

- A e/ou B mantendo-se, C pode diminuir;
- C mantendo-se, A e/ou B podem crescer;
- D mantendo-se, C pode crescer, assim como A e B;
- C diminuindo, D pode desaparecer; e
- E diminuindo, C pode diminuir e D pode desaparecer.

Na realidade, para que o usuário não receba menos do que está *comprando* via SIG, é necessário otimizar as situações de A e B até a exaustão e, só então concentrar esforços em C, D e E.

Analisando esses vários aspectos, o executivo catalisador do SIG também saberá quando o sistema poderá apresentar problemas, bem como o tipo e as possíveis maneiras de solução desses problemas, a partir de um adequado processo de controle e avaliação das atividades da empresa.

Controle e avaliação é o processo de verificação do funcionamento de um sistema em relação a um padrão preexistente. Portanto, pressupõe a existência de um sistema funcional, um padrão de desempenho e uma forma de comunicação com o próprio sistema ou com os seus operadores.

O processo de controle apresenta algumas características:

- controle é um processo;
- controle é ação;
- controle é um meio e não um fim em si próprio;
- controle tem como canal de comunicação o próprio sistema de informações; e
- controle necessita de definições, critérios e parâmetros previamente estabelecidos e entendidos por todos os envolvidos no processo de informações gerenciais.

Tais características assumem elevada importância em função dos próprios objetivos do controle e avaliação do sistema de informações gerenciais que se configuram em:

- verificação permanente dos fatos;
- oferecer segurança aos executivos da empresa, evidenciando se tudo está de acordo com os planos, os objetivos, as estratégias e as políticas estabelecidos;
- possibilitar a identificação de erros ou ineficiências;
- permitir pronta atuação do tomador de decisão, visando corrigir os desvios em relação ao plano original;
- ser uma etapa do processo de administração da empresa; e
- integrar-se ao processo administrativo de planejamento, organização, direção e execução.

O controle e a avaliação dos sistemas de informações gerenciais se evidenciam em relação a tudo o que contribua ou afete a consecução dos objetivos, como as funções, os procedimentos, as estruturas, as pessoas e os recursos disponíveis, sendo que o grau de detalhe depende muito da importância exercida no contexto geral por cada um dos itens envolvidos no processo.

O controle e a avaliação podem ser exercidos de forma direta e informal, ou seja, o responsável pela atividade, através de uma verificação direta *in loco*, compara com a sua maneira de entender do que julgue correto e toma a decisão, de continuidade, se não houver anormalidade, ou de ação corretiva, caso entenda necessário.

Na prática, verifica-se muito esse tipo de controle, mas, para o estudo do SIG, interessa o controle que deve ser definido conforme o modelo básico de administração, ou seja, o controle formal. Sua formalização ocorre através do uso de processos, métodos e procedimentos, bem como envolve o controle e a avaliação sobre as pessoas. Nas atividades de caráter rotineiro, a função de controle e avaliação tem mais probabilidade de se apresentar com maior grau de formalização.

A função do controle e da avaliação envolve algumas etapas vitais que não podem estar dissociadas dos processos de planejamento nas empresas, tais como:

- comparação entre os resultados previstos e os resultados reais da execução das operações;
- identificação dos desvios e suas causas;
- comunicação dos desvios aos responsáveis pela sua correção;
- formulação e avaliação das ações corretivas;
- decisão e implementação das ações corretivas; e
- acompanhamento das ações implementadas.

Portanto, a função de controle e avaliação depende das informações sobre os planos previstos, bem como dos resultados reais, no intuito de se avaliar o desempenho da execução dos planos, de forma a propiciar a identificação dos desvios, em tempo hábil, com a devida comunicação aos responsáveis.

Os passos subsequentes com relação a formulação, implementação, avaliação e acompanhamento das ações corretivas são, também, extremamente dependentes de um bom suporte de informações para ocorrer efetiva ação administrativa com relação a possíveis reorientações na execução dos planos, ou mesmo em uma revisão dos planos originais.

O controle e a avaliação do SIG podem ser desenvolvidos em três níveis:

- estratégico, quando considera a interação da capacitação e das necessidades da empresa com os fatores ambientais ou externos ou não controláveis, por exemplo, análise de cenários;
- tático, quando trata uma parte representativa da empresa, como marketing, produção, recursos humanos, finanças; e
- operacional, quando aborda as normas e os processos administrativos, as políticas, bem como a própria operacionalização do SIG.

O controle pode ser exercido em três estágios (Jucius e Schlender, 1970: p. 128):

- controle preliminar, que se refere as atividades de controle efetuadas antes da ocorrência dos eventos que se queira controlar, com segurança de que haverá recursos disponíveis para a atividade;
- controle corrente, que se refere às atividades de controle efetuadas ao mesmo tempo da ocorrência dos eventos que se queira controlar; ou seja, antes de terminada a atividade, procura-se saber se os objetivos serão alcançados ou será necessária alguma alteração; e
- pós-controle, que se refere às atividades de controle efetuadas depois da ocorrência dos eventos que se queira controlar, sendo desenvolvidas atividades de análise, no caso de diferenciação entre o realizado e o planejado.

Apesar dos objetivos claramente definidos, são identificadas situações que dificultam bastante a atividade de controle e avaliação do SIG nas empresas, como:

- falta de complementação do sistema, provocada pela insuficiência de detalhes para permitir a ação corretiva;
- discrepância de tempo, quando as informações sobre desempenho são detectadas com muita demora; e
- distorções nas comunicações, pelo uso inadequado dos canais, como também pela não congruência entre as metas que podem causar *ruídos* nos sistemas de controle.

Quando da formalização do controle e da avaliação do SIG a serem exercidos nas empresas, alguns cuidados deverão ser levados em consideração, dentre os quais se destacam:

- o perigo de que as regras se tornem mais importantes do que os próprios objetivos, para cuja consecução elas devem contribuir;
- as regras se convertam em segurança para alguns tipos de funcionários. No entanto, muitos valorizam a liberdade individual e podem entendê-las como uma verdadeira *camisa de força*;
- a adoção excessiva de normas pode acarretar consequências negativas para os funcionários da empresa, pois poderão ser tratadas com muita impessoalidade;
- a preocupação excessiva com a rigidez do cumprimento das regras pode levar os funcionários da empresa a um grau exagerado de conservadorismo e tecnicismo; e
- a formalização tende a ser menor nos níveis mais altos da hierarquia da empresa, o que pode caracterizar uma situação de desequilíbrio na operacionalização do SIG e, consequentemente, no processo decisório.

A decisão se constitui na etapa finalizadora do processo de controle e avaliação para, através dela, o controle e a avaliação realimentam o sistema, permitindo ou interagindo na execução da atividade.

Segundo Anthony (2002, p. 22), chega-se às decisões essencialmente pelo conhecimento de que existe um problema, pela identificação dos modos alternativos de resolvê-los, pela análise das consequências de cada alternativa e pela comparação dessas consequências a fim de decidir qual a melhor.

As pessoas são participantes do processo decisório e, portanto, o processo de controle e avaliação do SIG nas empresas recebe influência das pessoas que tomam as decisões.

As variáveis comportamentais dos indivíduos acabam influenciando as decisões e, consequentemente, as ações de controle e avaliação. Como principais influências podem-se citar as crenças e os valores individuais, os objetivos e as metas pessoais, o discernimento próprio, as habilidades e as dificuldades, as motivações e os desinteresses, bem como o conflito, a integração e o nível de poder.

> **Para você pensar:** debata, com justificativas e exemplos, essas variáveis comportamentais que podem influenciar as decisões.
> O ideal é você debater em dois contextos: o pessoal e o estudantil ou profissional.

5.2 Abordagens de avaliação do SIG

A avaliação do SIG nas empresas não é um processo fácil, muito menos de rápido entendimento e assimilação. Isso porque envolve aspectos comportamentais, bem como situações intangíveis, ocorrendo, portanto, séria dificuldade no estabelecimento de critérios e parâmetros de avaliação.

Entretanto, o executivo pode considerar alguns assuntos que devem fazer parte do processo de avaliação do SIG nas empresas, pelo nível de influência proporcionado, entre os quais podem ser mencionados:

a) Levantamento e análise de opiniões dos principais executivos envolvidos no processo administrativo inerente ao SIG considerado. Essas considerações intuitivas e não estruturadas são de elevada importância, pois o que vale é "o que o executivo sente". Se não houver concordância, cabe aos prejudicados – os responsáveis pelo desenvolvimento do SIG – apresentar as suas razões. Para realizar esses levantamentos, podem ser utilizadas as técnicas de entrevistas, questionários e de observação pessoal, sendo que alguns aspectos foram apresentados na seção 2.1.2. Naturalmente, o realizador do levantamento deve ter posição neutra e confiável, para que sejam obtidas percepções e sentimentos quanto a detalhes importantes do SIG na empresa considerada.

b) Variação importante nesse levantamento e análise é verificar a possível mudança nos conceitos dos usuários no processo decisório, abordando os impactos do SIG na mudança provocada no aprendizado do tomador de decisão, o que proporciona automática melhoria da qualidade decisória na empresa.

c) Pode ser desenvolvido um conjunto de critérios e parâmetros correlacionados ao SIG, bem como os impactos a serem medidos. Para cada parâmetro deve ser estabelecido um peso em função de sua importância relativa e posterior pontuação pelos executivos envolvidos em cada critério e parâmetro estabelecidos para o SIG.

d) Pode ser avaliado o impacto do SIG a partir da comparação entre o desempenho antes e depois de sua implementação. Nesse contexto, devem ser estabelecidas algumas características do SIG, considerando que sejam entendidas e de quantificação aceitável por cada um dos executivos envolvidos no processo.

e) Quando da exclusiva ocorrência de itens tangíveis, pode ser efetuada uma avaliação do princípio da relação custos *versus* benefícios, com um tratamento basicamente monetário.

f) Pode ser estabelecida uma hierarquização de prioridades de diferentes SIG. Essa hierarquização pode ser correlacionada a alguns SIG imprescindíveis que apresentam, portanto, custos inevitáveis. Nesse contexto, um novo sistema que consiga, pelo menos, estancar o crescimento desses custos, ainda que cresça o volume de operações da empresa, já apresenta um volume de redução de custos que deve ser creditado a esse sistema (Bio, 1985, p. 69).

g) O executivo pode estabelecer indicadores-chave de avaliação do SIG – rentabilidade, lucratividade, níveis de estoque etc. – que sejam reconhecidos pelos executivos-usuários como fatores básicos para otimização decisória. O desempenho desses fatores é acompanhado durante um período de tempo relativamente longo para se verificar o impacto do referido SIG na melhoria do processo decisório envolvido pelo sistema.

h) O executivo também pode avaliar o SIG pela influência na melhoria do arranjo físico da empresa, considerando as principais unidades organizacionais envolvidas pelo SIG.

Esses são alguns dos principais itens que o executivo pode considerar para efetuar uma avaliação do SIG nas empresas. Naturalmente, esses itens podem e devem ser considerados de forma interativa, otimizando a avaliação do SIG, que pode ser considerada uma tarefa de relativa complexidade. De qualquer forma, sua realização pode proporcionar uma série de benefícios para o processo decisório na empresa como um todo.

A avaliação de um SIG pode ser efetuada, de maneira não excludente, considerando-se seis abordagens gerais:

a) Avaliação de um sistema *de per si*, visando determinar se o seu desempenho atende aos objetivos prefixados, quando da elaboração da definição inicial do projeto para o seu desenvolvimento, seja em termos das informações que o sistema deverá gerar, seja quanto aos custos a serem incorridos na sua concepção, implantação e operação.

b) Avaliação de um sistema em relação a um outro alternativo, de modo a se tomar uma decisão sobre qual deles adotar. Essa avaliação visa determinar quais dos sistemas atende melhor às necessidades da empresa em termos de informação, apresentando ainda a melhor relação custos *versus* benefícios em um dado momento.

c) Dado um conjunto de sistemas, a partir de uma avaliação do impacto de cada um para a empresa, estabelecer uma escala de prioridade para o desenvolvimento do conjunto como um todo. Tal situação é caracterizada no desenvolvimento de planos de longo prazo em termos de desenvolvimento e implantação do sistema.

d) Avaliação de um SIG em comparação com os custos e os benefícios por outros investimentos alternativos que a empresa poderia fazer. Nesse caso, estariam sendo comparados, por exemplo, projetos de investimentos voltados para o aprimoramento do processo de produção dos produtos e serviços de uma empresa, em relação aos projetos de sistemas visando ao aprimoramento do processo decisório.

e) Avaliação de um SIG quanto ao momento em que ele é realizado. Dessa forma, a avaliação pode ser feita em um contexto anterior, durante a operação de um ou mais sistemas, ou em um contexto posterior.

A avaliação feita anteriormente busca fornecer subsídios sobre uma decisão de aplicar ou não recursos no desenvolvimento de um ou mais sistemas.

A avaliação feita durante a operação de um ou mais sistemas procura consolidar um nível de conhecimento desse sistema, a partir do qual se estabelecem medidas corretivas ou alterações, visando à melhoria do desempenho ou ao ajustamento a novas situações, muitas delas não previstas por ocasião de seu desenvolvimento e implantaçao.

A avaliação posterior tem por objetivo, tal qual aquela desenvolvida durante a operação do sistema, permitir uma decisão sobre alterações no sistema ou no escalonamento das prioridades, ou até mesmo a desativação de um sistema perante os resultados apresentados e em termos de contribuição percebida para o atendimento do processo decisório da empresa.

f) Avaliação de um SIG quanto ao nível do sistema que está sendo avaliado e, nesse caso, pode-se ter uma avaliação em nível estratégico, em nível tático ou em nível operacional.

De qualquer forma, para se consolidar uma dessas abordagens de avaliação do SIG, é necessário, inicialmente, a existência de um plano que indique os resultados esperados por cada uma das ações desenvolvidas; e que esse plano, formalizado ou não, seja de conhecimento dos executivos responsáveis pelas atividades planejadas e, ainda, é desejável a participação dos executivos na elaboração desse plano.

Depois da elaboração desse plano, deve ocorrer o registro das operações que garanta a efetividade do controle e avaliação do SIG. Esse registro deve ter coerência com o plano e o nível de agilidade, e as informações necessárias devem estar disponíveis aos envolvidos no processo.

A seguir, devem ocorrer a avaliação dos resultados e a tomada das medidas corretivas, nas quais a seleção de informações é de elevada importância, pois interessam aos executivos apenas as referentes aos desvios significativos em relação ao plano anteriormente elaborado.

Verifica-se que a informação também é um aspecto importante em todo o processo de acompanhamento e avaliação do SIG.

Para otimizar o processo de avaliação do SIG, pode-se trabalhar com indicadores de desempenho, principalmente para verificar se o SIG em seu todo ou cada uma de suas partes alcançou os resultados anteriormente estabelecidos – objetivos e metas –, bem como se o seu desenvolvimento e implementação foram realizados de forma adequada.

> **Indicador de desempenho** é o parâmetro ou critério de avaliação previamente estabelecido que permite a verificação da realização, bem como da evolução do SIG e de cada uma das suas partes na empresa.

Uma interessante abordagem de avaliação do SIG pode considerar indicadores decorrentes da Fundação Programa Nacional de Qualidade – FPNQ e do *Balanced Scorecard*, este último desenvolvido por Kaplan e Norton (1998, p. 17); naturalmente, realizando-se as necessárias adaptações para o SIG nas empresas.

Salienta-se que, para cada indicador, deve-se, inicialmente, efetuar uma análise absoluta – da empresa em si –, e depois uma análise relativa – da empresa em relação ao seu principal concorrente –, propiciando, dessa forma, uma abordagem estratégica do SIG.

Neste contexto, pode-se trabalhar com os seguintes indicadores de desempenho – alocados em oito perspectivas de análise – para o processo de avaliação do SIG nas empresas:

a) Análise da perspectiva do mercado e dos clientes, em que se verifica o nível de contribuição do SIG para a melhoria de alguns indicadores de desempenho, tais como:
- nível de conhecimento que o mercado tem da empresa e da qualidade de sua imagem;
- participação de mercado e de conquista de novos clientes; e
- nível de relacionamento com os clientes e manifestações positivas dos mesmos.

b) Análise da perspectiva financeira, em que se verifica o nível de contribuição do SIG para a melhoria dos resultados econômico-financeiros da empresa, tais como:
- níveis de rentabilidade e de lucratividade da empresa;
- melhoria nos níveis de liquidez e de geração de caixa na empresa; e
- situação dos níveis de vendas, dos custos dos produtos e serviços e das margens brutas.

c) Análise da perspectiva dos processos, em que se verifica o nível de contribuição do SIG para o processo decisório na empresa, incluindo a evolução dos seguintes indicadores, entre outros:
- níveis de conformidade dos produtos e serviços, bem como de eficiência operacional;
- níveis de produtividade e de qualidade; e
- melhoria nos processos e nos serviços pós-venda.

d) Análise da perspectiva de aprendizado, inovação e crescimento, em que se verifica o nível de contribuição do SIG para a qualidade administrativa da empresa, sustentada por alguns indicadores, tais como:
- qualidade e tempo de recuperação dos investimentos realizados;
- geração de novas ideias quanto aos processos, produtos e serviços; e
- melhoria nos processos e na qualidade das inovações na empresa.

e) Análise da perspectiva de responsabilidade social, em que se verifica o nível de contribuição do SIG para a melhor interação da empresa com questões sociais, sendo utilizados alguns indicadores, tais como:
- níveis de conformidade social e ambiental;
- nível da imagem pública da empresa; e
- níveis de investimentos realizados pela empresa em questões sociais.

f) Análise da perspectiva das pessoas, em que se verifica o nível de contribuição do SIG para o incremento qualitativo no capital humano nas empresas, sendo sustentado por alguns indicadores de desempenho, tais como:

- níveis de retenção das pessoas-chave e de comprometimento efetivo;
- níveis de treinamento e de evolução da capacitação profissional; e
- níveis de bem-estar e de qualidade de vida das pessoas.

g) Análise da perspectiva de aquisição de produtos e serviços e dos correspondentes fornecedores, em que se verifica o nível de contribuição do SIG para a melhoria do processo interativo da empresa para com seus fornecedores, consolidando possíveis parcerias e trabalhando com alguns indicadores de desempenho, tais como:

- qualidade efetiva dos produtos e serviços adquiridos;
- produtividade das aquisições realizadas; e
- nível de relacionamento entre as partes e de eficácia da garantia da qualidade.

h) Análise da perspectiva organizacional, em que verifica o nível de contribuição do SIG para a melhoria do processo organizacional e do modelo de administração da empresa, sendo sustentado por indicadores de desempenho, tais como:

- nível de qualidade do capital intelectual da empresa;
- habilidade dos líderes e nível de satisfação de se trabalhar com eles; e
- nível de qualidade do sistema de informações gerenciais – SIG.

Salienta-se ser altamente válido que se trabalhe com essas oito perspectivas de forma interativa, propiciando condições de melhor análise dos indicadores de desempenho correlacionados a essas perspectivas.

As oito perspectivas que contribuem para a avaliação do SIG são apresentadas na Figura 5.1:

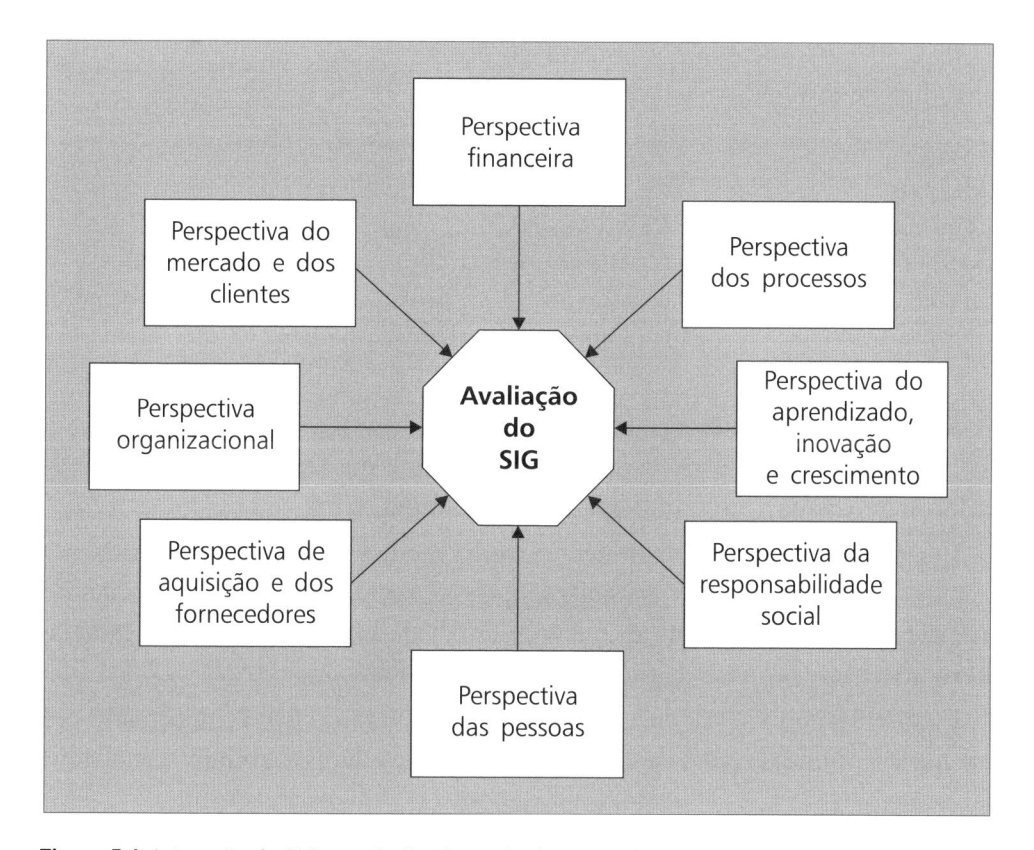

Figura 5.1 Interação do SIG com indicadores de desempenho.

5.3 Como administrar possíveis resistências

Quando o executivo decide implementar um SIG na sua empresa, geralmente tem de enfrentar uma série de resistências provocadas a partir dos efeitos que as mudanças provocam sobre as pessoas envolvidas no processo.

Alguns desses efeitos que as mudanças, através de um SIG, podem provocar sobre as pessoas, são:

a) Efeitos comportamentais

O efeito mais evidente de qualquer mudança nas empresas são as alterações efetivas que devem ser feitas por aqueles que fazem o trabalho. Desse modo, os efeitos das mudanças sobre a conduta fazem com que as pessoas alterem a maneira pela qual fazem seu trabalho.

Essas alterações do comportamento são, de fato, o ponto imediato da mudança. Sua implantação bem-sucedida geralmente depende de tais alterações.

Mas essas alterações de comportamento não ocorrem simplesmente de modo automático, a pedido ou mando dos executivos. As alterações precisas e desejadas acontecem somente com a cooperação ativa daqueles que estão diretamente envolvidos; e a extensão e a natureza da sua cooperação dependem, em parte, das suas atitudes. A formação dessas atitudes é profundamente influenciada pelos efeitos psicológicos e sociais da mudança provocada pelo SIG.

b) Efeitos psicológicos

Nesse caso, qualquer mudança tende a alterar a maneira pela qual um indivíduo se relaciona com o que está fazendo e o que sente ao fazê-lo.

Quando se anuncia pela primeira vez uma mudança, todos aqueles que serão afetados por ela começam a imaginar o que essa novidade significará para eles no que diz respeito à sua futura maneira de trabalhar. Eles terão inúmeras dúvidas a esse respeito, porque toda mudança gera, a princípio, incertezas.

Frequentemente, essas incertezas se correlacionam com a capacidade e o conhecimento das pessoas de enfrentar as mudanças em seu padrão de trabalho.

c) Efeitos sociais

Esses efeitos são as alterações que ocorrem nas relações já estabelecidas do indivíduo com os outros membros de sua equipe de trabalho e com seus superiores, seu sindicato e a empresa como um todo.

Quase toda a mudança no padrão ou no método de trabalho tenderá a alterar as relações já estabelecidas entre aqueles que estão fazendo o trabalho e entre eles e seus outros colegas na empresa, seus superiores e seus subordinados.

Assim como acontece com os efeitos psicológicos, os efeitos sociais de uma mudança levam os que nela estão envolvidos a imaginar quais as alterações que ocorrerão em suas relações já existentes. Imaginarão, também, qual será a natureza das suas relações futuras.

Os efeitos sociais de uma mudança podem ter consequências críticas sobre a maneira pela qual ela é encarada, especialmente quando existe uma possibilidade de alterações na posição pessoal. É o que acontece com qualquer mudança empresarial, quer seja em termos de estrutura ou de pessoas ou de sistema de informações gerenciais.

d) Efeitos econômicos

Esses efeitos se concentram sobre dois aspectos principais: mudanças nos salários e nos benefícios dos funcionários das empresas.

O executivo deve estar atento a esses aspectos, caso contrário os resultados das mudanças na sua empresa podem ser bastante desastrosos, com elevados níveis de resistência às mudanças programadas.

e) Efeitos organizacionais

Nesse aspecto deve-se considerar as possíveis mudanças no poder, no *status*, na autonomia e na carga de trabalho. Esse efeito, na realidade, engloba os efeitos anteriormente mencionados, mas tem a validade de considerar o efeito da mudança sob o enfoque sistêmico da empresa como um todo. Inclusive, na análise dos efeitos das mudanças, o efeito organizacional deve ser debatido e analisado por último para propiciar condição de *fechar* a análise.

Se uma mudança deve ser introduzida e implementada com sucesso, todos os cinco efeitos devem ser considerados e tratados de modo positivo. Muitas vezes, o sucesso de uma mudança depende, profundamente, da maneira pela qual ela é compreendida por todos nela envolvidos. Sem aceitação e apoio, até mesmo as mudanças brilhantemente planejadas e que se constituem em um melhoramento óbvio, provavelmente, trazem resultados decepcionantes.

A informação é muito mais do que pura tecnologia, pois é, antes de tudo, uma cultura e, portanto, deve desenvolver-se pela sedimentação dos conhecimentos adquiridos.

Para o tratamento dos aspectos inerentes às mudanças organizacionais e às resistências que podem ocorrer, os executivos podem considerar a técnica do desenvolvimento organizacional, conforme conceituação apresentada por Bennis (1972, p. 7).

> **Desenvolvimento organizacional – DO** – é uma resposta à mudança, uma complexa estratégia educacional que tem por finalidade mudar crenças, atitudes, valores e a estrutura da empresa, de modo que elas possam melhor se adaptar aos novos mercados, tecnologias e desafios e ao próprio ritmo de mudanças da sociedade e da economia.

Com isso, o DO objetiva aplicar o conhecimento da ciência do comportamento à moldagem dos processos de formação de equipes de trabalho e das relações entre as equipes, a fim de assegurar a eficácia da empresa.

Fica evidente que esse processo deve ter como base de sustentação alto nível de eficiência e eficácia no processo empresarial, o que pressupõe a existência de um otimizado sistema de informações gerenciais.

Nesse ponto, devem-se lembrar as diferenças entre eficiência e eficácia:

> **Eficiência** cuida de fazer as coisas bem, resolver problemas, salvaguardar os recursos, cumprir com o seu dever e reduzir os custos.

> **Eficácia** cuida de fazer as coisas certas, produzir alternativas criativas, maximizar a utilização dos recursos e aumentar o lucro da empresa.

Na realidade, os termos eficiência e eficácia são, frequentemente, mal compreendidos e aplicados, provocando uma série de confusões. De qualquer forma, os dois conceitos são distintos e essa situação fica bastante clara quando alguns modelos sugeridos para a sua avaliação quantitativa são examinados (Gonçalves, 1987, p. 1).

Essa situação pode ser visualizada no Quadro 5.1 – a partir da adaptação de Deniston, Rosenstock e Silva Leme e de ajuste do autor ao SIG –, sendo válida a análise interativa entre os diversos critérios de avaliação apresentados.

Na realidade, uma análise interativa entre diferentes critérios e indicadores de avaliação deve ser utilizada em todo e qualquer instrumento administrativo que necessite de elevada qualidade decisória.

Quadro 5.1 Medidas para avaliação do SIG.

PARA AVALIAÇÃO DA EFICÁCIA:	
EFICÁCIA NO USO DOS RECURSOS	RECURSOS CONSUMIDOS / RECURSOS PLANEJADOS
EFICÁCIA DAS ATIVIDADES	ATIVIDADES DESEMPENHADAS / ATIVIDADES PLANEJADAS
EFICÁCIA DOS OBJETIVOS	COMPARAÇÃO ENTRE AS REALIZAÇÕES LÍQUIDAS ATRIBUÍVEIS AO SIG E AS PRETENDIDAS

Quadro 5.1 (Continuação)

PARA AVALIAÇÃO DA EFICIÊNCIA:	
EFICIÊNCIA DE UM SIG	OBJETIVOS ALCANÇADOS OU ATIVIDADES REALIZADAS / RECURSOS CONSUMIDOS
EFICIÊNCIA NA REALIZAÇÃO DE UMA ATIVIDADE DO SIG	TEMPO PREVISTO OU TEMPO PADRÃO / TEMPO GASTO
EFICIÊNCIA DE UMA ATIVIDADE DO SIG	OBJETIVOS ALCANÇADOS EM RELAÇÃO ÀS ATIVIDADES REALIZADAS DO SIG

O executivo deve saber que, através de adequado processo de aplicação de DO, obtém os seguintes resultados mais comuns:

- desenvolvimento da competência interpessoal;
- mudança nos valores, de modo que os fatores e os sentimentos humanos sejam mais válidos para o SIG;
- desenvolvimento de crescente compreensão entre e dentro de equipes de trabalho envolvidas no SIG, com o objetivo de reduzir tensões e atritos;
- geração de informações objetivas e subjetivas, válidas e pertinentes, sobre as realidades da empresa, bem como assegurar o retorno analisado dessas informações aos usuários do sistema de informações gerenciais da empresa;
- criação de um clima de aceitação e receptividade para o diagnóstico e a solução de problemas da empresa, com base na melhoria do sistema de informações gerenciais;
- estabelecimento de um clima de confiança, respeito e não manipulação entre chefes, colegas e subordinados no sistema considerado, incluindo o executivo administrador do SIG;
- maior integração das necessidades e dos objetivos da empresa e dos profissionais que fazem parte da empresa, dentro do SIG;
- desenvolvimento de um processo de afloração dos conflitos, atritos e tensões e posterior tratamento de modo direto, racional e construtivo;

- criação de clima favorável para o estabelecimento de objetivos, sempre que possível quantificados e bem qualificados, que norteiem a programação de atividades e a avaliação de desempenhos de forma adequada e mensurável de unidades organizacionais, equipes e indivíduos;
- desenvolvimento da empresa através de aprimoramento dos indivíduos envolvidos nos sistemas de informações gerenciais inerentes à empresa; e
- aperfeiçoamento dos sistemas e dos processos de informação, decisão e comunicação, quer sejam ascendentes, descendentes, diagonais ou laterais.

Portanto, a capacidade de perceber, analisar e entender as mudanças e seus efeitos sobre as pessoas, o SIG e a empresa, bem como de adaptar-se às exigências de novas realidades e, se possível, antecipar-se à chegada das mudanças e dos novos fatos são aspectos de suma importância para os executivos das empresas.

Naturalmente, considera-se a mudança planejada, e não outros tipos de mudanças que podem ocorrer na empresa, como:

- mudança por acomodação, através de uma série de pequenas mudanças de maneira não sistematizada com sucessivos esforços de adaptação, sem ter como base um planejamento coerente e estruturado;
- mudança por crise, quando ocorre a mudança de emergência, visando *apagar incêndio*; e
- mudança de impacto, que ocorre a partir da ameaça de uma situação caótica e incontrolável, provocando uma mudança radical e revolucionária, com sacrifícios desastrosos e resultados questionáveis.

A partir da conceituação de DO e dos benefícios que pode apresentar para o SIG e para a empresa, é possível estabelecer algumas de suas características básicas, como:

- é uma estratégia educacional que visa uma mudança organizacional planejada, geralmente considerando a empresa como um todo;
- as mudanças, necessariamente, devem estar correlacionadas com as exigências ou as necessidades da empresa, e não das pessoas;
- os agentes de mudança são, geralmente, externos ao SIG;

- é necessário alto nível de relacionamento, colaboração e respeito profissional entre o agente de mudança e os profissionais envolvidos pelo sistema de informações gerenciais; e
- o agente de mudança – consultor externo ou assessor interno – deve ter muito clara e definida a sua filosofia de atuação para com o sistema de informações gerenciais – SIG.

A técnica de DO parte de determinadas premissas, dentre as quais podem ser citadas:

a) Existe uma forma organizacional mais adequada à época considerada e à empresa em si. Esse aspecto está correlacionado às constantes mudanças que a empresa sofre ao longo do tempo.

b) A única maneira de mudar a empresa é mudando a sua cultura, a qual é entendida como:
- sistema dentro do qual as pessoas trabalham e vivem; e
- modos de vida, crenças e valores, bem como formas de interação e de relacionamento.

c) É necessária uma nova conscientização social das pessoas que trabalham na empresa, pois dessa forma os resultados da empresa podem ser otimizados.

Todo esse processo deve buscar fortalecer o lado positivo da burocracia nas empresas.

Nesse ponto, podem-se lembrar os componentes da burocracia (Bennis, 1972, p. 11), que podem ser resumidos em:

- cadeia de comando bem definida;
- sistema de regras e procedimentos amplo e rígido;
- divisão de trabalho baseada na especialização;
- promoção e seleção de pessoas baseadas na competência técnica; e
- impersonalidade nas relações humanas.

Verifica-se que o lado positivo da burocracia é um aspecto importante no desenvolvimento e na implementação dos SIG nas empresas.

Um outro aspecto que deve ser analisado é o do processo de condicionamento do comportamento humano, que parte da cultura e chega aos comportamentos, passando pelas percepções.

O resultado desse processo é o indivíduo apresentando diferentes atitudes perante as pessoas e o sistema considerado. Por exemplo, se houver uma crença na empresa, ou em uma área específica dessa, de que as mudanças nos sistemas podem criar problemas para as pessoas envolvidas, esse aspecto pode provocar uma percepção de que os resultados serão desfavoráveis para essas pessoas, o que gera comportamentos passivos, os quais se operacionalizam através de atitudes inativas ou mesmo de atitudes de rejeição às mudanças. Portanto, o executivo deve procurar atuar no início desse processo, através do efetivo conhecimento da cultura da empresa, ou seja, de seus valores, crenças, percepções.

Quando da análise dos SIG nas empresas, os executivos devem enfocar as várias formas de serem abordados os subsistemas nas empresas. Esses enfoques podem ter abordagens estruturais e/ou comportamentais, o que torna a técnica de DO altamente válida nesse momento.

A empresa é um sistema aberto, bem como se compõe de vários subsistemas, e pode ser visualizada como um sistema sociotécnico aberto, conforme apresentado na Figura 5.2:

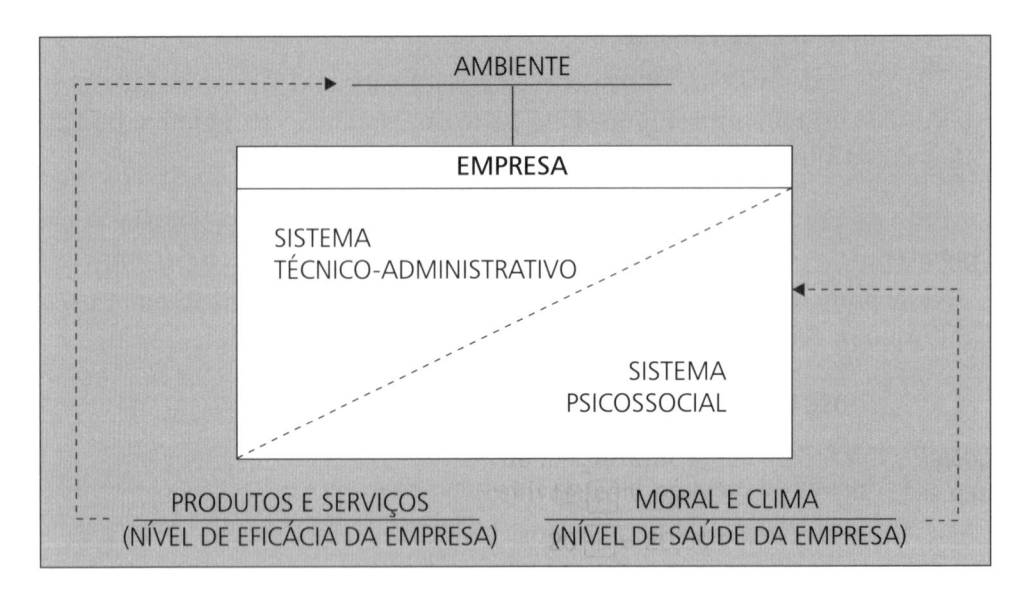

Figura 5.2 Empresa como sistema sociotécnico aberto.

Através da Figura 5.2, verifica-se que a empresa tem a retroalimentação direta do resultado de seu subsistema psicossocial, através de seu nível de moral e clima empresarial.

Caso o executivo da empresa não considere o sistema psicossocial em seu trabalho, poderá ter alto nível de resistência quando da implementação do sistema de informações gerenciais.

Existem outras maneiras de representar os subsistemas da empresa, que podem ser uma simples divisão em unidades organizacionais que compõem essas partes – Figura 5.3 –, até se chegar a outra situação que foi desenvolvida por French e Bell (1973, p. 27), conforme apresentado na Figura 5.4.

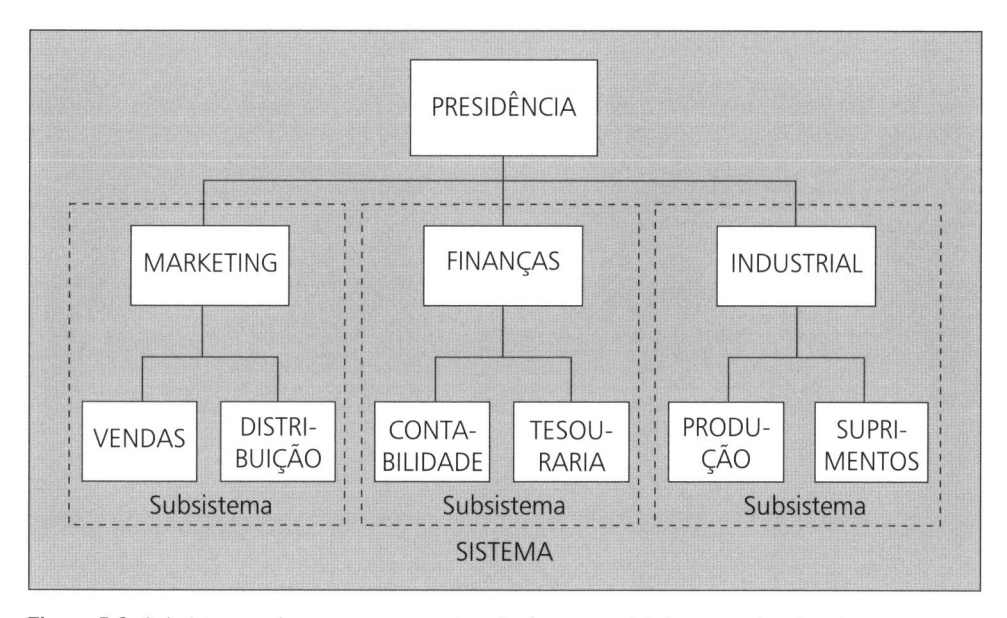

Figura 5.3 Subsistemas de uma empresa através de suas unidades organizacionais.

Este processo evolutivo da Figura 5.3 para a Figura 5.4 – abordagem mais complexa – é de elevada importância para *abrir* o raciocínio sistêmico nos momentos decisórios dos executivos das empresas.

Subsistema TAREFAS
Programa de trabalho
Funções
Atribuições - papéis
Responsabilidade
Tarefas
Atividades
Poder

Subsistema TECNOLÓGICO
Equipamentos, máquinas
Instalações
Processos
Métodos

Conhecimentos técnicos
Profissionais

Subsistema de OBJETIVOS e DESAFIOS
Missão) (
Objetivos) (Empresa
Obj. Setoriais) (Unidades
Desafios) (Equipes
Metas) (Indivíduos
Resultados) (

Subsistema ESTRUTURAL
Subdivisões

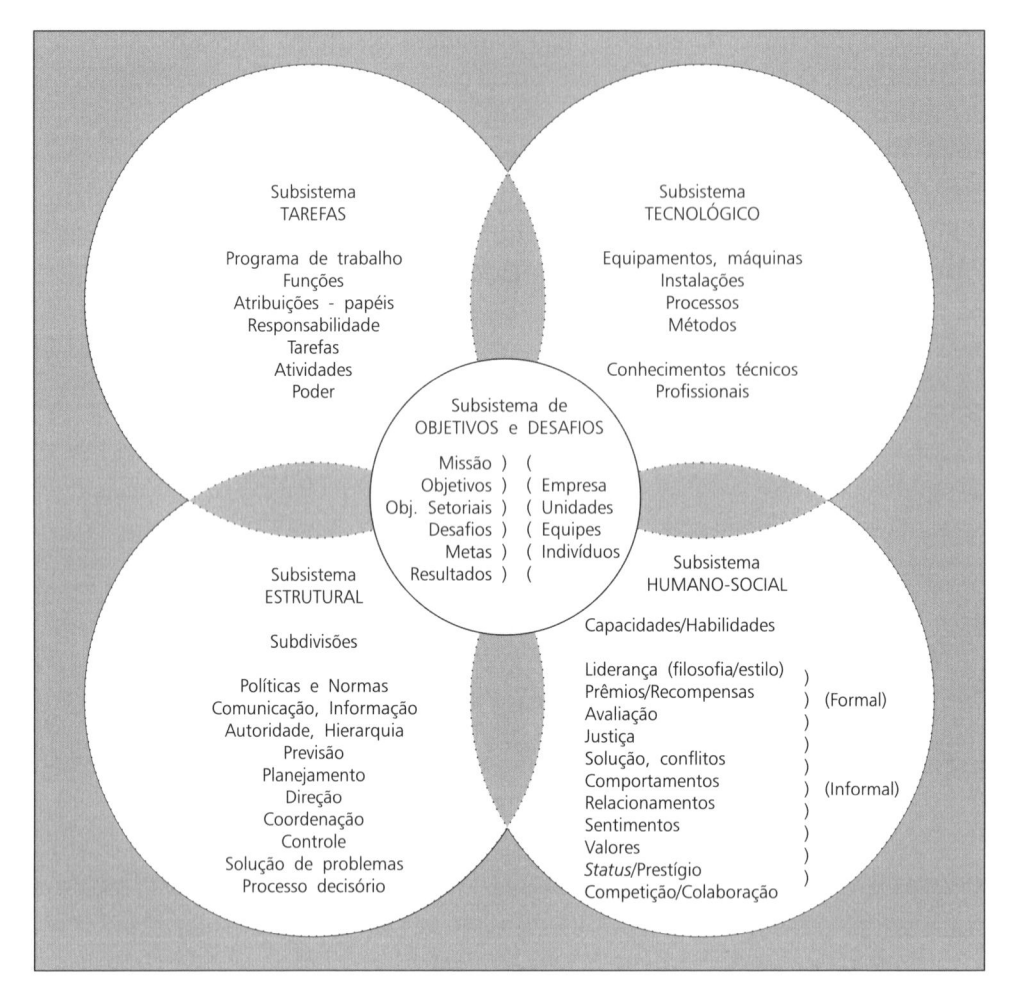

Políticas e Normas
Comunicação, Informação
Autoridade, Hierarquia
Previsão
Planejamento
Direção
Coordenação
Controle
Solução de problemas
Processo decisório

Subsistema HUMANO-SOCIAL
Capacidades/Habilidades

Liderança (filosofia/estilo))
Prêmios/Recompensas)
Avaliação) (Formal)
Justiça)
Solução, conflitos)
Comportamentos)
Relacionamentos) (Informal)
Sentimentos)
Valores)
Status/Prestígio)
Competição/Colaboração

Figura 5.4 Principais subsistemas e suas dimensões.

Verifica-se que o SIG influencia – e recebe influência – de cada um dos subsistemas apresentados nas Figuras 5.2, 5.3 e 5.4, indicando que o SIG tem plena abrangência, qualquer que seja o processo de divisão da empresa em subsistemas.

Essa observação é válida para qualquer divisão da empresa em subsistemas pois, mesmo que o SIG seja identificado, primordialmente, como pertencente a determinado subsistema, a sua interação é plena para com os outros subsistemas da empresa.

Isso é uma verdade para todo e qualquer sistema global – que consideram toda a empresa –, tais como o planejamento estratégico, o marketing total, a logística, a qualidade total; sendo que você pode constatar essa interação total pela análise do livro *A moderna administração integrada*, dos mesmos autor e editora.

É importante verificar também que cada um desses subsistemas está interagindo na empresa, e o executivo deve estabelecer os graus desse processo. Essa interação é completa e total, sendo necessário analisar cada uma das causas e dos efeitos dentro do esquema.

É necessária a perfeita interligação de cada um dos subsistemas considerados, bem como a identificação das decomposições possíveis de ser efetuadas pelo executivo que está catalisando o processo de desenvolvimento e implementação do SIG na empresa.

Verificou-se que o executivo tem de trabalhar com o subsistema técnico-administrativo, bem como com o subsistema psicossocial.

A maior parcela do subsistema técnico-administrativo fica na parte visível do *iceberg* organizacional, enquanto o subsistema psicossocial corresponde à parte invisível – e maior – do *iceberg*, conforme mostrado na Figura 5.5 (Selfridge e Sokolik, 1975, p. 43), onde se observa que o SIG fica na parte visível do *iceberg*, mas está recebendo influências da parte não visível do referido *iceberg* organizacional.

COMPONENTES VISÍVEIS:
- SISTEMAS DE INFORMAÇÕES GERENCIAIS
- ESTRUTURA ORGANIZACIONAL
- DENOMINAÇÃO E DESCRIÇÃO DE CARGOS
- REDE DE AUTORIDADE FORMAL
- ALCANCE DO CONTROLE E NÍVEIS ORGANIZACIONAIS
- OBJETIVOS EMPRESARIAIS ESTRATÉGICOS
- POLÍTICAS E PROCEDIMENTOS OPERACIONAIS
- PLANEJAMENTO/SISTEMA DE INFORMAÇÃO
- POLÍTICAS E PROCEDIMENTOS REFERENTES AO PESSOAL
- UNIDADES DE MENSURAÇÃO REFERENTES À PRODUTIVIDADE FÍSICA E MONETÁRIA

A EMPRESA VISÍVEL

ESSES COMPONENTES SÃO CLARAMENTE OBSERVÁVEIS, GERALMENTE RACIONAIS, PROVENIENTES DE CONHECIMENTOS E ORIENTADOS PARA CONSIDERAÇÕES ATINENTES ÀS TAREFAS

COMPONENTES NÃO VISÍVEIS:
- PADRÕES DE PODER CRESCENTE E DE INFLUÊNCIA
- VISÃO PESSOAL DAS COMPETÊNCIAS EMPRESARIAIS E INDIVIDUAIS
- PADRÕES DE GRUPOS INTERPESSOAIS E DE RELAÇÕES DIVISIONAIS
- SENTIMENTOS E NORMAS DOS GRUPOS DE TRABALHO
- PERCEPÇÃO DA EXISTÊNCIA DE RELACIONAMENTOS DE CONFIANÇA, DE ABERTURA E DE COMPORTAMENTOS RELATIVOS À ACEITAÇÃO DE RISCOS
- PERCEPÇÃO DO PAPEL INDIVIDUAL E DOS SISTEMAS DE VALORES
- SENTIMENTOS EMOCIONAIS, NECESSIDADES E DESEJOS
- RELACIONAMENTO AFETIVO ENTRE DIRIGENTES E EXPECTATIVAS
- RELACIONAMENTO AFETIVO ENTRE DIRIGENTES E AUXILIARES
- UNIDADES DE MEDIDA PARA CONTABILIZAÇÃO DOS RECURSOS HUMANOS

A EMPRESA NÃO VISÍVEL

NÍVEL DE PENETRAÇÃO DA INTERVENÇÃO DO DESENVOLVIMENTO ORGANIZACIONAL

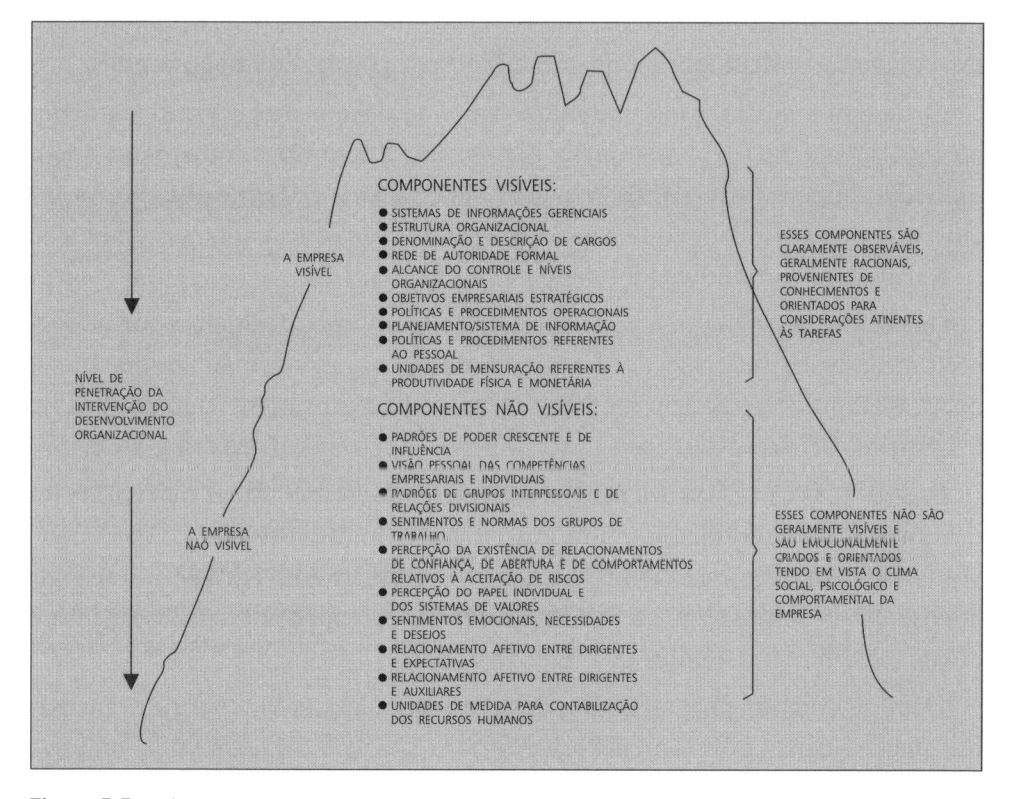

ESSES COMPONENTES NÃO SÃO GERALMENTE VISÍVEIS E SÃO EMOCIONALMENTE CRIADOS E ORIENTADOS TENDO EM VISTA O CLIMA SOCIAL, PSICOLÓGICO E COMPORTAMENTAL DA EMPRESA

Figura 5.5 *Iceberg* organizacional.

O executivo deve procurar conhecer os aspectos invisíveis da empresa, tendo em vista o processo da transação indivíduo *versus* empresa.

A identificação do *iceberg* organizacional é básica para o executivo efetuar o estudo da cultura organizacional.

> **Cultura organizacional** é a *maneira de ser* da empresa, sendo composta de padrões prevalentes de valores, crenças, sentimentos, atitudes, normas, interações, tecnologia, métodos e procedimentos de execução de atividades e suas influências sobre as pessoas da empresa.

Inclui-se, ainda, na cultura organizacional a estrutura informal, ou seja, todo o sistema de relações informais, com seus sentimentos, ações e interações, grupos de pressão, valores e normas grupais etc.

O processo de DO enfoca os dois sistemas, o formal – visível – e o informal – não visível –, mas a estratégia de intervenção que o executivo deve usar, normalmente, se inicia pelo sistema informal, porque as atitudes e os sentimentos das pessoas são, usualmente, as primeiras informações a serem confrontadas.

O desempenho de cada indivíduo depende de um processo de mediação ou regulação entre ele e a empresa. Nesse caso, a empresa é o meio em que o indivíduo pode ou não satisfazer as suas necessidades. É dessa satisfação ou insatisfação de necessidades que dependerá sua motivação na tarefa, sua dedicação ao trabalho, sua produtividade, eficiência e eficácia.

Entretanto, uma empresa pode apresentar alguns tipos de doença que podem prejudicar o seu processo de desenvolvimento organizacional; sendo que as doenças empresariais podem ser classificadas conforme o apresentado no Quadro 5.2 (Mello, 1978, p. 101).

Para cada uma dessas doenças, o executivo pode identificar determinados sintomas. Elas se interligam tendo em vista o enfoque sistêmico; e o executivo da empresa deve estar atento para evitar a reação em cadeia, em que cada doença empresarial se agrava, rápida e intensamente, pela influência das outras doenças existentes na empresa.

Deve-se notar que para cada um dos sintomas constatados devem ser analisadas quais as causas, pois somente a partir dessa situação o executivo da empresa pode trabalhar adequadamente o processo decisório, para eliminar os problemas da empresa.

Na prática, as empresas normalmente têm encontrado mais dificuldade em identificar as causas, embora, muitas vezes, alguns dos sintomas identificados sejam falsos na realidade da empresa considerada.

Quadro 5.2 Exemplos de doenças e sintomas empresariais.

DOENÇAS	SINTOMAS
ECONÔMICAS	– Retorno nulo ou irrisório sobre o capital investido – Retorno baixo sobre o ativo total
FINANCEIRAS	– Despesas financeiras elevadas – Alta necessidade de capital de giro – Alta influência de capital de terceiros
TÉCNICAS	– Alto nível de reclamações e devoluções pelos clientes – Alta dependência tecnológica externa
MERCADOLÓGICAS	– Processo de distribuição inadequado – Preços inadequados para os produtos e serviços vendidos – Falta de competitividade no mercado – Baixo retorno nas campanhas promocionais
ADMINISTRATIVAS	– Inadequada utilização dos recursos disponíveis – Trabalhos repetidos
COMPORTAMENTAIS	– Falta de motivação – Baixo nível de coesão – Alto nível de atritos – Alto nível de rejeição às mudanças

Tendo em vista o processo de desenvolvimento organizacional, os executivos das empresas devem saber quais são os principais sintomas de saúde empresarial, entre os quais podem ser citados:

- alto nível de adaptabilidade às demandas internas e externas;
- objetivos amplamente compartilhados pelos diversos níveis hierárquicos da empresa;
- conhecimento profundo pela empresa e por seus membros sobre o que ela foi, o que é, e o que pretende ser, ou seja, o processo de planejamento é algo consolidado na empresa;

- liberdade de expressão;
- ênfase na resolução prática de problemas específicos;
- pontos de decisão determinados em função de competência, responsabilidade, acesso às informações, volume de trabalho, e não pelo nível hierárquico;
- alto nível de orientação para os resultados esperados;
- espírito de equipe;
- consideração da opinião de todos;
- enfoque nas necessidades e nos sentimentos pessoais;
- colaboração espontânea e bem aceita;
- administração eficaz, direta e aberta aos conflitos;
- possibilidade de progresso e desenvolvimento pessoal;
- motivação no trabalho;
- liderança flexível;
- confiança, liberdade e responsabilidade mútuas;
- risco aceito como condição para o desenvolvimento e a mudança;
- estrutura organizacional, políticas e procedimentos efetivos;
- clima e ordem, mas com alto grau de inovação;
- percepção da realidade;
- alto nível de criatividade;
- flexibilidade operacional;
- pessoas abertas a inovações; e
- alto nível de integração entre as pessoas e as atividades da empresa.

Para você se divertir: analise, com exemplos e justificativas, a saúde empresarial da empresa onde trabalha ou instituição onde estuda.

Ressalta-se que a saúde da empresa é a base para o alto nível de eficácia da empresa pois a saúde empresarial é resultante do grau de intervenção e de desenvolvimento individual, grupal e da empresa considerada.

Outro aspecto importante a ser analisado é o das disfunções nas empresas. A seguir são apresentados alguns exemplos de disfunções na estrutura organizacional, que podem prejudicar a qualidade do sistema de informações gerenciais das empresas.

São elas:

- estrutura organizacional com alto grau de ambiguidade quanto à divisão do trabalho ou à autoridade para a tomada de decisão;
- medidas e critérios de desempenho, controle e recompensas pouco correlacionados aos assuntos administrativos a serem medidos;
- sistemas de informações nos quais existem grandes distâncias entre fontes de informações necessárias para decisão e pontos de tomada de decisão; e
- alta incongruência entre os papéis e funções formais (intenções explicitadas) e os reais (utilizadas na prática) dos profissionais da empresa.

Percebe-se que esses aspectos podem prejudicar, em alto grau, a saúde da empresa e que as disfunções podem ocorrer em qualquer atividade da empresa, prejudicando a estruturação e a aplicação do SIG.

De nada adianta o executivo concentrar esforços para desenvolver adequada estrutura organizacional e/ou sistema de informações e/ou normas e procedimentos se não considerar, de forma equilibrada, essas e outras disfunções existentes na empresa.

Nesse momento, são válidos alguns comentários a respeito do agente de DO.

> **Agente de Desenvolvimento Organizacional** é aquele profissional capaz de desenvolver comportamentos, atitudes e processos que possibilitem à empresa transacionar, proativa e interativamente, com os diversos aspectos do ambiente empresarial e do sistema de informações gerenciais.

O agente de DO, particularmente quanto aos sistemas de informações gerenciais, deve apresentar determinados requisitos, dentre os quais podem ser citados: autoconhecimento, conhecimento da empresa, conhecimento do SIG, bom relacionamento e flexibilidade de ação.

Naturalmente, o agente, tendo essas qualificações, torna o processo de mudança planejada muito mais viável.

É importante que o executivo saiba identificar o agente ideal, pois só assim a empresa terá possibilidade de usufruir de todas as vantagens do DO. Pode-se afirmar que agente ideal de DO é aquele que, entre outros aspectos, trabalha "com" o cliente e não "para" o cliente.

Mello (1978, p. 117) apresenta as seguintes funções do agente de DO, para bem desenvolver seus trabalhos:

- obter dados sobre o funcionamento do sistema que está em análise;
- ouvir pessoas e compreendê-las;
- ajudar pessoas com dificuldades pessoais e funcionais;
- diagnosticar situações e comportamentos;
- traçar estratégias e escolher táticas de DO;
- estimular comportamentos e ações condizentes aos objetivos de DO;
- treinar pessoas e equipes;
- confrontar pessoas ou equipes, dando-lhes *feedback* construtivo;
- sugerir soluções e orientar ações;
- intervir diretamente, assegurando-se de que certas providências sejam tomadas;
- liderar ou dirigir pessoas e equipes;
- planejar, organizar, coordenar e controlar atividades de DO; e
- avaliar resultados e desempenhos baseados em objetivos e desafios anteriormente estabelecidos.

O agente de DO pode atuar como consultor externo ou como consultor interno à empresa.

Antes de se analisar a situação ideal, é necessário examinar algumas vantagens e desvantagens de cada uma das duas posições em que o agente de DO pode atuar no desenvolvimento de seus trabalhos:

a) Agente interno (funcionário da empresa)

Para essa forma de atuação, os principais aspectos são:

Vantagens:
- maior conhecimento dos aspectos internos da empresa;
- presença diária;
- maior acesso a pessoas e equipes multidisciplinares de trabalho na empresa considerada;
- participação na avaliação e no controle dos processos administrativos; e
- tem algum poder formal.

Desvantagens:
- menor nível de aceitação pela alta administração da empresa;
- geralmente tem menor experiência profissional, por ter trabalhado em poucas empresas e em áreas específicas; e
- menor liberdade de dizer e fazer coisas.

b) **Agente externo (consultor)**

Para essa forma de atuação, os principais aspectos são:

Vantagens:
- maior experiência profissional, pois pode ter realizado o serviço em várias outras empresas;
- maior aceitação pela alta administração das empresas;
- pode correr certos riscos (dizer e fazer coisas); e
- é mais imparcial, pelo menor convívio pessoal com os profissionais da empresa.

Desvantagens:
- menor conhecimento dos aspectos informais da empresa;
- não tem poder formal;
- tem menor acesso a pessoas e equipes de trabalho da empresa-cliente; e
- geralmente, não tem presença diária.

Com referência à atuação do consultor ou agente externo, é válida a consideração de alguns *pecados* que devem ser evitados (adaptado de Junqueira, 1987, p. 1):

- preocupação maior em vender: esse posicionamento faz com que o consultor passe a vender o que não pode ou não sabe fazer, bem como seus contatos com o cliente só tenham o objetivo mercadológico, trazendo para ele um rótulo de vendedor e não de técnico;
- onisciência: é o consultor que tudo sabe, que tem um só remédio para todos os males, ou que sempre foge da etapa do diagnóstico prévio, preferindo a execução do seu projeto já pronto;
- vínculo efêmero: o consultor só se relaciona com o cliente quando há uma intenção de venda de alguma coisa, sendo que não existem contatos pessoais ou telefônicos antes e depois do serviço executado, bem como o consultor não oferece ao cliente qualquer tipo de informação

técnica que faça com que o cliente sinta sua presença permanentemente;
- diagnóstico inadequado do problema: situação inadequada decorrente dos pecados anteriores, quando o pouco tempo investido na etapa do diagnóstico traz, como consequência, a escolha da solução inadequada. Às vezes, o próprio cliente causa o problema, pois não quer investir tempo e dinheiro nessa etapa;
- programas voltados para o entretenimento: são aqueles seminários ou cursos de que todos gostam, em que os conflitos são ignorados, mas nada é mudado e não há resultados mensuráveis. Programas desse tipo, normalmente, recebem o rótulo de "Seminários de integração";
- desequilíbrio de técnicas e comportamentos: o consultor monta programas *capengas*, que tendem demasiadamente para o lado comportamental ou cognitivo, quase sempre em decorrência de limitações do próprio consultor, ou de seu gosto por essa ou aquela abordagem;
- empacotamento: o consultor só vende no atacado ou só se interessa pela colocação dos programas-pacote. Isso, muitas vezes, atende mais às suas necessidades de consultor do que às do cliente. O ideal talvez seja o semipacote, algo que conjugue a experiência na execução repetida de um programa com uma possível flexibilidade na adaptação desse programa às necessidades do cliente;
- academicismo: é o consultor que sabe ensinar, mas não sabe fazer. Cabe lembrar que as "pessoas valem não pelo que sabem, mas pelo que fazem com o que sabem". A experiência como professor e executivo é fundamental para o exercício do papel de consultor. Não basta apenas ser um bom professor ou um bom executivo para ser um consultor competente;
- programas sem impacto: o consultor que não se preocupa com programas que produzam impacto imediato corre o risco de não ter tempo, dinheiro e apoio para executar os programas de médio e longo prazos;
- despreocupação com o *depois*: encerrado um projeto, apenas uma parte do trabalho do consultor aconteceu e, nesse caso, é fundamental montar um esquema de continuidade do treinamento, sempre que possível autossustentado e envolvendo as chefias dos participantes, além da própria unidade de treinamento da empresa-cliente;
- ênfase nos objetivos individuais: é um pecado dos consultores que desenvolvem programas com demasiada ênfase no que os participan-

tes queriam, em detrimento de fazer aquilo que a empresa precisava. Uma distribuição razoável é delinear um programa que atenda uma parte menor dos objetivos pessoais e, no restante, atenda, integralmente, os objetivos empresariais;

- consultoria como *bico*: consultoria é uma profissão e não uma atividade esporádica. Quanto maior o tempo dedicado pelo consultor à atividade de consultoria, maior é o seu compromisso com os resultados de seu trabalho;
- consultor como agenciador de mão de obra: esse pecado é ligado ao anterior, pois se o consultor não possui uma equipe – permanente ou associada –, não há uma acumulação de *know-how*, bem como faltará uniformidade metodológica, garantia de qualidade etc. É importante que a consultoria tenha produtos próprios e uma equipe – própria ou associada – com vínculo permanente. Uma alternativa interessante é a consultoria *artesanal* na qual o consultor trabalha com uma das melhores equipes que pode existir: a do cliente. Essa situação facilita o processo de treinamento na tarefa e em tempo real;
- vínculo inadequado com o cliente: é o consultor que excede no seu relacionamento pessoal com o cliente, perdendo a neutralidade necessária a uma atividade de aconselhamento; e
- papel inadequado: um consultor não deve tomar decisões, nem se prestar ao *papel* de dar recados ou executar atividades que podem ser delegadas, com vantagem, aos profissionais da própria empresa-cliente.

Analisando os vários aspectos, pode-se concluir que o ideal é a empresa conseguir trabalhar, simultaneamente, com o consultor ou agente externo e o executivo ou agente interno, procurando melhor usufruir das vantagens de atuação de cada um deles.

Maior profundidade sobre a questão da consultoria pode ser encontrada no livro *Manual de consultoria empresarial*, dos mesmos autor e editora.

Dentro do processo para se institucionalizar o método da mudança planejada na empresa, o agente de DO deve respeitar determinadas fases ou etapas, a saber:

ETAPA 1: Identificação

Essa etapa refere-se à sondagem e ao reconhecimento da situação ou do problema pelo agente de mudança externo ou interno à empresa.

ETAPA 2: Entrada

Nessa etapa, ocorrem os seguintes aspectos:

- assinatura de contrato entre as partes (se for o caso);
- estabelecimento das expectativas e dos compromissos mútuos;
- estabelecimento do sistema-alvo, para o qual o agente deverá direcionar os seus trabalhos;
- testar receptividade, confiança etc.;
- sentir o clima e a realidade do ambiente de trabalho na empresa; e
- sondar problemas, insatisfações etc.

ETAPA 3: Auditoria de posição

Nessa etapa, o agente de mudança deve:

- realizar entrevistas e levantamentos;
- efetuar análises;
- definir situação e necessidades de mudança;
- analisar causas, alternativas, efeitos, riscos, custos, resistências, acomodações etc.;
- avaliar o potencial de mudança; e
- identificar os pontos fortes e fracos do sistema-alvo.

ETAPA 4: Planejamento

Nessa etapa, o agente de mudança deve:

- definir estratégias e políticas para ação;
- designar os participantes do trabalho e suas responsabilidades; e
- estabelecer os programas de trabalho: atividades, sequência, tempo, recursos necessários etc.

ETAPA 5: Ação

Nessa etapa, o agente de mudança deve:

- implementar o plano estabelecido;
- agir sobre o sistema considerado;
- treinar as pessoas envolvidas; e

- ter efetiva institucionalização da mudança, através de atitudes e métodos de solução de problemas.

ETAPA 6: Acompanhamento e avaliação

Nessa etapa, ocorrem os seguintes aspectos:

- controle dos resultados;
- autoavaliação pelos usuários;
- avaliação pelo agente da mudança e pelo executivo administrador do SIG; e
- estudo da necessidade de nova auditoria de posição (Etapa 3).

ETAPA 7: Conclusão

Nessa etapa, o agente de mudança desliga-se do processo, pelo menos temporariamente.

O agente de DO deve, também, fazer a análise de ciclos para solução de problemas que parte de determinados pressupostos e procura alguns objetivos (Mello, 1978, p. 128).

Os principais pressupostos são:

- os problemas assumem importância relativa e diferenciada para determinada situação;
- os problemas podem ser categorizados a partir do seu poder de gerar outros problemas; e
- à medida que são solucionados os sintomas, o problema pode manifestar-se sob outras formas e, até mesmo, agravar-se.

Os principais objetivos a serem alcançados pelo agente DO são:

- estabelecimento da relação de causa *versus* efeito entre diversas manifestações de problemas;
- categorização de problemas segundo a sua importância relativa (causa *versus* efeito);
- proposição de normas alternativas de tratamento para problemas em seus diversos graus; e
- explicitação *a priori* das principais consequências advindas da intervenção em um problema.

No início desse item foram apresentados cinco efeitos que as mudanças empresariais podem provocar. E todos esses efeitos estão relacionados, direta ou indiretamente, ao processo de mudança na empresa.

Dentre as causas de resistência às mudanças na empresa, podem-se relacionar:

- não aceitar aquilo que incomoda;
- tendência a só perceber e incorporar aquilo que convém;
- desconfiança;
- receio de perder coisas boas atuais;
- insegurança pessoal por desconhecimento ou falta de controle;
- dependência de ação para com outra pessoa; e
- necessidade de reagir *contra*.

Entretanto, tendo em vista as causas de resistência às mudanças nas empresas, estabelecem-se alguns processos que podem reduzir a resistência a essas mudanças, como:

- informar fatos, necessidades, objetivos e prováveis efeitos da mudança;
- persuadir sobre os fatores que levaram à decisão da mudança; e
- solicitar colaboração no diagnóstico, na decisão e no planejamento de ações decorrentes.

Uma empresa está em constante mudança e adaptação dentro de seu ambiente organizacional e o executivo deve estar atento a esses aspectos.

Judson (1972, p. 62) apresentou alguns aspectos aos quais os executivos devem atentar:

- antecipar a forma pela qual os afetados pela mudança podem reagir;
- compreender quais os fatores situacionais sobre os quais pode exercer maior influência; e
- compreender em que direção e de que modo dirigir seus esforços.

Para tanto, os executivos das empresas devem:

- saber de que modo as pessoas ordenam suas atitudes com relação a uma mudança;
- saber como as pessoas devem comportar-se;

- saber qual a relação entre as atitudes e os comportamentos de resistências às mudanças;
- entender o significado das forças que derivam da empresa, bem como sua importância; e
- saber como empregar seus esforços mais produtivamente, visando minimizar – ou eliminar – as resistências às mudanças nas empresas.

Na realidade, é praticamente impossível ter um único enfoque padronizado para os executivos das empresas introduzirem e executarem uma mudança, pois:

- existem diferentes estilos pessoais de administrar; e
- seria impossível um único modelo considerar todas as variáveis do problema.

Quando o executivo decide implementar o DO na empresa, deve estar atento a algumas condições que podem levar tanto ao fracasso quanto ao êxito dessa metodologia administrativa.

As principais condições para o fracasso de DO são (Beckard, 1972, p. 44):

- contínua discrepância entre as afirmações da alta administração quanto aos seus valores e estilos e seu efetivo comportamento administrativo;
- um grande programa de atividades sem qualquer base sólida quanto às metas de mudança;
- confusão entre atividades-fins e atividades-meios;
- estrutura de trabalho de curto prazo;
- nenhuma ligação entre esforços de mudança orientados para as questões comportamentais e esforços de mudança orientados para administração no contexto operacional;
- excesso de dependência de especialistas internos;
- um grande degrau entre o esforço de mudança na alta administração e os níveis intermediários da empresa;
- tentar introduzir importante mudança organizacional em uma estrutura inadequada;
- confundir boas relações como um fim, com boas relações como um meio;
- buscar soluções prontas, como *livro de receitas culinárias*; e
- aplicação inadequada de uma intervenção ou de uma estratégia.

Por outro lado, algumas das condições para o sucesso de DO são:

- pressão do ambiente, interno e externo, para a realização da mudança;
- alguma pessoa estratégica está sendo vítima de algum mal-estar;
- alguma pessoa estratégica deseja fazer um diagnóstico real do problema;
- existência de liderança;
- colaboração entre o pessoal atuante em atividades-fins e os que trabalham em atividades-meios;
- disposição para assumir o risco;
- existência de perspectivas realísticas e de longo prazo;
- disposição de encarar e trabalhar com os dados e a realidade da situação;
- o sistema recompensa as pessoas pelo esforço de mudança; e
- existência de resultados intermediários tangíveis.

Tendo em vista a adoção com êxito da técnica de DO, o executivo da empresa deve formular algumas perguntas básicas, como (Bennis, 1972, p. 74):

- as metas e o processo de aprendizado de DO são adequados?
- existe receptividade?
- as pessoas-chave estão envolvidas?
- os profissionais da empresa estão adequadamente preparados e orientados para o DO?

O processo de mudança pode ser analisado em uma abordagem mais ampla, desde a identificação da missão e o negócio da empresa. Por exemplo, o negócio da empresa pode ser fabricação de automóveis ou transporte individual, produção de geladeiras ou conservação de alimentos, venda de cosméticos ou de esperança, investimento ou segurança, cartões de crédito ou comodidade, filmes ou entretenimento. A esse respeito ver detalhes no Capítulo 4 do livro *Planejamento estratégico: conceitos, metodologia e práticas*, dos mesmos autor e editora.

As forças presentes no processo de mudanças podem ser ambientais (tecnológicas, econômicas, políticas, socioculturais), organizacionais (estratégicas, estruturais, processuais, política de negócios), grupais (intergrupais, intragrupais) e individuais (convicções, expectativas).

Diante desse contexto, o processo de transição do velho para o novo pode ser prejudicado por acomodação, por medo (de algo concreto) ou por insegurança (do desconhecido).

Essas situações podem ser provocadas por alguns aspectos humanos, como ansiedade, artificialismo, tendência a ofender/irritar, tendência a *tirar o time de campo* e sentir-se mal com situações de conflito.

Entretanto, de nada adianta o executivo considerar o processo de mudanças sem abordar a sua visão de sua equipe. Uma situação ilustrativa é apresentada no Quadro 5.3 (Motomura, 1980, p. 19). Fica evidente que os resultados proporcionados por cada uma das situações podem ser bastante diferentes.

Quadro 5.3 Diferentes visões da equipe de trabalho.

SITUAÇÃO ADEQUADA	SITUAÇÃO INADEQUADA
Tenho uma equipe vencedora	Não boto fé nessa turma
As pessoas são inteligentes	Inteligência não é o forte deles
Todos buscam a excelência	Ninguém faz nada direito
O desafio é um estímulo	Todo mundo foge de mais trabalho
As mudanças são bem-vistas	Mudar aqui é visto como *sarna*
A equipe é criativa e busca inovação	São todos acomodados, não têm iniciativa
Com esse time o sucesso está garantido	Com gente assim não preciso de inimigos

Quando da consideração do SIG nas empresas, podem-se observar, além dos aspectos inerentes à técnica de DO, cinco aspectos que compõem a forma de atuação empresarial, a saber: os resultados, a estruturação, o processo, o comprometimento e a avaliação.

Os resultados correspondem aos objetivos gerais, objetivos funcionais e metas do SIG que devem ser alcançados pela empresa e pelas pessoas.

A estruturação corresponde à forma como os vários recursos envolvidos – humanos, financeiros, tecnologias, máquinas, equipamentos – são distribuídos e agrupados, tendo em vista um resultado global e, preferencialmente, de consenso perante o SIG. Uma maneira de estruturação foi apresentada na seção 3.1.

O processo corresponde à maneira adequada, estabelecida e divulgada, a quem de direito, de como o SIG será identificado analisado, desenvolvido e implementado. Na seção 2.1 foi apresentado um processo de desenvolvimento e implementação do SIG nas empresas.

O comprometimento corresponde ao nível de efetivo envolvimento das pessoas com o SIG.

A avaliação corresponde ao esquema de acompanhamento, controle e adequação dos resultados apresentados pelo SIG.

Cada um desses cinco aspectos devem ser abordados de maneira interativa, e sempre considerando o direcionamento da empresa para o indivíduo e vice-versa. Por exemplo, quando se aborda o aspecto do comprometimento, é necessário que esse item esteja coerente com a realidade do indivíduo, bem como com sua unidade organizacional, mas, e principalmente, com os resultados a serem alcançados pela empresa. Caso contrário, o indivíduo despenderá esforços, será *elétrico*, considerará que *veste a camisa* (na realidade, a sua). E para que serve tudo isso?

A situação exemplificada fica mais problemática quando se considera a realidade do indivíduo. Além de ele não ter comprometimento com os resultados da empresa, mas com os seus próprios, ele não atua de acordo com um processo estabelecido, divulgado e entendido; não está inserido na estruturação otimizada como premissa para o alcance dos resultados esperados; e não se tem como avaliar a situação. Talvez não seja necessário descrever com mais detalhes o que essa situação provoca para a empresa.

Outro aspecto a ser evidenciado é que o processo de DO não existe se não existirem líderes na empresa que consolidem esse processo de mudanças.

Os líderes gostam de trabalhar com alterações nas empresas, pois eles *abrem espaço* para as pessoas promoverem alterações, sabem atuar sobre a cultura quando ela é obstáculo a mudanças e inovações, acreditam em mudanças – de pessoas e empresas –, bem como as identificam com essa evolução da empresa. Procuram apresentar flexibilidade em sua atuação e, para tanto, consolidam alguns itens, como a crescente criatividade de todos os envolvidos no processo, a qual conseguem catalisando a iniciativa das pessoas desde o primeiro passo, desenvolvendo os tomadores autônomos de decisão, ensinando as pessoas a lidar com riscos e trabalhando o medo.

Os líderes apresentam algumas características gerais que podem ser resumidas em:

- não têm medo do ridículo;
- não têm medo de serem mal interpretados;
- atuam com naturalidade em confrontos e conflitos;
- acreditam na força transformadora que possuem;
- têm capacidade refinada de ouvir; e

- são excelentes comunicadores (objetivos, didáticos, usam metáforas, colocam emoções, usam força interna, transmitem fé e otimismo).

Os líderes apresentam os cinco "C", a saber:

- constância ("são sempre a mesma pessoa");
- coerência ("praticam o que pregam");
- confiabilidade ("estão lá quando preciso");
- consistência ("honram compromissos e promessas"); e
- criatividade ("buscam sempre inovar").

Os outros aspectos comportamentais inerentes a administradores e usuários do SIG são apresentados no Capítulo 6.

Para seu posicionamento: detalhe, com exemplos e justificativas, como você administra possíveis situações de resistências a mudanças.

E, independentemente de sua realidade, explique como pretende se aprimorar a respeito.

Resumo

Neste capítulo foram apresentados os principais itens da implementação e avaliação do SIG, que corresponde à última das fases da metodologia de desenvolvimento e implementação do SIG, conforme abordado no Capítulo 2.

Foi verificado que o controle e a avaliação são uma etapa do processo administrativo que busca verificar os resultados em relação ao previsto; exige a predefinição de um parâmetro, no caso, o padrão; em todo o seu processo identificam-se três atuações distintas: sensor, discriminador e tomador de decisões; é um meio e não um fim; é ação; permite identificar erros ou ineficiências quando integrado ao processo de planejamento e execução; pode ser informal e formal, sendo que somente o último se presta à avaliação de desempenho; pode existir em nível de sistema e em nível gerencial e pode ser exercido *a priori*, simultaneamente, ou *a posteriori*; e a decisão é a sua etapa final e pode receber influência dos participantes do processo.

Para reforçar o tratamento do processo de implementação do SIG nas empresas, foram também apresentadas algumas considerações a respeito de possíveis resistências que podem ocorrer.

Toda e qualquer mudança proporciona efeitos sobre as pessoas nela envolvidas. Os efeitos do comportamento são todas as alterações que eles devem fazer na maneira de executar seu trabalho. Os efeitos psicológicos são todas as alterações feitas na maneira de o indivíduo se relacionar com o seu trabalho e encará-lo. Os efeitos sociais são as mudanças que ocorrem nas relações já estabelecidas entre as pessoas envolvidas e entre elas e a empresa.

Tanto os efeitos psicológicos como os sociais tendem a estimular dúvidas na mente das pessoas em questão. Quando se sabe o suficiente, tanto a respeito da natureza da situação existente como da mudança em estudo, é possível predizer o aparecimento provável de certas espécies de problemas. Também existem os efeitos econômicos (sobre os salários e benefícios dos funcionários) e os efeitos organizacionais (no poder, no *status*, na autonomia e na carga de trabalho dos executivos e funcionários).

Para que uma mudança seja realizada com sucesso, o executivo deve agir de maneira positiva quando esse processo de alteração for confrontado com todos os seus efeitos sobre o comportamento e suas questões psicológicas, sociais, econômicas e organizacionais. Antes que tais medidas possam ser tomadas, no entanto, os executivos devem compreender, o melhor possível, por que razões esses efeitos levam as pessoas envolvidas a terem certas atitudes no que se refere às mudanças nas empresas.

Questões para debate

1. Com base em uma empresa que você conhece, debater os vários aspectos inerentes à avaliação do SIG.
2. Identificar e debater outras técnicas de avaliação do SIG.
3. Debater, baseando-se em uma empresa de seu conhecimento, como o executivo administrou as resistências apresentadas ao SIG e outras ações que o referido executivo não operacionalizou, abordando as suas razões.

> **Caso:**
> Uma reunião tumultuada

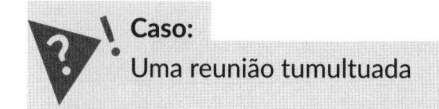

Reunião de uma diretoria de empresa. O presidente comunica que as vendas do primeiro trimestre estão 30% abaixo do planejado. Antes que ele continue, o diretor comercial declara que a culpa é do diretor de finanças que demorou a aprovar o plano de propaganda. O diretor de finanças declara que ele é sempre o *bode expiatório* dos fracassos dos outros. O diretor de produção *entra em ação* alegando que o plano de marketing é que estava malfeito. O diretor comercial exalta-se, afirmando que nessa diretoria todos tinham cisma com ele. O vice-presidente entra na briga: ele acha que nunca é ouvido, tomam deliberações sem consultá-lo. O presidente garante que ele estava a par de tudo. Estava. Não estava. Estava. Não estava.

Timidamente, o gerente de recursos humanos considera que a propaganda era muito ruim. O diretor de produção acha que o importante é mudar de agência. "Como, se ela foi eleita a agência do ano?", diz o diretor comercial. "Essas escolhas são políticas", afirma o presidente. "Tem muita política nessa empresa também", conclui o vice-presidente. "O que você quer dizer com isso?", retruca o presidente. E a reunião assim continua. Com muitas críticas, muito subjetivismo, desviando-se sempre do tema principal que deveria ser "o que fazer para aumentar as vendas?".

No fim da reunião, todos estão cansados, desgastados, não se chega a solução nenhuma e há uma sensação geral de se perderem horas e horas em debates estéreis.

Reuniões assim são muito comuns nas empresas. A equipe perde horas desgastando-se, discutindo, brigando... sem os resultados práticos que deveria oferecer.

Você é o diretor de desenvolvimento dessa empresa. Nesse momento não interessa quais foram os seus comentários na reunião. Entretanto, interessa saber quais serão as suas atitudes para amenizar os problemas comportamentais apresentados. Para tanto, você pode considerar as informações que quiser.

Porém, elas não são muito importantes nesse momento, pois, independentemente da qualidade, do tipo, da quantidade e do *timing* das informações, cada um dos executivos da empresa deve ter uma atitude interativa para acabar com os problemas das relações pessoais e profissionais.

Solicita-se que você elabore um plano relativamente detalhado de como irá resolver esse problema, e lembre-se: o problema está com o presidente da empresa, mas também com você!

Capítulo 6

Características básicas do administrador do SIG

"A teoria sempre acaba, mais cedo ou mais tarde, assassinada pela experiência."
Albert Einstein

Neste capítulo são apresentadas as características básicas do executivo que trabalha com o SIG.

Embora as características apresentadas não sejam as únicas, bem como são poucos os executivos que apresentam todas as características abordadas em sua plenitude, a sua identificação e debate são de elevada importância para os executivos e para as empresas. Isso porque, ao se conhecer o todo, ou parte dele, o executivo pode autoanalisar-se e delinear uma situação ideal para a sua realidade.

Naturalmente, essa autoanálise deve ser totalmente realística, caso contrário será pura perda de tempo a sua execução; e, inclusive, pode criar problemas adicionais quanto ao ego do executivo considerado.

Ao final da leitura e da análise do conteúdo deste capítulo, você poderá responder a algumas perguntas, como:

- Quais são as características básicas do executivo que trabalha com o SIG?
- Como podem ser otimizadas essas características?

6.1 Características do executivo administrador do SIG

Quem é o executivo catalisador do SIG?

Ao longo deste livro, são apresentadas várias de suas características. Entretanto, de forma geral, pode-se considerar que ele é uma pessoa que:

- sabe ouvir as solicitações inerentes a um processo decisório;
- sabe ordenar os vários aspectos inerentes ao processo decisório;
- sabe dialogar, interagir e dizer "sim" e "não" com a mesma postura;
- sabe planejar, organizar, orientar e avaliar os itens inerentes ao processo decisório;
- sabe treinar os profissionais envolvidos;
- sabe assumir responsabilidades; e
- sabe comprometer-se com os resultados.

O administrador do SIG, na realidade, tem três responsabilidades principais:

- descobrir o que os vários usuários necessitam em termos de informações gerenciais;
- planejar e estruturar todo o processo de desenvolvimento e implementação do SIG; e
- manter a equipe trabalhando adequadamente, até que o SIG esteja em efetivo e otimizado funcionamento.

Entretanto, para operacionalizar essas três responsabilidades, é necessário que o executivo tenha ampla visão administrativa, a qual deve ser iniciada com efetiva abordagem de planejamento, principalmente para evitar:

- definições inadequadas de solicitações de usuários;
- situação do problema real não ser identificado adequadamente;
- solicitações ambíguas;
- objetivos não entendidos, não disseminados ou não aceitos;
- não entendimento do que realmente é solicitado; e
- critérios e parâmetros inadequadamente estabelecidos.

O executivo administrador do SIG deve ter atitude interativa, isto é, deve envidar todos os esforços para que as coisas aconteçam. Portanto, ele não se enquadra nas três outras clássicas situações de alguns executivos de empresa, a saber:

- os que apenas observam as coisas acontecerem, ficando em *cima do muro*; ou
- os que se surpreendem com os acontecimentos, pois permaneceram alienados, passivos e indiferentes; ou
- os que não tem qualquer conhecimento dos fatos ocorridos.

De forma mais detalhada, pode-se considerar que o executivo administrador do SIG é um:

- arquiteto, para decodificar as necessidades não estruturadas dos usuários em sistemas estruturados;
- negociador, para persuadir os *vendedores* e os *compradores* de informações de forma que entendam e interajam de forma otimizada;

- sintetizador, para resumir as várias expectativas das diversas pessoas envolvidas – direta ou indiretamente – com o SIG;
- psicólogo, para saber dizer "não" e "sim" de forma adequada;
- catalisador, para coordenar e orientar o SIG em suas várias etapas de desenvolvimento, bem como em momentos futuros;
- cartógrafo, para desenhar fluxos mostrando onde se está, onde se pretende ir e como chegar lá;
- navegador, para seguir os mapas e os fluxos de forma adequada e ensinar as várias pessoas envolvidas;
- cético, para questionar os vários aspectos e propósitos do SIG;
- realista, para aceitar as análises e os resultados como eles são;
- analista, para sintetizar a especificação estrutural do SIG em subsistemas perfeitamente administráveis;
- otimizador, para criar e consolidar situações motivadoras para o desenvolvimento e a operacionalização do SIG;
- sinérgico, para criar e consolidar situações em que o resultado final é maior do que o de suas partes isoladamente, nas quais todos podem criar e operacionalizar mais e melhor trabalhando juntos do que separadamente;
- antecipador, para chegar antes do fato consumado, e desenvolver situações favoráveis para as mudanças;
- escritor, para relatar o evento em linguagem simples para os usuários;
- artesão, para saber trabalhar na filosofia de *cada caso é um caso*; e
- historiador, para manter um diário do que está sendo feito, permitindo análise com base em situações e vivências passadas.

Como os executivos administradores do SIG têm que ser eficazes agentes de DO – desenvolvimento organizacional – para que as mudanças provocadas pelo novo sistema de informações gerenciais não provoquem resistências nas empresas, pode-se analisar as suas características sob a abordagem da liderança nas empresas.

Neste contexto, os executivos administradores do SIG devem apresentar características de atuação que auxiliem os profissionais das empresas nesse processo de mudanças, tal como a iniciativa.

Iniciativa é a capacidade de desencadear um processo, iniciar uma ação, visando a solução do problema ou do fato em questão.

Nesse caso, o executivo se considera responsável em face de uma situação, sem esperar que a solução venha de fora ou parta de uma outra pessoa.

A iniciativa pode ser considerada uma situação em que coexistem a espontaneidade, a objetividade e a responsabilidade.

No sentido comum, espontaneidade tem sido entendida como sendo a capacidade de fazer *o que passa pela cabeça*, sem muita preocupação com o que os outros vão pensar da gente. Entretanto, esse não é o significado que se pretende dar a esse termo neste livro.

Espontaneidade significa a capacidade de produzir, rapidamente, uma conduta adequada, que atenda tanto às solicitações internas como às externas ao sistema considerado.

Nesse sentido, um bom teste de espontaneidade são as diferentes respostas que as pessoas apresentam perante um imprevisto. Algumas têm presença de espírito, são espontâneas, sabem improvisar com eficiência e conseguem elaborar, quase que imediatamente, uma resposta que realmente atenda à situação.

Outras, pelo contrário, parecem ter enorme dificuldade de atuar fora de seus esquemas habituais já testados ou automatizados. Diante de um imprevisto, ficam paralisadas ou produzem respostas muito ineficientes em comparação ao nível de atuação que apresentam rotineiramente. São pegas de surpresa, de *calças curtas*, e não sabem responder, com eficiência, à súbita solicitação externa.

> **Espontaneidade** é manter um estado interno de disponibilidade e flexibilidade tal que permita à pessoa adequar-se, rapidamente, aos estímulos e produzir respostas que sejam, ao mesmo tempo, prontas e corretas, tanto do ponto de vista da realidade interna como externa da empresa.

O segundo item da iniciativa é a objetividade.

A objetividade garante a eficiência na iniciativa, sem conduzir o indivíduo a atos impulsivos inadequados. Na impulsividade, a pessoa age sem parar para ver quais são as condições da realidade naquele momento; age *cegamente*, movida por um impulso que não consegue controlar. Não pensa nas consequências de sua ação e procura uma gratificação imediata, sendo que sua conduta está desvinculada da realidade objetiva do momento considerado.

Evidentemente, conforme apresentado anteriormente, não é isso que se pretende na iniciativa. Essa supõe uma ação respondendo prontamente aos estímulos que vêm do ambiente, mas entre o estímulo e a ação devem existir duas etapas intermediárias, que correspondem à análise de hipóteses e à decisão.

Todo esse processo pode e deve, em muitos casos, ocorrer tão rapidamente que a pessoa mal se dá conta de todas as etapas que atravessou, embora uma análise mais detalhada mostre que elas, efetivamente, aconteceram e foram muito importantes para o sucesso da ação. Mais ainda, a objetividade deve estar presente desde o momento da percepção do estímulo; e sua atuação, no levantamento de hipóteses e na decisão, garante a eficiência da ação final.

Se todo esse processo partir de uma percepção subjetiva, distorcida da realidade, dificilmente o resultado será eficiente. De qualquer forma, essas duas etapas – hipótese e decisão – orientam o estímulo e a ação, bem como garantem que a ação não seja impulsiva.

Na impulsividade, o esquema seria simplesmente a relação estímulo *versus* ação, acarretando, por isso, todos os riscos de fracasso que decorrem do desrespeito à realidade objetiva.

Portanto, o executivo catalisador do SIG apresenta elevado nível de objetividade em sua atuação profissional.

Muitas vezes os executivos percebem o mundo e as coisas com subjetividade.

> **Subjetividade** é a visão da realidade externa fortemente envolvida pelas emoções do indivíduo.

Assim sendo, como se daria a contrapartida da subjetividade, que é a objetividade? A objetividade consiste em ver a realidade como ela de fato se apresenta.

> **Objetividade** é a capacidade de perceber as coisas e atuar sem envolvimento emocional.

Objetividade não significa frieza ou repressão da emoção. O não envolvimento emocional supõe apenas uma separação clara, dentro de cada indivíduo, entre aquilo que pertence ao seu mundo emocional e aquilo que está, efetiva e objetivamente, presente na realidade externa ao referido indivíduo.

Para haver esse tipo de atuação sem envolvimento emocional, é preciso que as seguintes condições básicas sejam atendidas:

- Reconhecer qual é a sua emoção a cada momento, pois somente se dando conta da verdadeira emoção que o fato suscita em você, é que poderá separar, adequadamente, o emocional do objetivo.

- Pesquisar a realidade externa, procurando apreendê-la sem se deixar influenciar pelas suas emoções, mesmo porque há ocasiões em que elas não têm razão de ser, não havendo nada no ambiente da pessoa que as autorize.
- Produzir uma resposta, ou solução, que atenda às exigências da realidade externa; ou seja, no momento em que se tem os dados da realidade externa corretamente configurados e quando o problema está bem equacionado, pode-se partir em busca da solução mais eficiente possível. O resultado fundamental da objetividade é a atuação focada, a conduta efetivamente orientada, que não é, necessariamente, a mais eficiente e eficaz. Frequentemente, a objetividade é definida pelas pessoas como sendo a maneira mais direta de se alcançar um objetivo, ou a mais econômica de se resolver um dado problema.
- Produzir uma resposta que também atenda às exigências da realidade interna do indivíduo, ou seja, das suas emoções e sentimentos. O desafio está justamente na conciliação bem-feita que buscará satisfazer tanto as exigências do ambiente externo, como as necessidades contidas no interior do indivíduo.

Como as demais características da liderança, a objetividade é também treinável. De modo geral, a solução mais imediata para se chegar a ela seria o esforço para enfocar o fato. Entretanto, apenas a objetividade não resolve os problemas. É necessário algo mais, que pode ser representado pela agressividade.

A agressividade, quando utilizada de forma sadia, passa a funcionar como energia que permite ao indivíduo se aproximar de algo que ele deseje. Se tal energia não estivesse disponível, ele ficaria inerte e incapaz de lutar contra as barreiras que, inevitavelmente, surgem no caminho.

Com efeito, nem a autopreservação será possível sem a utilização adequada da agressividade, pois ela favorece a autoafirmação do indivíduo no ambiente, a defesa do *território* de cada um e está presente nas condutas ligadas à satisfação de necessidades.

A somatória da objetividade com a agressividade pode representar a combatividade.

> **Combatividade** é uma atitude mental de lutar com persistência para alcançar um objetivo, levando em conta a realidade objetiva e a realidade emocional do indivíduo.

Verifica-se que a combatividade é o atributo da liderança que tem a função específica de garantir, ao indivíduo ou ao grupo, a consecução dos objetivos que são importantes para a sua sobrevivência ou para o seu crescimento. Sem ela, o indivíduo ficaria à mercê da sorte, pois tudo o que quisesse dependeria, exclusivamente, de ele encontrar ou não circunstâncias favoráveis.

E, à medida que não se pode contar sempre com uma boa vontade ilimitada por parte do ambiente empresarial, é necessário possuir a capacidade de superar obstáculos que se interpõem entre os indivíduos e os seus objetivos, sem se deixar abater por esses obstáculos e considerando-os não como fatalidades injustas, mas como dados da realidade que são parte do *jogo da vida* empresarial.

A combatividade é, portanto, o ingrediente que mais claramente coloca nas mãos do indivíduo a condução de qualquer processo decisório nas empresas e, para tanto, ele deve ter um otimizado sistema de informações gerenciais.

A combatividade tem, assim, uma função fundamental até na própria manutenção e no enriquecimento da vida humana. Ela se traduz em uma atitude mental de lutar, com persistência, em função de um objetivo. E a objetividade é o ingrediente que distingue a combatividade da destrutividade.

Na combatividade, a agressividade é posta em função do objeto, de um dado de realidade externa; está vinculada a um objetivo e permanece associada a uma noção correta de realidade. Ao contrário, o ato destrutivo ocorre em função do conteúdo interior do indivíduo.

De maneira geral, pode-se considerar que a combatividade pressupõe a existência de alguns atributos e situações, como:

- autoestima;
- sentimento positivo em relação aos outros;
- respeito por si e expectativa de respeito pelos outros;
- capacidade de lidar com as pessoas;
- desejo de conseguir boas coisas na vida; e
- convicção de que vai acabar adquirindo sucesso à ação.

O terceiro item da iniciativa é a responsabilidade.

> **Responsabilidade** é a atitude mental de não esperar que venha de fora uma solução para a situação, mas contar consigo mesmo e com a sua atuação para a resolução das situações que se criarem.

Essa questão da responsabilidade já foi amplamente debatida neste livro.

Os executivos envolvidos no processo de desenvolvimento do SIG devem também ter elevado nível de criatividade.

> **Criatividade** é a capacidade de produzir uma coisa essencialmente nova, para cada indivíduo que a elabora e para cada situação.

"Essencialmente nova" quer dizer não repetitiva, produzida no *aqui e agora* e em função dos dados presentes na situação. O contrário disso é recorrer a respostas *enlatadas*, pré-fabricadas, que, embora apresentando a vantagem de já serem conhecidas e testadas quanto aos resultados, representam uma solução genérica e uma consequente perda de eficiência. O não criativo pode ser fácil e rotineiro, mas jamais conduz a respostas de boa qualidade.

Uma situação marcante de rigidez e de ausência de criatividade é o preconceito como determinante em relações interpessoais. Como a própria palavra diz, o preconceito conduz a formas preestabelecidas de reação a outros indivíduos, geralmente em função de pertencerem a minorias raciais ou religiosas que ele rejeita.

O preconceito tira a pessoa do *aqui e agora*. Em vez de procurar uma solução adequada para um problema que se lhe depara, no preconceito, a pessoa desliga-se da realidade objetiva e presente e passa a se guiar por ideias rígidas, fabricadas *a priori*, as quais condicionam sua atuação, passando por cima dos elementos e nuances daquela situação específica.

O resultado do ato criativo é também essencialmente novo para cada indivíduo. Isso significa que, mesmo que tal resultado já tenha sido anteriormente obtido por outros, ele será criativo para o indivíduo à medida que a pessoa tenha, efetivamente, respondido à configuração da situação percebida a cada momento.

A criatividade, no plano individual, permite a elaboração de respostas que são basicamente novas para aquele indivíduo, com sua história de vida dentro da situação que está se vivendo.

Produzir uma coisa essencialmente nova para cada situação implica produzir algo que responda a todos os elementos presentes na situação, mesmo aqueles que escapem da esfera consciente. Portanto, a criatividade está intrinsecamente ligada à cultura organizacional em cada momento e tem elevada influência na qualidade do SIG.

De Boro (1983, p. 28) propõe a distinção do que ele chama pensamento vertical e pensamento horizontal. O primeiro corresponde a uma atividade que perfura e avança analiticamente em uma direção, procurando aprofundar e esgotar as possibilidades de um dado elemento do real. Já o pensamento horizontal não fica limitado a uma única área de perfuração e se aventura em pesquisas de pontos próximos. A imagem aproximada é estudar um peixe em profundidade. Analisar todas as suas características é um processo vertical. Considerar todos os peixes, apreendendo os elementos essenciais comuns a todos, é um processo horizontal.

O pensamento vertical é lógico, racional e dificilmente conduz a soluções criativas.

O pensamento horizontal sai do compromisso com o pensamento lógico, foge à sequência racional de aprofundar-se em um estudo de um problema, tem a coragem de rebelar-se contra as regras e a ortodoxia e de buscar caminhos alheios à prisão do pensamento.

Nesse sentido, é interessante o caso de um caminhão conduzindo uma carga de grande altura que fica entalado ao passar sob uma ponte. Vêm os engenheiros e discutem, de forma lógica e vertical, as possibilidades de resolver tecnicamente o problema. E nada conseguem. Chega um garoto e sugere: "Por que não esvaziam os pneus?" Aí o caminhão baixa, as cargas não são retiradas e o problema é resolvido.

O menino foi criativo. Pensou de forma horizontal. O pensamento vertical impunha uma solução técnica, enquanto o pensamento horizontal propõe outros caminhos que não os normalmente estabelecidos. E são caminhos pesquisados a partir da realidade apresentada, do *aqui e agora*, e não regras preestabelecidas.

Essa abordagem é bastante aplicável, não somente quanto ao resultado prático, mas também por significar uma atitude mental de liberação do convencional, representando, por consequência, uma situação de elevada importância para quem trabalha com o SIG nas empresas.

Portanto, criatividade significa detectar a realidade de cada momento e responder àquele momento. No entanto, para poder, efetivamente, responder a cada momento, é preciso que as condições internas de cada pessoa permitam uma atitude de abertura, de captação do maior número possível de elementos presentes na situação e sem inibição da percepção externa e interna.

O executivo catalisador do SIG também deve ter atitudes empáticas.

> **Empatia** é a capacidade de um indivíduo abstrair-se de sua identidade e colocar-se, momentaneamente, *dentro do outro*, para assim sentir a realidade interior de outra pessoa.

No momento que um indivíduo é capaz de se colocar no lugar de uma outra pessoa, pode ver o mundo segundo o prisma particular dessa pessoa; é capaz de compreender seus atos e reações a uma dada situação por perceber, corretamente, como tal situação foi por ela vivida. Coloca-se no lugar dela e, assim, ganha um novo ângulo de visão que corresponde àquele que existe no interior da outra pessoa. Neste contexto, o desenvolvimento do SIG fica mais realista quanto às necessidades e expectativas dos seus usuários.

A empatia só ocorre quando o indivíduo alcança um grau de objetividade tal que lhe permita afastar-se de seu mundo subjetivo para colocar-se *no lugar do outro*, sem misturar o seu mundo interior ao da outra pessoa. Não havendo objetividade, tem-se, em vez de empatia, o envolvimento emocional e, consequentemente, uma visão deturpada daquilo que se pensa ser o mundo interior do outro.

O caráter momentâneo do *aqui e agora* da empatia assegura a não identificação permanente do indivíduo com o outro, não pondo em risco seu equilíbrio mental. O oposto disso seria uma confusão patológica de identidades.

A empatia é um fenômeno de percepção, diferindo da simpatia e da antipatia, pois nessas existe um elemento emocional que torna preconceituosa a visão da realidade da outra pessoa, enquanto a empatia é, por sua própria definição, um fenômeno de percepção profundamente objetivo.

Na empatia percebe-se e vive-se novamente a realidade interior do outro tal como de fato é. Vê-se o mundo ou vê-se a si mesmo com os olhos do outro, sendo que essa percepção é objetiva e exata, pois não é influenciada pelos próprios valores ou tendências emocionais.

A empatia é um aspecto muito importante na realidade empresarial, pois:

- só através da empatia pode haver uma verdadeira comunicação; ou seja, quando você se coloca no lugar do outro e quando o outro pode colocar-se no seu lugar, ocorre uma compreensão mútua;
- a experiência perceptiva somente se realiza quando existe a empatia. Quanto mais intensa for a empatia, mais objetiva e profunda será a percepção da realidade. Se não nos abstrairmos de nós mesmos, serão atingidos apenas fragmentos da realidade; e
- nas tarefas e acontecimentos do dia a dia, a empatia é fundamental para que possa haver uma relação objetiva entre as pessoas. Somente nos colocando no lugar do outro e abstraindo nossas emoções, podemos entender suas reações e atitudes, bem como atuar em função dessa compreensão.

O conhecimento empático dos usuários por parte do administrador do SIG redunda em maior eficiência e na redução significativa de tarefas malfeitas. Havendo empatia em uma equipe de trabalho, é possível prever-se o que cada um pode realizar e, assim, organizarem-se planos com objetivos e metas que serão respeitadas.

> **Para você se divertir:** debata com colegas de estudo ou de trabalho as suas atuações e decisões no contexto das características apresentadas da liderança e como podem se aprimorar a respeito.

O executivo catalisador do SIG deve, também, saber trabalhar com equipes que apresentam cooperação direta, ou seja, cada um dos membros da equipe conhece os demais e pode estabelecer com eles uma relação pessoal.

Essas equipes apresentam algumas características fundamentais, a saber:

- os objetivos coletivos comuns podem representar toda a sustentação da equipe. Alguns desses exemplos podem ser a realização de trabalho, o debate sobre a sobrevivência da equipe etc.;
- as emoções e sentimentos coletivos, tal como uma situação de insegurança provocada pela mudança de um diretor de área perante todos os seus membros;
- a equipe é uma realidade da qual o indivíduo faz parte, mesmo aquele que se sente ignorado, isolado e rejeitado;
- a dinâmica de uma equipe tem sempre um impacto social para os indivíduos que a constituem, sendo que nenhum membro dela escapa totalmente; e
- a equipe é um centro de desenvolvimento e consolidação de normas e regras, e aquele que infringir essas regras é considerado um traidor pelos seus companheiros.

Uma equipe é uma estrutura dinâmica que está sujeita a eventuais pressões, tanto internas como externas, que podem levá-lo à dissolução, caso ele não disponha de mecanismos adequados ou de uma força própria que o habilite a manejar e a suportar tais pressões.

Alguns dos elementos aglutinadores das equipes são:

- o inconsciente coletivo, pois a história comum vivida pela equipe, sua existência coletiva, seu passado, são fontes de problemas latentes ou de pontos sensíveis que, sem estar presentes no momento atual, formam parte da vida da equipe e de suas reações. E a equipe não é

consciente dos fenômenos psicológicos determinantes da conduta de seus membros, e esses não são conscientes dos fenômenos psicológicos que determinam sua conduta dentro da equipe;
- a consolidação de uma estrutura informal, com o nascimento de *panelas*, polos de conflitos, de promoções por simpatia e de demissões por antipatia. Essa estrutura informal, normalmente, é inconsciente e inconsequente;
- a emergência da equipe como instrumento de satisfação de necessidades do indivíduo;
- a existência de um equilíbrio interno entre os membros da equipe, bem como de um equilíbrio externo, sempre que a equipe tem de enfrentar alguma ameaça externa;
- a satisfação de necessidades dos elementos da equipe;
- as fantasias inconscientes da equipe, tal como uma visão de superioridade;
- a sustentação e o apoio que cada elemento da equipe recebe de seus companheiros;
- a postura não crítica dos elementos da equipe;
- o baixo nível de conflito entre os objetivos individuais e os objetivos da equipe;
- as tarefas coletivas, que estimulam o esforço cooperativo e desestimulam a competição dentro das equipes;
- as normas e os padrões normalmente entendidos e aceitos pela equipe;
- a homogeneidade social e cultural dentro da equipe, podendo até ocorrer diversidade técnica ou profissional, mas não social e cultural;
- a força do líder aglutinando a equipe, pois ele tem o caráter regulador das relações internas da equipe e é, também, o protagonista das necessidades e das aspirações da equipe;
- o *inimigo externo* que pode contribuir para otimizar as relações internas da equipe, reassegurando os participantes quanto às suas crenças e concepções, facilitando a identificação do indivíduo com a equipe e permitindo a ele certo grau de previsão sobre a conduta dos demais membros; e
- o adequado uso do *bode expiatório*, que só pode existir se a equipe como um todo não o quiser mais.

O profissional responsável pela coordenação do desenvolvimento e implementação do sistema de informações gerenciais na empresa deve saber trabalhar com elevada complexidade.

Nesse contexto, Genelot (1992, p. 210) apresenta 10 conselhos interessantes que estão baseados em um processo para clarear nossas ideias na procura constante do nível máximo ideal de inovação, o qual, com as devidas adaptações, tem forte influência no nível de qualidade dos SIG nas empresas.

São eles:

a) Vá fundo até a origem de suas ideias

Quando uma situação parece-lhe incerta, imprevisível, inexplicável, pergunte a si mesmo por que você a considera assim. A situação é o que ela é; mas a ideia que você tem dela traduz sua maneira de abordar a complexidade. Portanto, devemos evoluir do que conseguimos visualizar para o que pretendemos realizar.

O grau de complexidade pressentido em uma situação depende da adequação de nosso modelo de administração ao projeto que perseguimos, bem como ao contexto em que nos encontramos.

b) Oriente os objetivos e questione as estruturas

A questão primordial a ser colocada é a dos objetivos do SIG: o que se quer fazer? Qual o projeto a ser consolidado? Quais são as razões de ser das atividades alocadas no SIG?

Essa abordagem, orientada aos objetivos, permite evitar a armadilha das estruturas, lembrando que como os trilhos não fazem o trem avançar, as estruturas não fazem as empresas evoluírem. O dinamismo de uma empresa não depende da maneira como os serviços são administrados entre si, mas da energia que os executivos e os profissionais são capazes de mobilizar em volta de um projeto comum, da capacidade de inovação que estão dispostos a direcionar aos objetivos estabelecidos.

Toda empresa necessita de dispositivos para poder funcionar. Entretanto, se eles assumem uma posição preponderante e uma forma intangível, tornam-se fins, em vez de continuarem sendo meios a serviço de um projeto maior do que a sobrevivência e o crescimento da empresa.

Os responsáveis devem fazer uma *higiene mental*, questionando, periodicamente, as estruturas, os métodos e os apoios do trabalho, não necessariamente para mudar, mas para se perguntar: "Essa área tem sempre uma função, uma utilidade, um sentido em vista do projeto de desenvolvimento e implementação do SIG na empresa?"

c) Pense e organize a empresa como um sistema aberto

A empresa não se limita a um conjunto de colaboradores, acionistas, meios de produção, clientela. Ela faz parte de um conjunto mais amplo, no qual ela encontra utilidade. Não se pode pensá-la separadamente do ambiente mercadológico, cultural, econômico, geográfico, político em que está inserida. A empresa tem interações múltiplas com todas as variáveis desse ambiente, moldando-o enquanto é moldada por ele.

A fim de idealizar novos sistemas de informações gerenciais em ambientes incertos, para desenvolver uma estratégia proativa, a empresa deve ficar aberta, maleável, capaz de formular estratégias que transformem as ameaças externas em oportunidades que a empresa consiga usufruir, de forma competente.

d) Multiplique as conexões e crie grades de inteligência

A inteligência de um sistema vem da capacidade que os profissionais envolvidos têm de se compreenderem para construir uma estratégia coerente. Quanto mais numerosas, variadas e espontâneas as conexões, tanto mais o sistema é reativo e capaz de inventar procedimentos adaptados a um ambiente inesperado e complexo.

É pela repartição ao máximo das potencialidades organizadoras e pela conexão das inteligências que a empresa pode aproveitar o mais possível suas chances de utilizar o acaso para desenvolver suas estratégias e agarrar as falhas do planejamento com tantas oportunidades para novos projetos ou para novos modos de agir; e o SIG pode ajudar nesse processo das conexões de inteligência.

e) Integre a incerteza no processo administrativo

Os imprevistos e a incerteza são o inimigo número um dos planos e programas. As ações melhor estudadas podem fracassar ou mudar bruscamente de direção devido a incidentes menores que adquirem importância justamente por não terem sido previstos e porque desviam os processos de realização das atividades e de orientação dos profissionais da empresa.

A incerteza não é mais considerada como uma anomalia exterior ao processo administrativo, mas está integrada nele. Isso pressupõe, naturalmente, forte consciência de objetivos, estratégias, políticas, projetos e processos estabelecidos no plano estratégico da empresa.

f) Desenvolva a autonomia e proporcione espaço para a invenção

A verdadeira administração de situações complexas consiste em antecipá-las, desenvolvendo a autonomia das pessoas e, ao mesmo tempo, sua competência, sua vontade e sua capacidade de agir; sendo que nos espaços de liberdade assim constituídos é que podem florescer as iniciativas e são estruturadas redes de inteligência nas turbulências e na complexidade, os quais são fortes fatores de sustentação de otimizados SIG nas empresas.

g) Reconheça e articule lógicas diferentes

A complexidade é um aumento do volume de diferentes interdependências, cooperações e antagonismos. Não tente, a todo custo, reduzir essa diversidade, pois pode destruir a riqueza que dela resulta. Se aparecem lógicas antagônicas, não negue, sistematicamente, uma das dimensões geradoras da situação.

Pelo contrário, faça esforços para compreender as diferentes lógicas presentes, quer se trate de pessoas ou de funções, e reconheça cada uma delas naquilo que tem de mais específico: sua origem, sua identidade, sua razão de ser.

Evite, igualmente, ficar preso na armadilha do nível de lógica no qual se debatem os antagonismos.

Uma situação ideal é sair do nível em que se desenvolve o debate, colocar-se em um nível objetivo e procurar o ponto de vista que permite considerar as diferentes lógicas presentes, sem reduzi-las e nem alterá-las, bem como articulá-las em uma lógica de ordem superior.

h) Dê sentido e construa sobre a cultura organizacional

As lógicas de ordem superior são aquelas que dão sentido aos outros níveis. O papel essencial dos responsáveis pelo processo não é tratar daquilo que se manifesta como previsível e programável, mas dar sentido ao estudo. Cabe a eles esclarecer, permanentemente, as atividades dos colaboradores, para que esses possam encontrar motivo para agir e razões para superar as dificuldades, romper as impossibilidades, encontrar seu caminho na incerteza.

O sentido será construído pelas pessoas a partir da cultura organizacional, sendo no âmbito dessa identidade e desses valores que se resolvem os conflitos lógicos e as múltiplas dificuldades ligadas à complexidade, as quais permitem fundamentar as escolhas organizacionais e estratégicas. Mais detalhes a respeito da cultura organizacional são apresentados na seção 5.3.

i) Coloque a pessoa no centro, juntando o individual e o coletivo

Em uma empresa complexa, o indivíduo é, simultaneamente, construtor dessa empresa (sujeito) e construído por ela (objeto). A interação – intercâmbio – dos indivíduos cria um todo, e os indivíduos tornam-se partes desse todo. O que se arrisca na empresa é controlar essa interação crescente, essa evolução acelerada, juntar o individual com o coletivo, ciente de que o fim superior é a pessoa como profissional da empresa.

Para conseguir essa interação é preciso desenvolver, conjuntamente, a consciência individual e a consciência coletiva. A consciência de si revela à empresa a estrutura, as políticas e os procedimentos, bem como permite espaços de liberdade e de criatividade. É nesses espaços que a pessoa pode realizar-se e inscrever seu projeto pessoal na empresa.

No entanto, a consciência individual deve inscrever-se na consciência do todo, pois a justaposição de projetos individuais não basta para constituir um projeto coletivo coerente. A consciência do todo deve orientar a consciência de cada um, pelo mesmo motivo que a consciência deve integrar os projetos individuais. Essas interações de atores estabelecem-se segundo as regras do jogo que realçam a ética.

Fica evidente a influência dessas questões individuais e coletivas no desenvolvimento do SIG nas empresas.

j) Destrua os ídolos que estão em sua cabeça

Essa frase de Arthur Koestler (2008, p. 10) nos convida a abandonar o sonho de reunir tudo em uma só lei, em uma soma de certezas. A totalidade não é a verdade, a vida é múltipla, diversa, inesperada. Para a empresa, como para toda e qualquer organização, devemos renunciar ao ótimo, ao inútil, à procura de uma realidade acabada e unificada em um vasto mecanismo único.

"Não é a dúvida, mas a certeza que faz enlouquecer", escreveu Friedrich Nietzsche. Com seu cortejo de dúvidas e de incertezas, a complexidade nos convida a ousar, a tentar, a experimentar, a agarrar nossas chances.

> **Para você pensar:** analise e debata com colegas de estudo ou de trabalho esses dez princípios para a inovação que podem ser aplicados no contexto do SIG.

O executivo catalisador do SIG deve ser o integrador de um conjunto de outros executivos e funcionários alocados nas diferentes unidades organizacionais da empresa.

Como identificar essas pessoas? Essa é uma dificuldade natural para a qual o executivo deve estar atento; uma forma que pode ajudar nesse processo é considerar esses colegas da empresa como se fossem novos funcionários que estivessem sendo contratados.

Nesse contexto, podem ser utilizadas as 30 questões que ajudam a contratar pessoas (Ribeiro, 1989, p. 2):

- Quais são seus objetivos pessoais a longo prazo, quando você os estabeleceu e o que fez de concreto até agora para atingi-los?
- Como você estará, pessoal e profissionalmente, daqui a cinco anos?
- O que você realmente gosta e quer fazer na vida? Por que não vive disso? (A segunda questão é opcional.)
- Em que tipo de cultura organizacional você se sente melhor?
- Qual a mais importante recompensa que você espera de sua carreira?
- Quanto você espera estar ganhando em cinco anos?
- Por que você escolheu os objetivos que me disse e o quanto quer ganhar com eles?
- O que é mais importante para você: o dinheiro ou o tipo de trabalho?
- Quais são seus maiores pontos fortes e pontos fracos?
- Como você se descreve profissionalmente?
- Como você pensa que um amigo seu o descreveria?
- Como você pensa que uma pessoa que não gosta de você o descreveria?
- O que lhe motiva a dar algo mais de si e sobrepujar-se?
- Por que eu deveria admiti-lo?
- O que eu ganho pessoalmente com sua contratação?
- Quais as qualificações que você pensa ter que podem trazer-lhe sucesso na função?
- Como você determina e avalia seu sucesso na função?
- O que você acha que tem de fazer para ter sucesso comigo nessa empresa?
- De que forma você acha que poderá contribuir com a nossa empresa?
- Quais as qualidades que uma pessoa de sucesso tem de ter?
- Como você descreve as relações que devem existir entre um superior e as pessoas que se reportam a ele?

- Quais os fatos que comprovam que você é um vencedor?
- Quais as principais realizações de sua vida profissional que lhe deram maior satisfação?
- Se você pudesse, como planejaria sua vida diferente do que é? Por quê?
- A que horas você costuma chegar ao trabalho? E sair?
- Quais as duas ou três coisas mais importantes e que são a diferença entre sucesso e fracasso da função para a qual você se candidata?
- Quais os critérios que você está usando para selecionar a empresa e a pessoa para a qual quer trabalhar?
- Quais os maiores problemas pessoais que você encontrou na sua vida profissional e como os manejou?
- O que você aprendeu com seus próprios erros?
- Quantos chefes já teve e quantos gostaria que tornassem a ser seus chefes? Por quê?

Nesse momento, é válido apresentar algumas considerações a respeito do executivo perante os seus colegas na empresa, pois o SIG é desenvolvido por uma equipe multidisciplinar de trabalho. E uma forma de abordar esse assunto é enfocando a integração de um executivo a um novo emprego. Nesse contexto, Kassoy (1989, p. 3) apresenta as seguintes *dicas*:

- Cada empresa é um pequeno universo, composto de regras, valores e rituais. Observe atentamente cada detalhe que compõe essa cultura organizacional que é nova para você: indumentária, sistemas formais e informais de comunicação e até o ritmo. Principalmente no início, é importante não destoar.
- Conheça intimamente seu novo espaço físico. Não se satisfaça em conhecer apenas o seu departamento. Não corra o risco de se perder pelos corredores daqui a três meses, quando essa atitude será inaceitável. Frequente todas as áreas comuns, como restaurantes, sala de recreação etc.
- Trave conhecimento com o maior número possível de pessoas. Apresente uma atitude aberta, curiosa e profissional. Crie meios de descobrir quem é quem. Para não correr o risco de se confundir com nomes ou pessoas e seus cargos, leve o organograma para estudar em casa.

- Dê especial atenção às pessoas que, mesmo não pertencentes ao seu departamento, estarão realizando serviços para você, tais como telefonistas, mensageiros e outros.
- Cuidado com as *fofocas*. Você agora desperta curiosidade. Não dê espaço para conversas sobre sua vida íntima ou a de outros. Não dê ouvidos a tudo o que lhe é dito.
- Toda empresa tem seu jogo interno de poder e é importante que você o conheça. Entretanto, nessa fase, você vai sofrer tentativas de aliciamento para os mais diversos *conchavos*. Se você fizer uma aliança assim que entrar na empresa, estará fechando as portas para os demais grupos.
- Algumas empresas ministram palestras ou passam filmes com o objetivo de integrar mais rapidamente os funcionários novos. Esses rituais, às vezes, apresentam muitas informações ao mesmo tempo, ficando difícil absorvê-las. Entretanto, elas são importantes. Se for possível, anote-as.
- Você tem inúmeras formas de travar conhecimento com a sua nova empresa. Não as despreze. Manuais de procedimentos, listagens de benefícios, relatórios, organogramas, jornais internos são veículos importantes de comunicação. Se eles não lhe forem fornecidos, não se acanhe em pedi-los ao seu chefe: é uma demonstração de interesse.
- Uma cultura organizacional é consequência também daquilo que ela produz e de seu país de origem. Se um dos dois for novidade para você, procure conhecê-los.
- Se você tem um bom amigo que trabalha ou trabalhou nessa empresa, não deixe de procurá-lo para uma conversa informal.
- Não se acanhe em pedir ajuda ou informações aos seus colegas, mas faça o com bom senso para não sobrecarregar ninguém.
- Guarde para si as comparações com seu emprego anterior. Não dê a impressão de que você está vinculado a seu antigo trabalho e, principalmente, não critique sua nova empresa.
- Se você está substituindo alguém, não tenha a atitude de quem veio para botar tudo em ordem. Isso poderá causar ressentimentos.
- Se você está assumindo um cargo de chefia, procure se informar a respeito da personalidade do antigo chefe e como era a sua aceitação. Se você considerar que deve haver mudanças no estilo de liderança, faça-as devagar.

A integração é um processo natural e mútuo. Com o tempo, você também estará influenciando a cultura da empresa em que trabalha. A rede de comunicação de um executivo é muito intensa e complexa, conforme pode ser observado na Figura 6.1.

Para cada um desses aspectos integrantes de sua rede de comunicação, o executivo deve considerar as informações básicas que serão necessárias para uma otimizada interação, visando o melhor desenvolvimento e implementação do SIG na empresa.

Quando da identificação das informações necessárias ao processo interativo na rede de comunicação, o executivo pode estabelecer a prioridade dessas informações, inclusive, pela repetição delas em cada um dos oito aspectos evidenciados na Figura 6.1.

Neste contexto, o executivo catalisador do SIG deve administrar, e muito bem, o seu tempo; caso contrário, os resultados apresentados poderão ser bastante desagradáveis.

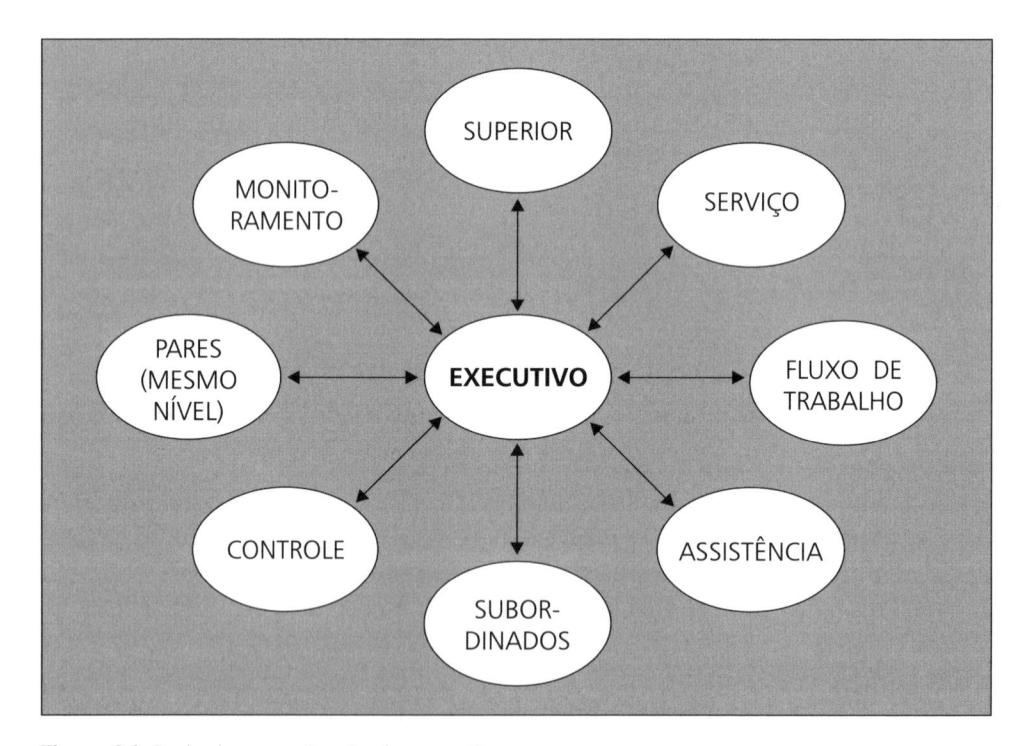

Figura 6.1 Rede de comunicação do executivo.

Algumas das precauções que o executivo deve adotar no sentido de melhor administrar seu tempo em sua rede de comunicação na empresa, são:

- ter hierarquização de problemas pelo critério de importância;
- ter procedimento de filtragem dos assuntos alocados para a sua decisão;
- ter critérios de atendimento de subordinados, principalmente os indiretos. Incluir também, nesse aspecto, o atendimento de seus pares (executivos de mesmo nível hierárquico);
- ter esquema geral de atendimento (horários, local etc.);
- ter plano – ainda que resumido e genérico – de utilização de seu tempo;
- ter esquema e atitude adequados para a explicitação formal de ideias e propostas;
- ter integração e explicitação adequadas de suas conclusões e decisões; e
- ter esquema de acompanhamento de atividades e correspondentes cobranças de resultados de forma completa e contínua.

O executivo catalisador do desenvolvimento do SIG deve saber que esforço de equipe não significa, necessariamente, progresso de trabalho. Portanto, ele é uma pessoa direcionada aos resultados efetivos que o SIG proporciona para a empresa.

O moderno executivo responsável pelo sistema de informações gerenciais da empresa deve fazer com que os sistemas sejam utilizados para aumentar a competitividade e a lucratividade da empresa. Portanto, ele deve entender a *linguagem* dos negócios, bem como viabilizar a relação custos *versus* benefícios das inovações tecnológicas que proporcionem sustentação ao sistema de informações gerenciais e, consequentemente, à melhor qualidade do processo decisório da empresa.

Além dessas duas capacitações, o executivo responsável pelo sistema de informações gerenciais também deve saber identificar e interagir com o capital intelectual da empresa, constituído pelo conhecimento dos seus executivos e demais funcionários.

Quando do tratamento do SIG nas empresas, ocorre o momento em que o executivo tem de tomar decisões. Portanto, é necessário apresentar algumas considerações a respeito do executivo indeciso. Torquato (1990, p. 2) considera a existência de cinco fatores que colaboram para formar e desenvolver o espírito do executivo indeciso, a saber:

- o modelo de administração da empresa, que pode abrigar diferentes estilos, criando situações em que o executivo indeciso tende a aumentar o seu receio para enfrentar decisões;
- o modelo de administração utilizado pelo superior (por exemplo, um chefe autoritário, introvertido e centralizador);
- o tempo de casa, pois tempo reduzido pode corresponder a pouco conhecimento da cultura organizacional;
- o tempo no cargo, o que pode gerar uma insegurança no ato de decidir; e
- as qualidades e atributos pessoais do próprio executivo.

Naturalmente, cada profissional de empresa tem a sua realidade. O importante é reconhecer a situação real e trabalhar para otimizar os resultados.

Dentro do processo evolutivo dos SIG nas empresas, é necessário que seus executivos também estejam receptivos às inovações. Mas que tenham uma sustentação de validade, o que pressupõe produtividade e, portanto, profissionais qualificados em todos os postos da empresa.

Sun Tzu (1994, p. 21) apresentou, há centenas de anos atrás, três sintomas que podem acabar com os sonhos e idealizações das pessoas. Esses sintomas são de aplicação geral, bem como têm uma abordagem provocativa para os executivos das empresas, a partir de uma adaptação para o conteúdo de um livro referente ao SIG.

São eles:

a) O primeiro sintoma de que estamos matando nossos sonhos é a falta de tempo. O referido autor afirmou que as pessoas mais ocupadas que conheceu na sua vida sempre tinham tempo para tudo; e as que nada faziam estavam sempre cansadas, não davam conta do pouco trabalho que precisavam realizar e se queixavam, constantemente, que o dia era curto demais. Na verdade, elas tinham medo de combater o *bom combate*.

b) O segundo sintoma da morte de nossos sonhos são nossas certezas. Porque não queremos olhar a vida como uma grande aventura a ser vivida, passamos a nos julgar sábios, justos e corretos no pouco que pedimos da existência. Olhamos para além das muralhas do nosso dia a dia e ouvimos o ruído de lanças que se quebram, o cheiro de suor e de pólvora, as grandes quedas e os olhares sedentos de conquista dos guerreiros. Mas nunca percebemos a imensa alegria que está no coração de quem está lutando, porque para esses não importa nem a vitória e nem a derrota, importa apenas combater o *bom combate*.

c) O terceiro sintoma da morte de nossos sonhos é a paz. A vida passa a ser uma tarde de domingo, sem nos pedir grandes coisas e sem exigir mais do que queremos dar. Achamos, então, que estamos maduros, deixamos de lado as fantasias e que conseguimos nossa realização pessoal e profissional. Ficamos surpresos quando alguém de nossa idade diz que quer ainda isso ou aquilo da vida. Mas, na verdade, no íntimo de nosso coração, sabemos que o que aconteceu foi renunciarmos à luta por nossos sonhos, a combater o *bom combate*.

O conhecimento desses três sintomas e o processo de autoquestionamento quanto à realidade que cada um dos executivos da empresa tem para com cada um dos sintomas podem auxiliar no processo de verificação da efetiva importância proporcionada à atuação pessoal e grupal e, consequentemente, de um importante insumo para a qualidade do SIG nas empresas.

Para você pensar: debata com seus colegas, para a sua realidade, com exemplos, os três sintomas evidenciados por Sun Tzu.

Dale Carnegie (1936, p. 19) já afirmava que "qualquer idiota consegue reclamar, criticar e condenar. É justamente o que todos nós fazemos".

Para se ter visão ampla desse processo, é válido lembrar de Pinchot (1989, p. 23), que apresenta alguns itens a serem considerados para o executivo ser um *intrapreneur*, ou empreendedor interno da empresa, que é o funcionário ou executivo que assume a responsabilidade pela criação de inovações dentro da empresa em que atua.

São eles:

- fazer qualquer trabalho necessário para que seu sonho se realize, independentemente da descrição da função;
- ter em mente os interesses da empresa e de seus clientes, especialmente quando for preciso contornar as regras ou evitar a burocracia;
- lembrar que é mais fácil pedir desculpas do que pedir autorização;
- trabalhar todos os dias disposto a ser despedido;
- trabalhar na *surdina* enquanto for possível, pois a divulgação aciona o sistema imunológico da empresa;

- encontrar pessoas competentes para ajudá-lo;
- pedir conselhos antes de pedir recursos;
- nunca apostar em um páreo, a não ser que esteja nele;
- ser fiel às suas metas, mas ser realista quanto à maneira de alcançá-las; e
- honrar e educar seus patrocinadores.

Resumo

Neste capítulo foram apresentados, principalmente para uma autoanálise por você, algumas das características do executivo administrador do SIG.

As suas principais características foram apresentadas sob o prisma de sua postura administrativa. Nesse contexto, o executivo administrador do SIG é arquiteto, negociador, sintetizador, psicólogo, catalisador, cartógrafo, navegador, cético, realista, analista, otimizador, sinérgico, antecipador, escritor, artesão e historiador.

Foram apresentadas outras abordagens inerentes às características básicas do administrador do SIG, para ampliar o contexto de autoanálise por parte de você.

Questões para debate

1. Com base em um executivo que você conhece bem, efetuar uma análise utilizando as características do executivo apresentadas neste capítulo.
2. Efetuar e debater sua autoanálise como executivo para trabalhar com o SIG.
3. Identificar e debater outras características necessárias ao executivo que trabalha com o SIG.

Caso:
Socorro! Os executivos de minha empresa não querem decidir nada

Meu nome é Bruce Cartwright II e sou o principal acionista e o presidente executivo da Aloha S.A. Indústria e Comércio de Equipamentos Esportivos.

O mercado de equipamentos esportivos no Brasil cresceu, e muito, durante as duas últimas décadas. E isso puxou a minha empresa para o crescimento; ou seja, a Aloha foi no *vácuo* de um segmento de mercado altamente interessante.

Entretanto, nos últimos dois anos, o mercado interno sofreu significativa retração nesse segmento, o que tem provocado a necessidade de alterar os rumos comerciais da Aloha. Nesse contexto, o mercado internacional é uma prioridade básica, inclusive para a própria sobrevivência da empresa.

Durante esse período, tenho efetuado reuniões com os diretores e gerentes da Aloha com o objetivo de consolidar uma posição comercial no mercado internacional, bem como procurar identificar novas oportunidades de negócios, preferencialmente dentro do segmento de equipamentos esportivos. Entretanto, aceito tranquilamente o processo de análise para a Aloha se diversificar para outros segmentos.

O organograma representativo da estrutura organizacional da alta administração da empresa pode ser visualizado a seguir:

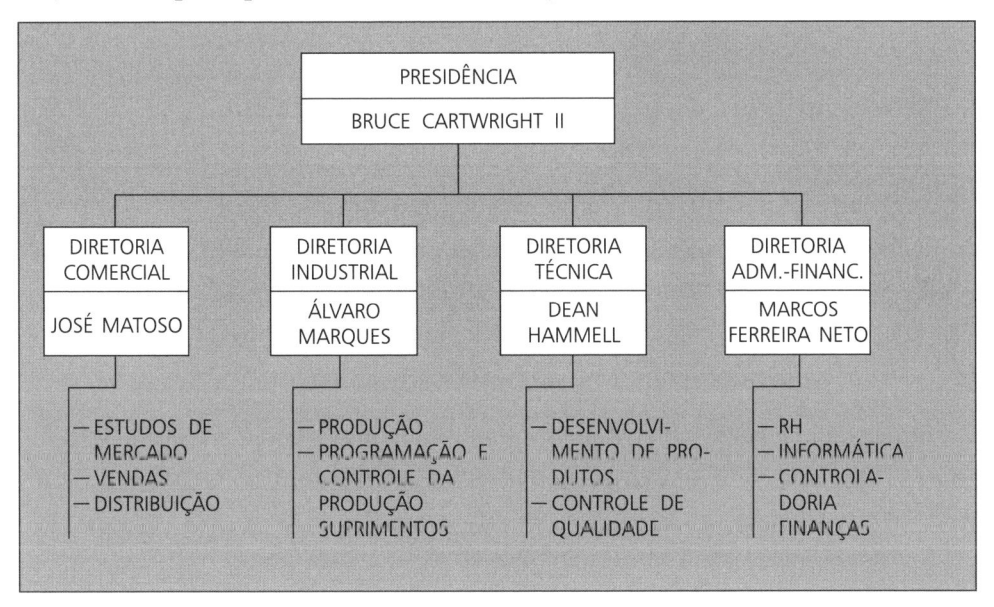

```
                        PRESIDÊNCIA
                    BRUCE CARTWRIGHT II
       ┌─────────────┬──────────┴──────────┬─────────────┐
   DIRETORIA      DIRETORIA            DIRETORIA       DIRETORIA
   COMERCIAL      INDUSTRIAL            TÉCNICA        ADM.-FINANC.
                                                       
  JOSÉ MATOSO     ÁLVARO                  DEAN          MARCOS
                  MARQUES                HAMMELL      FERREIRA NETO
       │             │                      │                │
  — ESTUDOS DE   — PRODUÇÃO          — DESENVOLVI-       — RH
    MERCADO      — PROGRAMAÇÃO E       MENTO DE PRO-    — INFORMÁTICA
  — VENDAS         CONTROLE DA         DUTOS            — CONTROLA-
  — DISTRIBUIÇÃO   PRODUÇÃO          — CONTROLE DE        DORIA
                   SUPRIMENTOS         QUALIDADE        — FINANÇAS
```

Estão ocorrendo sérios problemas nesses debates inerentes aos novos rumos a serem operacionalizados pela Aloha; e as causas podem ser resumidas em dois grandes aspectos:

- problemas comportamentais; e
- problemas de informações.

Embora os problemas comportamentais possam ser considerados os mais preocupantes em uma situação conforme apresentado, gostaria de me preocupar, em primeiro lugar, com os problemas de informações. Ou seja, parto do princípio de que, ocorrendo a existência estruturada, com qualidade, das informações básicas necessárias, torna-se mais fácil identificar e debater com os vários diretores – e posteriormente com os gerentes – quais são os aspectos comportamentais que têm prejudicado o desenvolvimento comercial e do processo de diversificação na Aloha.

Diante da situação apresentada, solicito a você, como um consultor para a minha empresa, que detalhe um plano de trabalho para otimizar o processo decisório na Aloha.

Para tanto deve:

1. Elaborar um plano para estruturar um sistema de informações gerenciais – SIG que proporcione condições para otimizar o processo decisório na Aloha.
2. Elaborar um plano para atacar os aspectos comportamentais de resistência dos diretores da empresa.

Nesse contexto, faço a seguinte avaliação geral dos diretores:

a) José Matoso é um *tirador de pedidos*, não conseguindo estruturar as atividades da Gerência de Estudos de Mercado.
b) Álvaro Marques é um *peão de obra*, cujo objetivo maior é produzir (na filosofia de "cumprir metas de produção").
c) Dean Hammell é um pesquisador no sentido exato da palavra.
d) Marcos Ferreira Neto é um tesoureiro-contador.

Solicito que idealize situações complementares às relatadas e considere todos os aspectos, ideias e situações que forem necessários para o adequado *fechamento* do caso.

A criatividade é sua. O problema é meu. Ajude-me. Grato.

Capítulo 7
Sugestões para melhor trabalhar o SIG

"O executivo tem apenas duas preocupações.
Primeira: fazer a coisa certa.
Segunda: fazer certo as coisas."

Peter Drucker

Neste capítulo são apresentadas algumas sugestões que os executivos devem considerar para melhor conceituar, desenvolver, implementar e avaliar o SIG nas empresas.

Essas sugestões representam uma consolidação da vivência do autor como profissional da área, bem como da troca de ideias com colegas de consultoria e executivos de empresas.

E, um grande *lance* que os executivos podem fazer é criar situações de amplo debate com os outros executivos da empresa e com a participação de alguns especialistas em desenvolvimento estruturado e implementação de SIG.

Essa lista procura consolidar, inclusive, algumas sugestões que foram apresentadas ao longo dos capítulos anteriores.

Naturalmente, essa lista não é completa, mas, seguramente, a sua observância facilitará a atuação dos executivos nas empresas.

Ao final da leitura e da análise deste capítulo, você estará em condições de responder a algumas perguntas, tais como:

- Quais são as sugestões para o momento anterior ao desenvolvimento do SIG?
- E para o momento do desenvolvimento do SIG?
- E para o momento de implementação e avaliação do SIG?

7.1 Sugestões para o momento anterior ao desenvolvimento do SIG

Algumas das causas de falhas do SIG neste momento são:

I – Ter uma estruturação inadequada do processo de catalisação do desenvolvimento e implementação do SIG, geralmente provocada por:

a) Contratação de um *elaborador* do SIG.

O SIG deve ser desenvolvido "pela" empresa e não "para a" empresa. Nesse contexto, o SIG deve ser desenvolvido por uma equipe representativa da empresa, com a coordenação geral, em nível de simples catalisação do processo, de um dos principais executivos da empresa.

A escolha desse executivo é bastante simples: é só escolher o executivo que estiver mais *a fim* da elaboração otimizada do SIG na empresa e que tenha visão sistêmica. As outras características do referido executivo são apresentadas no Capítulo 6.

Normalmente, os SIG que dão certo têm uma *ajuda* de executivos com características de empreendedor interno, entre as quais podem ser citadas:

- elevada dose de energia e força pessoal;
- elevado grau de autoconfiança;
- compromisso com a estrutura da administração de projetos e objetivos de longo prazo, interligados com os objetivos de médio e de curto prazos;
- enfoque para o alcance de resultados previamente estabelecidos, negociados e aceitos;
- persistência na solução de problemas;
- estabelecimento de objetivos e metas claros, desafiadores e mensuráveis, com prioridades;
- elevada preocupação com o tempo alocado;
- incorporação de riscos moderados;
- capacidade de usar insucessos como experiências que geram aprendizagem e evolução profissional e de qualidade decisória;
- uso adequado de *feedback* para corrigir e melhorar o desempenho;
- busca de situações nas quais ficam pessoalmente responsáveis pelo sucesso ou fracasso da decisão e da ação;
- orientação para busca de ajuda externa ou interna de especialidades de que necessitam;
- autocompetição, visando superar seu último melhor resultado;
- crença de que o sucesso não é apenas uma questão de sorte e de algumas circunstâncias; e
- tolerância à ambiguidade e à incerteza no processo de tomada de decisões.

b) Alocação da equipe de trabalho de forma inadequada na estrutura hierárquica da empresa, criando a situação de não importância para o SIG.

Para esse processo de alocação da equipe de trabalho na estrutura organizacional, não existe uma forma única que facilite o processo decisório do executivo.

Como *cada caso é um caso*, o executivo deve estabelecer algumas premissas e procurar identificar a forma mais interativa da equipe de trabalho para com o SIG. Essa decisão vai depender da amplitude que o executivo quer proporcionar ao SIG na empresa.

c) Conjunto de funcionários ineficientes, que podem desenvolver um SIG inadequado.

Infelizmente, essa é uma realidade em várias empresas e, portanto, deve ser colocada neste livro. Na opinião do autor, esse é um dos erros que ocorrem com maior frequência, o que vislumbra uma situação bastante problemática.

II – Ter ignorância da importância e do significado do SIG, que pode ser provocado por:

a) Existência de sucesso da empresa, mesmo sem o SIG.

Esta situação pode levar à infeliz frase de "... a minha empresa tem acumulado sucessos, mesmo sem um SIG estruturado". Portanto, essa postura pode consolidar uma situação bastante inadequada.

O principal aspecto inerente à decisão da empresa em desenvolver e consolidar um ou vários SIG está, direta e principalmente, correlacionado ao aprimoramento do processo decisório dos executivos da empresa. Portanto, a simples explicação de que a empresa tem apresentado sucesso sem um SIG estruturado não é uma justificativa profissional e válida.

Se o executivo tiver um pensamento contrário a esta última colocação, sua atuação é que está sendo problema para a empresa.

b) Descrédito para com o SIG.

Esta situação geralmente ocorre a partir de alguma falha anterior do SIG, criando uma situação de descrédito para com as vantagens de se operacionalizar um adequado e otimizado SIG. Lembre-se: o SIG deve representar um processo administrativo que está, constantemente, em evolução.

Um SIG, ainda que bem estruturado e implementado, não resolve todos os problemas de informações e, principalmente, de decisões nas empresas, pois a qualidade decisória também depende da qualidade da informação, bem como da qualidade do decisor.

c) Expectativa de enormes e rápidos resultados do SIG para a empresa.

Isto corresponde a exigir demais do SIG, o qual, como um sistema, depende do seu aspecto estrutural, bem como da qualidade administrativa das pessoas que o operacionalizam.

O executivo catalisador do desenvolvimento do SIG deve decompor o SIG em tantas partes quanto necessárias para o otimizado e gradativo processo de apresentação de resultados efetivos para os diversos usuários.

d) Aceitação da simples transposição de um SIG de sucesso de uma empresa para outra.

Isto é um problema, pois o que é verdade e válido para uma empresa não, necessariamente, o é para outra. Portanto, o SIG deve respeitar a realidade e a cultura da empresa, pois somente dessa forma pode auxiliar o executivo no processo decisório.

A consideração da realidade da empresa, bem como da sua cultura organizacional, consolida a necessidade de o SIG ser desenvolvido especificamente para a empresa, não sendo enfocado, nesse contexto, nenhum tipo de *pacote* de SIG. Os aspectos básicos da cultura organizacional são apresentados na seção 5.3.

e) Esquecimento de que o SIG está associado ao processo de administração da empresa.

Neste contexto, o SIG está envolvido no processo de planejamento, organização, direção, gestão e desenvolvimento de pessoas e avaliação, com igual e elevada importância para cada um desses momentos do processo.

O SIG auxilia, em idênticas situações, cada um dos cinco itens do processo administrativo nas empresas.

III – Não *preparação do terreno* para o SIG, que pode ser provocado por:

a) Não eliminação dos focos de resistência.

Sem pretender esgotar o assunto, pode-se afirmar que algumas das razões de resistências ao processo de mudança nas empresas, são:

- as pessoas afetadas sentem que vão perder alguma coisa que não gostariam de perder;
- a relação custos *versus* benefícios é negativa, ou seja, as pessoas afetadas consideram que vão ter maiores resultados negativos do que positivos com a mudança;
- a falta de confiança entre o agente da mudança e as pessoas afetadas pela referida mudança; e
- a efetiva ou suposta falta de capacidade em operacionalizar as novas atividades e os comportamentos que a mudança vai exigir das pessoas afetadas.

Há empresas que não se preocupam em consolidar um SIG, muito menos um processo de mudanças, pois, alguns de seus pensamentos são:

- "não se mexe em time que está ganhando";
- "nada poderá nos atingir. Estamos muito bem"; e
- "é impossível prever mudanças ou planejar inovações".

Percebe-se que, atrás das razões das resistências, existe a colocação dos interesses pessoais acima dos interesses da empresa. Para Drucker (1975, p. 213), o principal obstáculo ao crescimento empresarial é a incapacidade dos executivos para mudar suas atitudes e comportamentos com a rapidez exigida pelas empresas.

Algumas das maneiras mais comuns que os executivos utilizam para minimizar as resistências às mudanças são:

- o treinamento antecipado e contínuo sobre as atividades envolvidas na mudança;
- a comunicação adequada entre as partes envolvidas, visando salientar a necessidade para a mudança, bem como toda a lógica contida em seu processo;
- a participação efetiva das pessoas afetadas pela mudança, principalmente das resistentes, criando uma situação de troca de ideias;
- o apoio que o agente da mudança pode fornecer às pessoas afetadas, principalmente quando o medo e a ansiedade são os pontos cruciais da resistência;

- a manipulação das pessoas afetadas pela mudança, através da utilização seletiva de informações e da estruturação consciente de eventos;
- a viabilização, a curto prazo e a custos mínimos, de módulos ou da totalidade da mudança planejada;
- o oferecimento de incentivos aos resistentes ativos ou potenciais;
- o tratamento e o debate da estrutura de poder da empresa;
- a coerção aos resistentes, de forma explícita ou implícita, visando ao cancelamento da resistência à mudança; e
- a melhoria dos sistemas de informações na empresa.

Para Ansoff (1982, p. 25), a resistência à mudança não tem muito a ver com o porte da empresa, mas com a mentalidade de seus executivos.

A resistência tem, em geral, duas origens: sucesso ou medo. No primeiro caso, empresas que ganham dinheiro há muito tempo não reconhecem a necessidade de mudanças. Nas pequenas e médias empresas, é apenas esse fator que explica a resistência às mudanças. Já nas grandes empresas, pode haver também o medo de mudanças que impliquem perda de poder das pessoas envolvidas nos escalões superiores.

Mais detalhes a respeito da administração de possíveis resistências ao SIG são apresentados na seção 5.3.

b) Não esquematização do sistema de controle e avaliação.

Embora essa falha só apareça na implementação do SIG, é necessário, nesse momento, que o executivo estabeleça os critérios e os parâmetros de avaliação do SIG. Mais detalhes a respeito deste assunto são apresentados no Capítulo 5.

c) Inadequado estabelecimento de necessidades e prioridades das informações.

Para evitar o estabelecimento de informações e de suas prioridades por vontade própria dos executivos e profissionais da empresa, é válido desenvolver essa tarefa através de equipes de trabalho multidisciplinares e interagentes.

Essa situação pode ser visualizada na Figura 7.1:

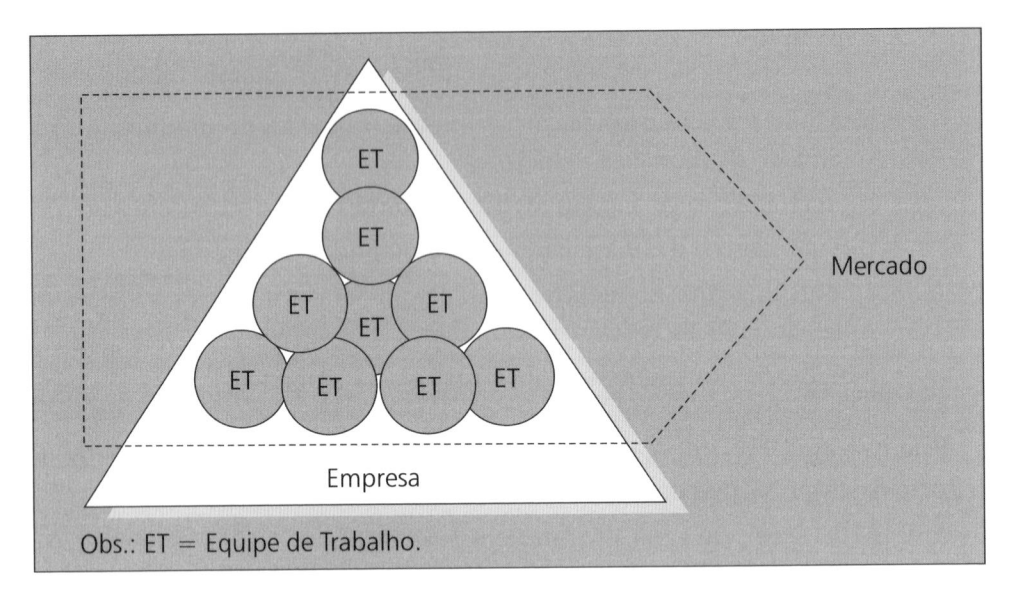

Figura 7.1 Estrutura geral da interligação das informações com o mercado.

Esse processo interativo com o mercado deve ser efetuado no sentido da identificação das necessidades e das expectativas do mercado para a análise e a capacitação da empresa, visando atender a essas expectativas.

Podem ser identificadas três fases nesse processo interativo da empresa com o mercado, quando do estabelecimento das necessidades de informações:

Fase 1: Estruturação geral, com as seguintes etapas:

- estruturação do processo;
- entendimento das necessidades do mercado;
- delineamento dos objetivos a serem alcançados, os quais são correlacionados ao plano estratégico;
- mapeamento dos processos, das atividades e das informações; e
- identificação dos fatores críticos de sucesso.

Fase 2: Detalhamento e análise dos processos, com as seguintes etapas:

- detalhamento dos requisitos e das prioridades dos clientes externos e internos da empresa;
- estabelecimento dos segmentos de sistemas, subsistemas, processos e atividades;

- identificação dos processos críticos e essenciais;
- mapeamento geral dos processos;
- ordenação de processos e atividades;
- estruturação de projetos e planos de ação;
- análise de viabilidade – mercadológica, tecnológica, econômico-financeira, estrutural e operacional – e da relação custos *versus* benefícios; e
- identificação dos projetos e planos de ação a serem operacionalizados.

Fase 3: Operacionalização, com as seguintes etapas:

- estruturação do sistema de informações gerenciais correlacionado aos processos e às atividades;
- estabelecimento das políticas e dos procedimentos;
- treinamento dos envolvidos; e
- operacionalização dos processos e dos sistemas de informações gerenciais.

d) Desconhecimento da natureza de um sistema de informações gerenciais como instrumento de administração.

Essa falha pode ser amenizada através de um efetivo programa de treinamento *na tarefa* de todos os envolvidos, ou seja, capacitar os profissionais das empresas a utilizar adequadamente o SIG.

IV – Desconhecimento da realidade da empresa, que pode ser gerada por:

a) Inadequação ao tamanho e aos recursos disponíveis da empresa.

Ou seja, fazer um *elefante branco* ou um sistema que, de tão simples e superficial, *não serve para nada*.

b) Inadequação quanto à cultura da empresa.

Esta situação pode gerar um processo de elevada resistência ao SIG. Mais comentários a respeito são apresentados na seção 5.3.

c) Inadequação quanto à realidade do ambiente empresarial.

Isso porque o SIG deve ser desenvolvido considerando as várias mudanças que estão ocorrendo no Brasil e no mundo.

Nesse contexto, a sociedade está cada vez mais participativa, os processos de desenvolvimento ocorrem de baixo para cima, as pessoas cada vez mais estão conscientes de seus direitos e do valor que têm para a evolução da sociedade.

É necessário considerar a crescente importância do ser humano, dos valores básicos das pessoas, da qualidade de vida e da qualidade do relacionamento entre as pessoas.

Também é importante constatar que os consumidores estão, cada vez mais, informados e mais exigentes, direcionando a sua atenção para produtos diferenciados e evitando os produtos de massa. Estão surgindo, rapidamente, novas profissões, novas especializações, novos tipos de trabalhos e novas empresas.

As alterações radicais nos processos educacionais estão proporcionando nova visão para as pessoas e o fator-chave de competitividade está se transferindo do capital financeiro para o capital humano. Estão emergindo empresas cada vez mais ágeis, com crescente descentralização, menos intermediários, menos hierarquia e maior autonomia para as pessoas.

É necessário evidenciar, também, que todas essas mudanças estão ocorrendo, cada vez mais, com velocidades maiores. Todas essas mudanças estão forçando os executivos a ter o momento estratégico, com a análise da missão, da visão, dos valores, dos objetivos, das estratégias e das políticas da empresa, inclusive fazendo as perguntas certas e criando situações alternativas; o momento de solucionar problemas, a partir da análise, do planejamento e do raciocínio; e o momento da execução e implementação, com o *fazer acontecer*, a mudança, a influência sobre as pessoas.

d) Separação desestruturada entre as atividades corporativas e atividades operacionais.

Quando da consolidação do SIG em uma empresa que esteja estruturada por unidades estratégicas de negócios – UEN –, é necessário que seja estabelecida, anteriormente ao delineamento do SIG, a identificação das atividades corporativas, as quais são alocadas na administração corporativa, bem como das atividades operacionais, as quais são alocadas nas diferentes unidades estratégicas de negócios.

Na realidade, essa separação entre as atividades corporativas e operacionais não é muito simples, pois o executivo catalisador desse processo pode se encontrar, em significativa parte das vezes, em uma situação que é necessário também identificar as atividades negociáveis, ou seja, podem ser alocadas em nível corporativo ou em nível operacional (UEN).

Essa situação normalmente ocorre porque cada UEN é um caso específico, apresentando características individualizadas (tipo dos produtos e serviços oferecidos, forma e amplitude de atuação perante o mercado, estilo de administração de seus principais executivos etc.). Somente após o adequado e negociado processo de identificação e alocação das atividades corporativas e operacionais, é que se deve iniciar o delineamento do sistema de informações gerenciais.

Apenas como exemplo ilustrativo é apresentado o Quadro 7.1, no qual são evidenciadas algumas atividades que podem ser corporativas e outras que podem ser exemplificadas como operacionais.

Com base no conteúdo do referido quadro, pode-se exemplificar uma situação de atividade negociável, dentro da função de finanças: a atividade de ter ou não caixa único para as diferentes UEN estabelecidas.

Quadro 7.1 Atividades corporativas e operacionais.

FUNÇÕES	UEN (OPERACIONAL)	CORPORATIVO
Finanças	– Contas a pagar – Contas a receber – Caixa	– Administração de caixa único
Controles	– Orçamento – Análises legais	– Orçamento consolidado – Relatórios econômico-financeiros – Contabilidade corporativa
Suprimentos	– Contratos – Compras	– Políticas de suprimentos
Sistemas	– Sistemas operacionais	– Sistemas corporativos – Planejamento de sistemas de informações
Recursos humanos	– Administração de pessoal	– Políticas de recursos humanos
Marketing	– Vendas	– Novos negócios, produtos e serviços
Planejamento	– Tático e operacional	– Estratégico e de investimentos

7.2 Sugestões para o momento do desenvolvimento do SIG

Algumas das causas de falhas nesse momento são:

I – Desconhecimento dos conceitos básicos inerentes ao SIG, que podem ser provocados por:

a) Considerar que o SIG é um processo com alto grau de facilidade ou de dificuldade no seu desenvolvimento.

Na realidade, ele não é fácil nem difícil. Mas é perfeitamente possível desenvolver e implementar um SIG que atenda às reais necessidades dos executivos da empresa pois isso é simplesmente uma questão de *querer* e de *fazer acontecer*.

Pode-se considerar que o enfoque de todos os aspectos abordados neste livro é uma base de sustentação interessante para o otimizado desenvolvimento e implementação do SIG nas empresas.

As necessárias adequações e complementações podem ser efetivadas com a adequada interação de profissionais com amplo conhecimento do assunto SIG nas empresas.

b) Esquecer que o SIG é um sistema integrado que considera a empresa como um todo, bem como as relações com o ambiente.

Portanto, a sua abrangência e amplitude são elevadas, e os executivos das empresas devem ter competência para tratar o SIG nesse contexto, o qual representa a moderna administração integrada.

c) Desconsiderar os aspectos intuitivos, que são tão importantes quanto os aspectos estruturados e formais.

É nesse momento que o executivo catalisador do SIG e demais executivos usuários têm a oportunidade – e a obrigação – de explicitar o seu conhecimento da empresa.

d) Não consideração do processo de aprendizagem, treinamento e capacitação.

Essa pode ser a base de sustentação para um otimizado SIG.

Atualmente, existem alguns programas de desenvolvimento gerencial que podem auxiliar – em muito – a qualidade dos trabalhos.

II – Inadequação no envolvimento dos níveis hierárquicos, que pode ser provocada por:

a) Envolvimento insuficiente ou demasiado da alta administração.

Isso pode levar a uma inadequada interação do SIG com o ambiente empresarial ou uma situação de elevada centralização do SIG e do processo decisório; ou seja, é necessário utilizar o bom-senso nesse equilíbrio.

b) Não envolvimento da média e baixa administração.

Essa situação pode provocar inadequada operacionalização do SIG.

Todos os executivos da empresa, em diferentes níveis hierárquicos, são usuários, em maior ou menor intensidade, do SIG.

Quando qualquer uma das partes da empresa fica fora do SIG global, seguramente pode-se afirmar que esse SIG está *capenga*.

c) Atitudes inadequadas dos executivos e funcionários perante o SIG.

Nesse caso, espera-se que eles tenham uma atitude interativa perante o SIG. A atitude proativa pode ser aceita. Entretanto, as atitudes inativas e reativas devem ser evitadas ao máximo.

Quando se aborda o aspecto de adequado SIG, deve-se lembrar que muitas empresas têm dificuldades de se anteciparem às mudanças e, portanto, tendem a agir reativamente.

Essa situação é resultado de não se buscar informações, ter baixo grau de integração, comodismo, inércia, baixa criatividade, falta de planejamento e de visão, falta de credibilidade, medo de fracassar, esperar a atuação dos outros, falta de recursos e/ou dificuldade de delegação.

Essas situações são provocadas, na maior parte das vezes, por comportamentos inadequados dos executivos das empresas, representados por falsa *compra de ideias*, prepotência, *fofoca*, pessimismo, falsa expectativa, insegurança, visão unilateral, autoritarismo, *dono da verdade*, ilusão, escorregamento, conceito certo *versus* errado, descrédito, desconfiança, inveja, individualismo, falta de vontade, modismo, desinteresse e falta de modéstia.

De qualquer forma, a realidade tem demonstrado elevada dificuldade de se mudar, geralmente provocada por acomodação, medo ou insegurança, "sempre foi assim, por que mudar?", orgulho, dificuldade de adaptação, falha na comunicação, medo do desconhecido, medo do fracasso, cultura, falta de credibilidade, falta de vontade, intransigência pessoal e resistência impensada (tem governo? Sou contra!!).

III – Defeitos da elaboração do SIG, que podem ser provocados por:

a) Não interligação do SIG com outros sistemas de informações.

Essa pode ser considerada uma falha que, ocorrendo, caracteriza a inexistência de um SIG na empresa, pois, nesse caso, o enfoque sistêmico foi desconsiderado e a empresa não apresenta o importante modelo da administração integrada.

b) Apresentação de falhas no estabelecimento e na interligação dos vários itens componentes do SIG (dado, informação, decisão, resultado etc.).

Essa situação pode *desbalancear* todo o processo de desenvolvimento do SIG.

c) Apresentação de excesso – ou falta – de simplicidade, formalidade e flexibilidade.

O SIG deve estar adequado à realidade da empresa e, em seus aspectos administrativos, não deve apresentar excessos que prejudiquem a sua utilização nas empresas.

d) Inadequação no estabelecimento da abrangência e do período de tempo de validade do SIG.

Essas duas questões devem ser consideradas como o resultado de um processo, não como algo previamente determinado.

O tempo é cada vez mais um recurso escasso, bem como sempre foi inelástico, não estocável e irreversível.

O tempo não é importante apenas como recurso, pois o efeito que seu uso provoca nos executivos é fundamental. Pressa, ansiedade e frustração também provocam má qualidade; e não apenas nos produtos e serviços. Provocam má qualidade de vida, das relações de trabalho e nos resultados finais da empresa.

A pressa gera ansiedade, que corresponde ao desejo de fazer cada vez mais coisas em um período de tempo cada vez menor. E a ansiedade leva ao *stress*, que empobrece as relações e deforma ou mata cada vez mais pessoas.

e) Incompetência dos responsáveis pelo SIG.

Infelizmente, essa frase é uma verdade em significativa parte das empresas.

Outro aspecto importante a ser lembrado é que ter boas ideias é necessário, mas não é suficiente, pois os resultados das empresas são gerados por ações e não só por ideias.

Para que uma empresa seja eficaz, é necessário haver perfeita conexão entre ideias, objetivos e ações.

Esse aspecto também pressupõe a necessidade de uma interligação e proximidade dos que têm as ideias, dos que estabelecem os objetivos e dos que executam as ações.

f) Dissociação para com o processo evolutivo da empresa.

Isto porque o SIG deve ser delineado para levar a empresa para frente, e não *estacionar* ou, pior ainda, levar a empresa *para trás*.

IV – Baixa credibilidade do SIG, que pode ser provocada por:

a) Descontinuidade no processo.

Ou seja, o SIG deve, inclusive, ser incorporado ao dia a dia dos executivos da empresa e ter sistemática atualização.

b) Utilização de situações pouco realistas.

Essa ocorrência pode provocar uma situação de descrédito para o SIG.

c) Não disseminação das informações do SIG.

Esse é um dos principais itens de um SIG mal elaborado.

d) Dificuldade de se trabalhar com o SIG.

Essa situação, normalmente, é provocada pela má estruturação do SIG ou pela baixa qualidade decisória dos executivos.

e) Má qualidade da comunicação.

A qualidade da comunicação nas empresas depende do nível de aprendizado dos profissionais envolvidos e da tecnologia aplicada.

A tecnologia aplicada é um elemento essencial no processo de transformação dos dados em informações e em conhecimento.

Para avaliar o nível de qualidade da comunicação interna em uma empresa, o executivo pode considerar as seguintes questões:

- o *timing* e a velocidade das decisões;
- a qualidade e a precisão das informações;
- o nível de inovação na informação e no processo decisório;
- o nível de integração entre a decisão e a sua correspondente comunicação;
- o nível de integração entre a comunicação e a ação esperada;
- a autenticidade e a liberdade de decisão;
- o senso de importância que as pessoas sentem para a concretização dos objetivos da empresa;
- o nível de respeito e lealdade envolvido (empresa *versus* funcionários *versus* empresa);
- o entendimento dos objetivos e da *regra do jogo*; e
- o tipo e o nível de liderança exercida.

7.3 Sugestões para o momento de implementação e avaliação do SIG

Algumas das causas de falhas do SIG nesse momento são:

I – Inadequação no processo de controle e avaliação, que pode ser gerada por:
   a) Falta ou inadequação do sistema de controle e avaliação.
   b) Desconsideração da relação custos *versus* benefícios.

Ou seja, o SIG deve proporcionar efetivos benefícios ao processo decisório dos executivos e, consequentemente, à empresa, em relação aos seus custos de desenvolvimento e implementação.

II – Interação inadequada com os funcionários, que pode ser provocada por:
   a) Falta de participação e envolvimento dos diversos funcionários.
   b) Falta de conhecimento do assunto por parte dos envolvidos no processo, o que pode ser minimizado através de adequados programas de treinamento e de capacitação profissional.
   c) Falta de comprometimento das pessoas para com os resultados esperados.

Através do conteúdo deste capítulo, espera-se ter contribuído para que os executivos possam desenvolver e implementar, de forma otimizada, um sistema de informações gerenciais em suas empresas, pois essas sugestões representam a consolidação da experiência do autor deste livro em serviços de consultoria em várias empresas, bem como a troca de ideias com vários profissionais da área.

Resumo

Neste capítulo foram apresentadas algumas sugestões que os executivos devem considerar antes, durante e depois do momento de desenvolver o SIG nas empresas.

A divisão em três momentos, embora possa ter determinadas sobreposições, facilita o processo de análise e entendimento do assunto.

As causas das falhas no momento anterior ao desenvolvimento do SIG são a estruturação inadequada do processo de catalisação, provocada por um *elaborador* do SIG, pela inadequada alocação do grupo de trabalho e pela ineficiência dos funcionários; o desconhecimento da importância e do significado do SIG, provocado pela situação de sucesso da empresa mesmo sem SIG, por descrédito por falha anterior, pela expectativa de enormes e rápidos resultados, por copiar o SIG de outra empresa e pelo esquecimento de que o SIG está associado ao processo administrativo; a não preparação do *terreno* para o SIG, provocada pela não eliminação de resistências, não esquematização do sistema de controle e avaliação, pelo desconhecimento da natureza do SIG e pelo inadequado estabelecimento das prioridades das informações; a desconsideração da realidade da empresa, provocada por inadequação ao seu tamanho e aos recursos disponíveis, à sua cultura, bem como à realidade ambiental, e pela separação desestruturada entre atividades corporativas e operacionais.

Para o momento do desenvolvimento do SIG, as causas das falhas são o desconhecimento dos conceitos básicos, provocado por considerar fácil ou difícil, não tratar como um sistema integrado, desconsiderar os aspectos intuitivos e a necessidade de aprendizagem e treinamento; a inadequação no envolvimento dos diversos níveis hierárquicos e as atitudes inadequadas dos executivos e demais profissionais da empresa; os defeitos na elaboração do SIG, provocados pela não interligação com outros sistemas de informações, pela inadequação no estabelecimento dos componentes do SIG, pela existência de excesso ou falta de simplicidade, formalidade e flexibilidade, pelos erros na abrangência e no período de tempo, pela incompetência profissional e pela dissociação do processo evolutivo da empresa; baixa credibilidade do SIG, provocada por descontinuidade no processo, situações pouco realistas, não disseminação, bem como inadequadas estruturações, qualidade decisória e comunicação.

Para o momento de implementação e avaliação do SIG, as causas de falhas são a inadequação do processo de controle e avaliação provocada pela falta de sistema e pela desconsideração da relação custos *versus* benefícios; a interação inadequada com os funcionários, provocada por falta de participação e desconhecimento do assunto.

Embora as sugestões tenham sido apresentadas de forma geral, sem uma hierarquia de importância, é válido que o executivo efetue essa ordem de significância para o seu processo decisório com base no seu estilo administrativo e/ou a realidade da empresa onde trabalha.

Questões para debate

1. Debater e completar, em sua opinião, a lista de sugestões apresentadas.
2. Estabelecer, com justificativas, uma ordem de importância para cada uma das sugestões apresentadas neste capítulo. Se for o caso, considerar também as sugestões estabelecidas por você na questão anterior.

Caso:
Postura dos executivos na análise e na decisão da montagem de um restaurante na XYZ Indústria e Comércio Ltda.

O Sr. Nelson Xavier, gerente administrativo da XYZ Indústria e Comércio Ltda. percebeu a necessidade de promover a instalação de um restaurante para os funcionários. Sabe-se, de antemão, que a aprovação desse projeto não será facilmente obtida, em virtude do volume de investimentos que ele representa.

São consideradas três situações de condutas possíveis para o nosso gerente:

Situação A: o Sr. Nelson Xavier avalia corretamente, sabe perfeitamente do valor de seu projeto; porém, percebendo que terá de lutar por seu ponto de vista, começa a adiar a discussão com a diretoria. Quando, finalmente, resolve expor seus planos, recua diante do primeiro "não"; ou seja, falta-lhe a agressividade necessária para concretizar o seu objetivo.

Situação B: o Sr. Nelson Xavier é um indivíduo considerado agressivo e esquentado. A ideia que ele tem de "defender um ponto de vista" é iniciar uma polêmica em que ele quer, a todo custo, vencer a pessoa com quem está discutindo; não ouve, nem considera aquilo que o outro diz; insulta e se sente insultado e termina frequentemente exaltado. Ao apresentar o seu projeto para a diretoria, considera a primeira negação dos Diretores como uma afronta pessoal, fica frustrado e revoltado por sentir um impedimento em relação aquilo que pretendia fazer. Perde a cabeça e diz algumas *verdades* aos diretores, com o que põe a perder, definitivamente, o projeto do restaurante. Nesse caso, podemos dizer que falta o ingrediente objetividade e, por isso, temos uma conduta *belicosa* que não pode ser considerada combativa.

Situação C: o Sr. Nelson Xavier é uma pessoa bastante realista e já parte para a ação sabendo que a aprovação do projeto não será facilmente obtida. Mas nem por isso desanima, pois considera que a hesitação que os diretores demonstram está perfeitamente dentro das regras do jogo. Diante da primeira recusa, ele não desiste e se esmera na busca de novos argumentos, redobrando o seu empenho e aproveitando, ao máximo, os dados da realidade que indicam que o tal restaurante é, efetivamente, muito importante. Finalmente, os diretores *compram a ideia*, mas declaram que, no momento, não pretendem deslocar para o projeto senão parte da verba que havia sido inicialmente prevista. Ainda sem se perder, o Sr. Nelson faz uma nova tentativa, dessa vez reformulando o projeto e, por fim, consegue a aprovação para a instalação de um restaurante mais modesto, porém objetivamente adequado às necessidades da empresa.

Na última situação, podem-se observar algumas marcas da conduta combativa, pois o Sr. Nelson consegue integrar a agressividade à objetividade, bem como não se acovarda diante das dificuldades que se apresentam e luta por seu ponto de vista diante dos diretores, sem se perder diante da superioridade hierárquica deles. Não se envolve emocionalmente com a questão e em momento algum transforma sua luta em guerra pessoal contra a diretoria. Toda a sua energia, todo o seu empenho são postos em função do objetivo que pretende alcançar. Mais ainda, por não estar envolvido com a questão, o nosso gerente fica livre para agir conforme a realidade se apresenta; pode, portanto, corrigir o seu projeto e readaptá-lo às novas condições propostas pela diretoria. Ganha, assim, elasticidade na atuação.

Nota-se ainda uma característica importante em sua conduta: a persistência. O esquema de ação seria o seguinte: surge um obstáculo, ele é sobreposto;

também são sobrepostas as resistências dos envolvidos. E assim por diante, até a realização final do objetivo.

Com base nessas três situações possíveis da postura do Sr. Nelson Xavier, explicitar e debater quais são as características básicas do sistema de informações gerenciais que devem surgir em cada uma das três situações apresentadas.

Como o pressuposto básico é o comportamental, solicita-se elevada criatividade de sua parte.

Glossário

"Não podemos mudar as circunstâncias de nossa infância, mas podemos recordá-las honestamente, refletir, entendê-las e, assim, superar a influência que elas, eventualmente, tenham sobre nós."

Autor desconhecido

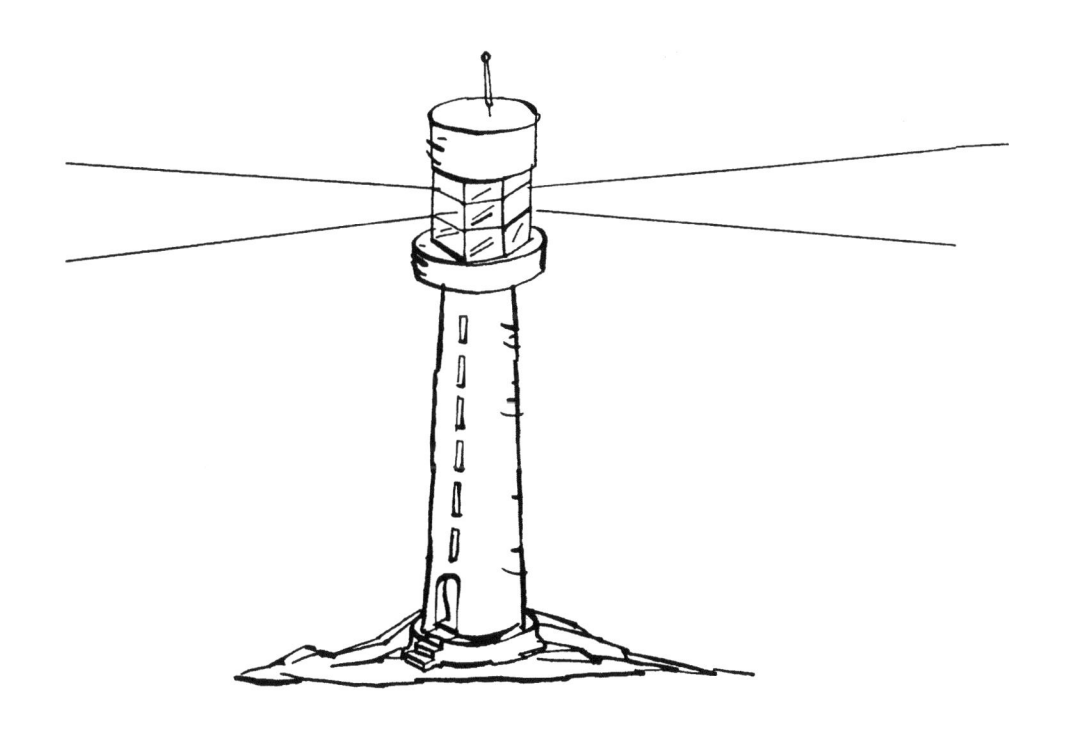

Ação é a capacidade de tomar as decisões necessárias para a solução das situações diagnosticadas, otimizando os recursos disponíveis.

Agente de desenvolvimento organizacional é aquele profissional capaz de desenvolver comportamentos, atitudes e processos que possibilitem à empresa transacionar, proativa e interativamente, com os diversos aspectos do ambiente e do sistema de informações gerenciais.

Alternativa é a ação sucedânea que pode levar, de forma diferente, ao mesmo resultado.

Ambiente do sistema é o conjunto de elementos que não pertencem ao sistema, mas qualquer alteração no sistema pode mudar ou alterar os seus elementos e qualquer alteração nos seus elementos pode mudar ou alterar o sistema.

Área Estratégica de Negócio – AEN – é uma parte ou segmento do mercado com a qual a corporação ou empresa, através de suas UEN – Unidade Estratégica de Negócio –, se relaciona de maneira otimizada.

Áreas de responsabilidade são unidades administrativas com funções e responsabilidades determinadas e com um responsável com autoridade definida.

Atuação para o mercado é a capacidade de alcançar os resultados que melhorem e perenizem, harmoniosamente, a satisfação dos diversos públicos da empresa (clientes, fornecedores, comunidade, acionistas, funcionários etc.).

Avaliação é a capacidade de comparar, objetiva e oportunamente, resultados obtidos a resultados previamente negociados e aceitos, bem como de estabelecer suas causas e suas consequências.

Banco de dados é uma coleção organizada de dados e informações que possa atender às necessidades de muitos sistemas, com um mínimo de duplicação, e que estabelece relações naturais entre dados e informações.

Cenários representam a adequada interação de composições consistentes entre projeções variadas de tendências históricas com postulações de eventos específicos do ambiente empresarial.

Certeza é a situação em que os estados são conhecidos e pode-se descrever aquele em que o sistema estará a qualquer tempo $t > t_o$.

Chances são os estados do sistema que são conhecidos, assim como as leis de probabilidades a qualquer tempo $t > t_o$. Se eles não variam com t, a chance é chamada de estacionária; caso contrário, ela é não estacionária.

Combatividade é uma atitude mental de lutar com persistência para alcançar um objetivo, levando em conta a realidade objetiva e a realidade emocional do indivíduo.

Competência tecnológica é a capacidade de deter o conjunto de conhecimentos e instrumentos administrativos que se aplicam à sua área de atuação.

Controle e avaliação são as funções do processo administrativo que, mediante a comparação com padrões previamente estabelecidos, procuram medir e avaliar o desempenho e o resultado das ações, com a finalidade de realimentar os tomadores de decisão, de forma que possam corrigir, reforçar e aprimorar esse desempenho.

Coordenação é a função do processo administrativo que procura aproximar, ao máximo, os resultados apresentados com a situação anteriormente planejada.

Criatividade é a capacidade de produzir uma coisa essencialmente nova, para cada indivíduo que a elabora e para cada situação.

Cultura organizacional é a maneira de ser da empresa, sendo composta de padrões prevalentes de valores, crenças, rendimentos, atitudes, normas, interações, tecnologia, métodos e procedimentos de execução de atividades e suas influências sobre as pessoas da empresa.

Dado é qualquer elemento identificado em sua forma bruta que, por si só, não conduz a uma compreensão de determinado fato ou situação.

Decisão é a escolha entre vários caminhos alternativos que levam a determinado resultado.

Decisão não programada é a caracterizada pela não estruturação e, basicamente, pela novidade.

Decisão programada é a caracterizada pela rotina e pela repetitividade.

Desenvolvimento organizacional é uma resposta à mudança, uma complexa estratégia educacional que tem por finalidade mudar crenças, atitudes, valores e a estrutura da empresa, de modo que possam melhor se adaptar aos novos mercados, tecnologias e desafios e ao próprio ritmo de mudanças da sociedade e da economia.

Efetividade é a relação entre os resultados alcançados e os objetivos propostos ao longo do tempo.

Eficácia é a situação de fazer as coisas certas, produzir alternativas criativas, maximizar a utilização dos recursos, obter resultados e aumentar o lucro da empresa.

Eficiência é a situação de fazer as coisas bem, resolver problemas, salvaguardar os recursos, cumprir com o seu dever e reduzir os custos.

Empatia é a capacidade de um indivíduo abstrair-se de sua identidade e colocar-se, momentaneamente, *dentro do outro*, para assim sentir a realidade interior de outra pessoa.

Entropia é o estado de desordem e de caos a que tende um sistema.

Entropia negativa é o empenho dos sistemas que se organizam para a sobrevivência, através de maior ordenação. É uma função que representa o grau de ordem existente em um sistema.

Entropia positiva é a afirmação da desorganização e do desgaste dos sistemas.

Equifinalidade é a obtenção de um mesmo estado final de um sistema, partindo de diferentes condições iniciais e por meios distintos.

Espontaneidade é a manutenção de um estado interno de disponibilidade e flexibilidade tal que permita à pessoa adequar-se, rapidamente, aos estímulos e produzir respostas que sejam, ao mesmo tempo, prontas e corretas, tanto do ponto de vista da realidade interna como externa da empresa.

Estilo empreendedor é a capacidade de administrar situações novas e de assumir os riscos decorrentes das decisões tomadas.

Estratégia é a ação ou o caminho mais adequado – inclusive alternativo – a ser executado para alcançar os objetivos e metas estabelecidos.

Fator ambiental é o aspecto externo e não controlável pela empresa que, dentro de um limite específico, se possa conceber como tendo alguma influência sobre a operação da empresa.

Gerencial é o desenvolvimento e consolidação do processo administrativo, representado pelas funções de planejamento, organização, direção, gestão de pessoas e avaliação, voltado para a otimização dos resultados da empresa.

Incerteza estruturada é a situação em que os estados dos sistemas são conhecidos, mas não se sabe quais serão os estados do sistema a qualquer tempo $t > t_o$.

Incerteza não estruturada é a situação em que os estados do sistema são desconhecidos a qualquer tempo $t > t_o$.

Indicador de desempenho é o parâmetro ou critério de avaliação previamente estabelecido que permite a verificação da realização, bem como da evolução do SIG e de cada uma de suas partes na empresa.

Informação é o dado trabalhado que permite ao executivo tomar decisões.

Iniciativa é a capacidade de desencadear um processo, iniciar uma ação, visando a solução do problema ou do fato em questão.

Inovação é a capacidade de perceber, idealizar, estruturar e operacionalizar situações novas.

Liderança é a capacidade de obter o engajamento das pessoas no desenvolvimento e na implantação dos trabalhos necessários ao alcance dos objetivos e metas da empresa.

Modelo é a representação abstrata e simplificada de um sistema real, com a qual se pode explicar e testar o comportamento do mesmo, em seu todo ou em partes.

Negociação é a capacidade de concluir, oportunamente, situações desejadas e necessárias aos resultados da empresa, de forma interativa, com a consequente minimização do desgaste e conflitos internos.

Objetividade é a capacidade de perceber as coisas e atuar sem envolvimento emocional.

Objetivo é o alvo ou a situação que se pretende alcançar.

Organização é a capacidade de ordenação, estruturação e apresentação de um processo, de um sistema, de um trabalho, de uma equipe de trabalho e dos recursos alocados.

Pensamento estratégico é a postura do executivo voltada para a otimização interativa da empresa com o seu ambiente, em tempo real.

Planejamento é a função administrativa de estabelecer uma situação futura desejada e os meios – inclusive alternativos – de se chegar à situação idealizada.

Planejamento estratégico é a metodologia administrativa que permite estabelecer a direção a ser seguida pela empresa, visando maior interação com o ambiente.

Planejamento operacional é a formalização das metodologias de desenvolvimento e de implementação de resultados específicos a serem alcançados pelas áreas funcionais da empresa.

Planejamento tático é a metodologia administrativa que tem por finalidade otimizar uma situação futura desejada de determinada parte da empresa.

Política é a definição dos níveis de delegação, faixas de valores e/ou quantidades-limite e de abrangência das estratégias e das ações para a consolidação dos objetivos e das metas da empresa.

Postura para resultados é a capacidade de orientar-se e direcionar os recursos disponíveis para o alcance e a melhoria dos resultados previamente estabelecidos.

Processo é um conjunto de atividades sequenciais que apresentam relação lógica entre si, com a finalidade de atender e, preferencialmente, suplantar as necessidades e expectativas dos clientes externos e internos da empresa.

Recurso é a identificação das alocações ao longo do processo decisório (equipamentos, materiais, financeiros, pessoas).

Relatório gerencial é o documento que consolida, de forma estruturada, as informações para o tomador de decisões.

Responsabilidade é a atitude mental de não esperar que venha de fora uma solução para a situação, mas contar consigo mesmo e com sua atuação para a resolução das situações que se criarem.

Resultado é o produto final do processo decisório.

Sistema é o conjunto de partes interagentes e interdependentes que, conjuntamente, formam um todo unitário com determinado objetivo e efetuam determinada função.

Sistema de informações é o processo de transformação de dados em informações, as quais possibilitam a tomada de decisões.

Sistema de informações gerenciais é o processo de transformação de dados em informações que são utilizadas na estrutura decisória da empresa, proporcionando, ainda, a sustentação administrativa para otimizar os resultados esperados.

Subjetividade é a visão da realidade externa fortemente envolvida pelas emoções do indivíduo.

Técnica é o roteiro de procedimentos operacionais para adequar e aplicar o modelo administrativo estabelecido.

Tecnologia é o conjunto de conhecimentos que são utilizados para operacionalizar as atividades da empresa, para que seus objetivos possam ser alcançados.

Tomada de decisão em condições de certeza é a situação em que cada curso de ação possível conduz, invariavelmente, a um resultado específico.

Tomada de decisão em condições de incerteza é a situação em que as possibilidades associadas aos resultados são desconhecidas.

Tomada de decisão em condições de risco é a situação em que cada alternativa possível conduz a um conjunto de resultados específicos associados a probabilidades conhecidas.

Tratamento é a transformação de um insumo (dado) em um resultado administrável (informação).

Unidade Estratégica de Negócio – UEN – é uma unidade ou divisão da empresa responsável pelo desenvolvimento de uma ou mais AEN – Área Estratégica de Negócio.

Visão do negócio é a capacidade de dominar e manusear informações relativas à situação e ao negócio da empresa e de planejar de forma coerente com essa visão.

Bibliografia

"Pessimismo da inteligência; otimismo da ação."
Gramsci

A seguir são apresentadas as referências bibliográficas que foram utilizadas para maior sustentação conceitual desta obra, bem como outras que podem auxiliar o leitor no aprimoramento do assunto Sistemas de Informações Gerenciais – SIG.

ABELL, Dereck F. *Defining the business*: the starting point of strategic planning. Englewood Cliffs: Prentice Hall, 1980.

ACKOFF, Russel. *Planejamento empresarial*. Rio de Janeiro: Livros Técnicos e Científicos, 1974.

_____. Management information systems. *Management Science*, v. 14, n° 4, Dec. 1967.

ADDISON, Michael E. *Fundamentos de organização e métodos*. Rio de Janeiro: Zahar, 1973.

ANSOFF, H. Igor. A estratégia para sobreviver à recessão. *Negócios em Exame*. São Paulo: Abril, maio 1982.

ANTHONY, Robert Newton et al. *Management control systems*. 9. ed. Homewood: Irwin, 2002.

AUGUST, Judy H. *JAD – Joint application design*. São Paulo: Makron Books, 1993.

BACHIR, José; FIUZA, José B. S.; SALOMÃO, Paulo. *TVL – Treinamento vivencial de liderança*. São Paulo: DO – Desenvolvimento de Organizações, 1976.

BECKARD, Richard. *Desenvolvimento organizacional*: estratégias e modelos. São Paulo: Edgard Blücher, 1972.

BELLIN, David; SUCHMAN, Susan. *Manual de desenvolvimento de sistemas*. São Paulo: Makron Books, 1993.

BENNIS, Warren. *Desenvolvimento organizacional*: sua natureza, origens e perspectivas. São Paulo: Edgard Blücher, 1972.

BERNARDES, Cyro. *Teoria geral da administração*. São Paulo: Atlas, 1986.

BERNHOEFT, Renato. O momento atual é de parcerias. *O Estado de S. Paulo*, São Paulo, 13 fev. 1991. Caderno de Empresas.

BIO, Sérgio R. *Sistemas de informações*: um enfoque gerencial. São Paulo: Atlas, 1985.

BLOCK, Peter. *The empowered manager*. New York: John Wiley, 1974.

BLUMENTHAL, Sherman C. *Management information systems*: a framework for planning and development. Englewood Cliffs: Prentice Hall, 1969.

BOGAN, C. Elizabeth; ENGLISH, Michael J. *Microeconomics*: theories and applications. New York: John Wiley, 1994.

BOWMAN, Brent et al. Modeling for MIS. *Datamation*, v. 27, nº 7, p. 155-164, July 1981.

_____; DAVIS, Gordon B.; WETHERBE, James C. Three stages model of MIS planning. *Information & Management*, 1983.

CARLSON, David. *International marketing*: a corporative systems approach. 2. ed. New York: John Wiley, 1974.

CARNEGIE, Dale. How to win friends and influence people. New York: Simon & Schurter, 1936.

CARRARO, A. C. *Sistemas de informações*. Rio de Janeiro: Zahar, 1984.

CHANDLER Jr., Alfred D. *Scale and scope*: the dynamics of industrial capitalism. Harvard/Balknaps Press, 1990.

CRISPIM, Sérgio Feliciano. *Contribuição ao estudo de sistemas de informações de marketing*. 1986. Dissertação (Mestrado em Administração) – FEA/USP, São Paulo.

CROSS, Kelvin C.; FEATHER, John J.; LINCH, Richard L. *A arte da reengenharia*: o renascimento da empresa. Rio de Janeiro: Zahar, 1995.

CRUZ, Tadeu. *Sistemas de informações gerenciais*. 3. ed. São Paulo: Atlas, 2003.

CUSTÓDIO, Isaías. *Avaliação de sistemas de informações*. 1981. Dissertação (Mestrado em Administração) – FEA/USP, São Paulo.

DAVENPORT, Thomas H. *Reengenharia de processos*: como inovar na empresa através da tecnologia da informação. 5. ed. Rio de Janeiro: Campus, 1994.

DAVIS, Gordon B. Strategies for information requirements determination. *IBM Systems Journal*, v. 21, nº 1, p. 4-30, 1982.

DEARDEN, John. MIS is mirage. *Harvard Business Review*, Boston, Jan./Feb. 1972.

DE BORO, Edward. *De Boro's thinking course*. New York: Pentacor, 1983.

DE MARCO, Tom. *Structure analysis and systems specification*. Englewood Cliffs: Prentice Hall, 1979.

DRIZIN, Boris R. *Pare de correr atrás do tempo*. São Paulo: Timing, 1988.

DRUCKER, Peter F. *Administração*: tarefas, responsabilidades e práticas. São Paulo: Pioneira, 1975.

EIN-DOR, Phillip; SEGEV, Eli. *Administração de sistemas de informações*. Rio de Janeiro: Campus, 1983.

ENGER, Norman L. *Putting MIS to work managing the management information system*. New York: AMA, 1969.

FERNANDEZ, José D. *Estudo de um modelo integrado de informações econômico-financeiras e sua interação com o processo decisório*. 1989. Tese (Doutorado em Administração) – FEA/USP, São Paulo.

FLEURY, Afonso C. *Contribuição ao estudo da empresa como sistema*. Dissertação (Mestrado em Administração) – Escola Politécnica USP, São Paulo, 1974.

FRENCH, Wendell L.; BELL JR., Cecil H. *Organization development behavioral science interventions for organization improvement*. Englewood Cliffs: Prentice Hall, 1973.

FRIED, Elizabeth. *Business process improvement*. New York: Pan Books, 1995.

FULD, Leonard. Criar um sistema de monitoração de concorrentes. *Gazeta Mercantil*, São Paulo, 19 jan. 1991.

GALLAGHER, James D. *Management information systems and the computer*. New York: AMA, 1974.

GAUSE, Donald; WEINBERG, Gerald M. *Explorando requerimentos de sistemas*. São Paulo: Makron Books, 1991.

GENELOT, Dominique. *Manger dans la complexité*. Paris: Insep Editions, 1992.

GLAUTIER, Michel W. E.; UNDERDOWN, Brian. *Accounting theory and practice*. Londres: Pitman, 1986.

GOLDRATT, Eliyahu M.; COX, Jeff. *A meta*. Tradução de Cecília F. Lucca. São Paulo: IMAM, 1986.

GONÇALVES, José E. L. Os sistemas de apoio à decisão procuram seu lugar ao sol. *Boletim SPE*, São Paulo, maio 1987.

_____. Eficácia e eficiência na administração. *Boletim SPE*, São Paulo, maio 1987.

GRAEML, Alexandre R. *Sistemas de informação*. 2. ed. São Paulo: Atlas, 2003.

GRAYSON, Jr., C. Jackson. Management science and business practice. *Harvard Business Review*, p. 41-48, July/Aug. 1973.

GRISI, Celso C. H. Para estudiosos brasileiros ainda se acha que negociar é lesar o outro. *Folha de S. Paulo*, São Paulo, 12 nov. 1990. Caderno de Negócios.

HAMMER, Michael; CHAMPY, James. *Reengenharia*: revolucionando a empresa em função dos clientes, da concorrência e das grandes mudanças da gerência. 26. ed. Rio de Janeiro: Campus, 1994.

HAMMOND, John. The roles of the manager and management scientist in succesful implementation. *Sloan Management Review*, v. 15, nº 2, p. 1-24, Winter 1974.

HANDY, Charles. The age of unreason. *Harvard Business School Press*, Boston, 1990.

HARRIGTON, H. James. *High performance benchmarking*: twenty steps. New York: Harper Collins, 1991.

HARRISON, D. B.; PRATT, M. D. *Manual of procedure*. New York: Academic Press, 1993.

HICKLING, Allen. *Aids to strategic choice*. 2. ed. Vancouver (Canadá): Centre for Continuing Education of British Columbia University, 1976.

HRONEC, James. *Sinais vitais*. São Paulo: Makron Books, 1993.

IBM. Business systems planning: information systems planning guide. *Application manual GE 20-0527-4*.

IENAGA, Celso. As lições do negociador japonês. *O Estado de S. Paulo*, São Paulo, 7 nov. 1990, Caderno de Economia e Negócios.

JOHANSSON, Henry J.; McHUGH, Patrick; PENDLEBURRY, A. John; WHEELER II, William A. *Business process reengineering*: breakpoint strategies for market dominance. New York: John Wiley, 1993.

JUCIUS, Michael J.; SCHLENDER, William E. *Introdução à administração*. São Paulo: Atlas, 1970.

JUDSON, Arnold S. *Relações humanas e mudanças organizacionais*. São Paulo: Atlas, 1972.

JUNQUEIRA, Luiz A. C. Pecados capitais em treinamento gerencial. *Fórum OPC*, Rio de Janeiro, abr. 1987.

KAPLAN, Robert; NORTON, David P. *Estratégia em ação*: balanced scorecard. Rio de Janeiro: Campus: KPMG, 1998.

KASSOY, Gisela. Saiba como acelerar a sua integração no novo emprego. *Folha de S. Paulo*, São Paulo, 13 nov. 1989.

KATZ, Daniel; KAHN, Robert L. *Psicologia social das organizações*. 2. ed. São Paulo: Atlas, 1973.

KAUFMANN, Arnold. *A ciência da tomada de decisão*: uma introdução à praxiologia. Rio de Janeiro: Zahar, 1975.

KEEN, Peter F.; MORTON, Michael Scott. *Decision support systems*: an organizational perspective. Reading: Addison-Wesley, 1978.

KENNEVAN, J. A. Design for management information systems. *Management Science*, v. 12, nº 3, p. 49-57, Apr. 1970.

KING, Donald W.; BRYANT, Edward C. *The evaluation of information services and products*. Washington: Information Resources Press, 1978.

KING, William R. Strategic planning for management information systems. *MIS Quarterly*, v. 2, nº 1, p. 27-37, 1978.

KOESTLER, Arthur. Homem universo. São Paulo: Ibrasa, 2008.

KOTLER, Philip. A design for the firm's marketing nerve center. *Business Horizons*, v. 9, nº 3, Fall 1966.

KUGLER, Jose Luiz Carlos; FERNANDES, Agnaldo A. *Planejamento e controle de sistemas de informações.* Rio de Janeiro: Livros Técnicos e Científicos, 1978.

LEITE, Roberto Cintra. A reunião eficaz. *O Estado de S. Paulo*, São Paulo, 27 nov. 1987. Caderno de Empresas.

LUCAS JR., Henry C. Performance and the use of an information systems. *Management Science*, v. 21, nº 8, p. 908-919, Apr. 1975.

_____. *Why information systems fail.* New York: Columbia University Press, 1975.

MACKENNA, Regis. *Marketing de relacionamento.* Rio de Janeiro: Campus, 1992.

MARTIN, James. *Engenharia da informação.* Rio de Janeiro: Campus, 1991.

MASON JR., Richard; MITROFF, Ian. *Shareholders of the organizational mind.* San Francisco: Jossey-Bass, 1983.

McFARLAN, F. Warren. Problems in planning the information systems. *Harvard Business Review*, v. 49, nº 2, p. 74-89, Mar./Apr. 1971.

_____. Problemas de planificação de sistemas de informações. *Biblioteca Harvard de Administração de Empresas*, v. 1, nº 15, p. 1-15, 1976.

_____; NOLAN, Richard L.; NORTON, David P. *Information systems administration.* New York: Holt, Rinehart and Winston, 1973.

McGEE, James; PRUSAK, Laurence. *Gerenciamento estratégico da informação.* Rio de Janeiro: Campus, 1995.

McLEAN, Ephraim R.; SODEN, John V. *Strategic planning for MIS.* New York: John Wiley, 1977.

MELLO, Fernando Achilles de Faria. *Desenvolvimento das organizações*: uma opção integradora. Rio de Janeiro: Livros Técnicos e Científicos, 1978.

MOREIRA, Daniel A. *Reengenharia*: dinâmica para a mudança. São Paulo: Pioneira, 1994.

MOTOMURA, Oscar. *Aspectos comportamentais* – I Simpósio Amana de recursos humanos – Mimeografado – AMANA – São Paulo, 1980.

MUNFORD, Enid. Participative systems design: structure and method. *Systems, Objectives, Solutions*, v. 1, nº 1, p. 5-19, Jan. 1981.

MURDICK, Robert G.; ROSS, Joel E. *MIS in action.* St. Paul: West, 1975.

NASH, John F.; ROBERTS, Martin B. *Accounting information systems.* New York: MacMillan, 1984.

NAUMANN, J. David; DAVIS, Gordon B.; McKEEN, James D. Determining information requirements: a contingency method for selection of requirements: a contingency method for selection of requirements assurance strategy. *Journal of Systems & Software*, v. 1, p. 273-281, 1980.

NICOLAREN, G. P. B. Quality improvement: customer service or lip service. *Philips Quality Bulletin*. Holland, Nov. 1992.

OHMAE, Kenichi. *Mundo sem fronteiras*. São Paulo: Makron Books, 1981.

OLLE, T. William; SOL, Henk L.; VERRIJN-STUART, Alex A. *Information systems design methodologies:* a comparative review. Amsterdã: North Holland, 1982.

OSBORN, Alex Faikney. *Applied imagination*: principles and procedures of creative problem solving. New York: Charles Scribner's Sons, 1938.

PINCHOT III, Gifford. *Intrapreneuring*: porque você não precisa deixar a empresa para tornar-se um empreendedor. São Paulo: McGraw-Hill, 1989.

POKEMPNER, Stanley J. Management information systems: pragmatic survey. *The Conference Board Record*, v. 10, n° 5, p. 49-54, May 1973.

PORTER, Michael E. *The competitive advantage of nations*. New York: Free Press, 1990.

PRINCE, Thomas R. *Sistemas de informação*: planejamento, gerência e controle. Rio de Janeiro: LTC/Edusp, 1975.

REZENDE, Denis A. *Sistemas de informações organizacionais*. São Paulo: Atlas, 2005.

RIBEIRO, João César. Trinta questões que ajudam a contratar. *Folha de S. Paulo*, São Paulo, 5 abr. 1989.

RICHERS, Raimar. As duas fases do risco. *O Estado de S. Paulo*, São Paulo, 17 maio 1990. Caderno de Economia e Negócios.

ROARK, Mayford L. Centralization versus decentralization of the MIS effort. *Proceedings*: the second annual conference of the society for management information systems. Washington, D. C., Sept. 1970.

ROBERTS, Edwards B. *Business process benchmarking*. New York: Academic Press, 1995.

RONCHI, Luciano. *Controladoria financeira*. São Paulo: Atlas, 1977.

RUDWICK, Bernard H. *Systems analysis for effective planning*: principles and cases. New York: John Wiley, 1970.

SCHWARTZ, George. *Science in marketing*. New York: John Wiley, 1970.

SELFRIDGE, Richard; SOKOLIK, Stanley L. A comprehensive view of organization development. In: *MBU Business Topic*, 1975.

SELLTIZ, Claire; JAHODA, Marie; DEUTSCH, Morton; COOK, Stuart. *Métodos de pesquisa nas relações sociais*. São Paulo: Edusp, 1967.

SIMON, Herbert A. *Comportamento administrativo*: estudo dos processos decisórios nas organizações administrativas. Rio de Janeiro: Usaid, 1965.

SMITH, Samuel et al. *Marketing information systems*: an introductory overview. Readings in marketing information systems. New York: Hevghton, 1968.

SPRAGUE JR., Ralph H.; WATSON, Hugh J. *Sistema de apoio à decisão*. Rio de Janeiro: Campus, 1991.

SUN TZU. *A arte da guerra*. Lisboa: Europa-América, 1994.

SWANSON, E. Burton. Management information systems: appreciation and involvement. *Management Science*, v. 21, n° 2, p. 178-188, Oct. 1974.

TACHIZAWA, Wlio T. *Um enfoque sistêmico ao uso da informação no apoio às decisões*. 1989. Tese (Doutorado em Administração) – FEA/USP. São Paulo.

TORQUATO, Gaudêncio. Indeciso, um tipo indesejável. *O Estado de S. Paulo*, São Paulo, 10 out. 1990.

TYSON, Kirk. *Business intelligence*. Englewood Cliffs: Prentice Hall, 1990.

_____. *Competitor intelligence manual guide*. Englewood Cliffs: Prentice Hall, 1992.

VON BERTALANFFY, Karl Ludwig. *Teoria geral de sistemas*. Petrópolis: Vozes, 1972.

WALTON, Richard E. *Tecnologia da informação*. São Paulo: Atlas, 1994.

WATERMAN Jr., Robert H. *O fator renovação*. São Paulo: Harbra, 1989.

WEST, G. M. MIS is small companies. *Journal of Systems Management*, v. 26, n° 4, p. 10-13, Apr. 1975.

WESTWOOD, R. A. et al. Integrated information systems. *Journal of Marketing Research Society*, v. 17. n° 3, Jul. 1975.

WETHERBE, James C. *Executive information requirements*. Boston: Mis Quarterly, Mar. 1991.

WILKINSON, Joseph E. *Accounting and information systems*. New York: John Wiley, 1982.